"十二五"职业教育国家规划教材
经全国职业教育教材审定委员会审定

全国职业教育规划教材·财务会计系列

成本会计

（第二版）

主　编　赵宝芳
副主编　张立华　郎　琳
主　审　曲永秀　李晓兵

内 容 简 介

本教材是"十一五"国家级规划教材和"十二五"职业教育国家规划教材。通过企业成本会计人员的积极参与和广泛的企业调研,依据财政部颁布并于 2014 年施行的《企业产品成本核算制度》,本书编者与企业合作,共同修订与开发了符合企业成本会计工作实际,针对性、实用性较强的"项目导向,任务驱动,工学结合,学做一体"的《成本会计(第二版)》教材。

本教材由六个项目十九个任务组成。六个项目分别是成本核算认知、采用品种法计算产品成本、采用分批法计算产品成本、采用分步法计算产品成本、采用辅助方法计算产品成本、编制与分析成本报表。每个项目由项目导言、项目目标、项目任务与框架、项目总结、课证对接测试、项目实训、项目能力评价测试等组成;每项任务又由任务导入、任务知识与技能、测试与强化等组成。通过这些模块的学习,学生的成本会计岗位综合职业能力将得到全面提升。

本教材不仅可作为高职高专会计及经济类专业"成本会计"课程教材,也可以作为各类成人院校和财务会计工作人员的自学参考书。

图书在版编目(CIP)数据

成本会计 / 赵宝芳主编. —2 版. —北京: 北京大学出版社,2015.7
(全国职业教育规划教材·财务会计系列)
ISBN 978-7-301-25536-0

Ⅰ.①成… Ⅱ.①赵… Ⅲ.①成本会计—高等职业教育—教材 Ⅳ.①F234.2

中国版本图书馆 CIP 数据核字(2015)第 033781 号

书 名	成本会计(第二版)
著作责任者	赵宝芳 主编
策划编辑	温丹丹
责任编辑	温丹丹
标准书号	ISBN 978-7-301-25536-0
出版发行	北京大学出版社
地 址	北京市海淀区成府路 205 号 100871
网 址	http://www.pup.cn 新浪微博:@北京大学出版社
电子信箱	zyjy@pup.cn
电 话	邮购部 62752015 发行部 62750672 编辑部 62765126
印 刷 者	三河市北燕印装有限公司
经 销 者	新华书店
	787 毫米×1092 毫米 16 开本 18.75 印张 409 千字
	2006 年 4 月第 1 版
	2015 年 7 月第 2 版 2016 年 8 月第 2 次印刷(总第 4 次印刷)
定 价	38.00 元

未经许可,不得以任何方式复制或抄袭本书之部分或全部内容。
版权所有,侵权必究
举报电话:010-62752024 电子信箱:fd@pup.pku.edu.cn
图书如有印装质量问题,请与出版部联系,电话:010-62756370

第二版前言

2012年教育部印发《关于"十二五"职业教育教材建设的若干意见》(教职成〔2012〕9号),提出建设"十二五"职业教育国家规划教材,加快教材内容改革,优化教材类型结构,在职业院校推行适应项目学习、案例学习等不同学习方式的教材,注重吸收行业发展的新知识、新技术、新工艺、新方法,对接职业标准和岗位要求,丰富实践教学内容等要求。本教材是"十一五"国家级规划教材和"十二五"职业教育国家规划教材。

为了完成规划教材的编写目标和任务,我们组建了由企业成本会计人员和高职院校"双师型"教师共同参与的教材开发团队,通过企业调研、成本会计典型工作任务分析、归纳,与企业合作共同对《成本会计》进行了修订。第二版教材具有如下特点。

(1)对接标准,内容适用,体例新颖,便于学习。本教材对接财政部最新颁布的《企业产品成本核算制度》(2014年起施行)构建教材内容,体现了财政部关于成本核算的最新规定,使学生掌握最前沿的知识和技能。与此同时创新了教材的呈现形式,由六个项目十九个任务组成。每个项目由项目导言、项目目标、项目任务与框架、项目总结、课证对接测试、项目实训、项目能力评价测试等组成,便于学生自主学习。

(2)具有较强的职业特色,实现了三个转变。教材内容的设计与选取不是用成本会计理论统领教材,而是用贴近企业成本会计工作实际高度仿真的案例,实现了从知识体系为基础向能力体系为基础的转变,学科型为主的课程体系向项目导向、任务驱动为主的课程体系的转变,教育专家主导教学体系向技术专家主导教学体系的转变,有利于学生综合职业能力的培养。

(3)以学生职业能力培养为中心,实现四个对接。教材架构以成本会计工作过程为主线,以成本核算和分析为核心,在仿真的职业环境中,通过任务导入、测试与强化、项目总结、课程对接测试、能力评价等,实现了教材内容与会计职业标准对接、教学过程与会计工作过程对接、学历证书与会计职业资格证书对接、职业教育与终身教育对接。

(4)"项目导向、任务驱动、工学结合、学做一体"贯穿教材始终。以真实的成本会计工作目标为项目,以完成成本会计工作为任务。以任务引领知识、技能和态度,让学生在完成成本会计工作任务中学习知识、训练技能,获得实现目标所需要的职业能力;以任务为核心,配备相对应的全真实训材料,便于学生在做中学、学中做、学做合一、理实一体。

本教材由哈尔滨职业技术学院赵宝芳老师任主编,黑龙江农业经济职业学院张立华老师、哈尔滨职业技术学院郎琳老师任副主编,哈尔滨职业技术学院翟铮老师、哈尔滨职业技术学院刘立戎老师、黑龙江职业学院郭清兰老师参加了编写。哈尔滨轴承集团高级会计师财务管理中心副主任曲永秀,哈尔滨职业技术学院李晓兵老师帮助架构设计并担任主审。教材编写的具体分工为:郭清兰老师编写项目一(含附录的对应部分),赵宝芳老师编写项目二(教材部分)和项目三(教材部分),郎琳老师编写项目四(含附录对应部分),张立华老师编写项目五(含附录对应部分)和项目六(含附录对应部分),翟铮老师编写项目二的附录对应部分,刘立戎老师编写项目三的附录对应部分。最后由赵宝芳老师总纂成书。

在教材编写过程中，得到哈尔滨轴承集团高级会计师财务管理中心曲永秀主任、黑龙江新基石会计师事务所所长田姝华所长的大力支持和帮助，特别是在教材的设计、架构、内容的选取，教材的编写、能力的评价等方面得到精心的指点和帮助。同时，我们也参考了有关教材和图书，在此对给予帮助的人一并表示感谢。

本教材是会计类教材按"项目导向，任务驱动"课程模式进行改革的尝试，由于时间仓促，水平有限，书中错误难免，敬请各位专家、同人和广大读者批评指正。我们相信在各位专家、同人和广大读者的帮助和指导下，教材会更加完善、更加贴近成本会计工作实际，会越做越好，越来越受读者的喜欢。（主编的电子邮箱：ZBF066@163.com）

编　者

2015 年 7 月

本教材配有教学课件，读者如有需要，请加 QQ 群（279806670）或发电子邮件至 zyjy@pup.cn 索取，也可致电北京大学出版社（010-62765126）。

目 录

项目1 成本核算认知 ·· 1
  项目导言 ··· 1
  项目目标 ··· 1
  项目任务与框架 ··· 2
    任务1.1 产品成本核算费用认知 ··· 2
    任务1.2 产品成本核算工作认知 ··· 6
    任务1.3 企业生产类型及产品成本计算方法认知 ····················· 12
  项目总结 ·· 15
  课证对接测试 ··· 16
  项目能力评价测试 ··· 19

项目2 采用品种法计算产品成本 ··· 20
  项目导言 ·· 20
  项目目标 ·· 20
  项目任务与框架 ·· 20
    任务2.1 品种法认知 ·· 21
    任务2.2 品种法成本计算程序 ··· 22
    任务2.3 运用品种法计算产品成本 ·· 59
  项目总结 ·· 81
  课证对接测试 ··· 82
  项目实训 ·· 86
  项目能力评价测试 ··· 89

项目3 采用分批法计算产品成本 ··· 91
  项目导言 ·· 91
  项目目标 ·· 91
  项目任务与框架 ·· 91
    任务3.1 分批法认知 ·· 92
    任务3.2 一般分批法的运用 ·· 94
    任务3.3 简化分批法的运用 ·· 107
  项目总结 ··· 112
  课证对接测试 ·· 113
  项目实训1 ·· 116
  项目实训2 ·· 118
  项目能力评价测试 ··· 121

项目4 采用分步法计算产品成本 ··· 122
  项目导言 ·· 122
  项目目标 ·· 122

项目任务与框架 ··· 122
　　　　任务 4.1　分步法认知 ·· 123
　　　　任务 4.2　逐步结转分步法的运用 ·· 124
　　　　任务 4.3　平行结转分步法的运用 ·· 136
　　项目总结 ··· 141
　　课证对接测试 ·· 142
　　项目实训 ··· 146
　　项目能力评价测试 ··· 149

项目 5　采用辅助方法计算产品成本 ·· 151
　　项目导言 ··· 151
　　项目目标 ··· 151
　　项目任务与框架 ··· 151
　　　　任务 5.1　采用定额法计算产品成本 ····································· 152
　　　　任务 5.2　采用分类法计算产品成本 ····································· 158
　　　　任务 5.3　联产品、副产品和等级产品的成本计算 ···················· 163
　　项目总结 ··· 167
　　课证对接测试 ·· 169
　　项目实训 1 ··· 172
　　项目实训 2 ··· 176
　　项目能力评价测试 ··· 178

项目 6　编制与分析成本报表 ·· 180
　　项目导言 ··· 180
　　项目目标 ··· 180
　　项目任务与框架 ··· 180
　　　　任务 6.1　编制与分析成本报表认知 ····································· 181
　　　　任务 6.2　编制与分析产品生产成本表 ·································· 185
　　　　任务 6.3　编制与分析主要产品单位成本表 ··························· 194
　　　　任务 6.4　编制与分析制造费用明细表 ·································· 199
　　项目总结 ··· 202
　　课证对接测试 ·· 202
　　项目实训 ··· 205
　　项目能力评价测试 ··· 209

附录　职业能力强化测试与项目实训用纸 ··· 211
参考文献 ·· 294

成本核算认知

项目导言

你对世界零售巨头之一的——美国沃尔玛知道多少？它出身于草根，白手起家，它属于劳动密集型企业，没有高科技外衣。为什么在我国的零售企业面对市场激烈竞争感到惴惴不安的时候，来自美国的沃尔玛却实现了自身的飞速发展，成为"零售业帝国"。

（1）超低的进货成本。沃尔玛的销售量很大，要想成为沃尔玛的供应商，赚沃尔玛的钱很是辛苦。因为沃尔玛会绕过中间商直接跟生产商接触，会对生产商的资质、产品进行严格的考核；同时，沃尔玛会拼命地压低生产商的价格，使进货成本尽量低。

（2）处处节俭，降低运营成本。沃尔玛的 CEO 开的只是一辆大众公司的甲壳虫，出差时跟其他人合住一间客房。在沃尔玛办公大厅随处可见"打 17909 长话可省钱"的提示；在采集样品的窗口，赫然写着"标签不可以做它用"的提醒；员工经常听到这样的提示：出去开会记住要把公司发的笔带回来，因为笔芯是可以更换的……

请问：

沃尔玛成为"零售业帝国"的一个重要原因是什么？如果想成为沃尔玛的供应商，除应具备生产产品的资质和有优质的产品外，还应具备什么优势？

沃尔玛成为"零售业帝国"的一个重要原因是超低的进货和运营成本。如果想成为沃尔玛的供应商，除具备生产资质和保证优质的产品质量外，另一个重要的因素是必须有足够的成本意识，降低产品成本。因此，培养成本意识，做好成本核算工作，正确核算产品成本，是降低成本、决定企业生存和发展的关键，也是本项目应解决的关键问题。

项目目标

1. 终极目标

通过对产品成本费用、产品成本核算工作、企业生产类型及产品成本计算方法的认知，为后续成本核算打下基础。

2. 促成目标

（1）能正确理解费用与产品成本之间的关系，了解费用的分类及产品成本的构成；

（2）了解成本会计工作组织，能正确理解产品成本核算的原则与要求；

（3）了解产品成本核算工作的基本程序，了解制造企业产品成本计算方法的种类，能正确理解企业的生产类型和管理要求对成本计算方法的影响；

（4）能准确表达成本核算相关的工作要求，能与相关人员进行良好沟通，提出成本核算工作的合理化建议。

项目任务与框架

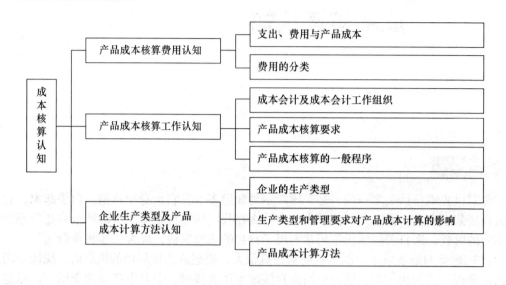

任务1.1　产品成本核算费用认知

【任务导入1-1】

哈尔滨电机厂准备招聘一名成本会计，其聘用过程分为三个程序，其中第一个程序是报名，取得报名资格必须符合两个条件：一是必须是高职会计或相关专业的毕业生；二是必须参加本次成本会计认知方面的理论考试。哈尔滨职业技术学院2014届会计专业的毕业生李琳、刘梅、崔硕参加了这次应聘。

报名时，考核组成员在资格审查时向李琳提出了如下两个问题：

（1）企业发生的支出有哪些？是否均构成产品的成本？

（2）企业的产品成本由几部分构成？各是什么？

请问李琳应如何回答？

【任务知识与技能】

1.1.1　支出、费用与产品成本

1. 支出

现代社会，企业间的竞争异常激烈，优胜劣汰成为必然。对生产企业来说，企业竞争实质上是产品竞争。产品竞争优势的决定因素很多，如价格、款式、质量、售后服务等，但与时俱进、物美价廉的产品永远是受消费者喜爱的产品，永远是市场上备受关注和青睐的产品。因此，企业生产的产品除了应注重性能、款式、质量、售后服务等，更应关注企业的产品成本。

企业在生产经营活动过程中会发生各种耗费和支出，这些支出由于用途和性质不同，可分为资本性支出、税费支出、投资性支出、营业外支出、利润分配支出和收益性支出。

（1）资本性支出。资本性支出，是指企业为购置长期资产而发生的支出，如企业购置的固定资产、无形资产等，这种支出在一定期间内为企业的生产经营活动带来收益，构成企业长期资产的成本。

（2）税费支出。税费支出，是指企业按照税法规定上交国家的各种税费支出，如所得税、消费税等，计入企业的所得税费用或营业税金及附加。

（3）投资性支出。投资性支出，是指企业为获得更多的财富，通过让渡企业的资产所有权，购买企业的股权、股票或债权，从而形成企业的交易性金融资产、可供出售金融资产、持有至到期投资、长期股权投资等支出。

（4）营业外支出。营业外支出，是指企业发生的与企业生产经营活动没有直接关系的支出，如各种罚款支出、赞助支出、非常损失等。

（5）利润分配支出。利润分配支出，是指企业对最终经营成果进行利润分配时发生的支出，如支付的现金股利。

（6）收益性支出。收益性支出，又称费用，是指企业为取得本期收益而发生，并由当期收益予以补偿的各种支出，如企业为生产产品支付给工人的工资、耗费的原材料支出，为销售产品支付的广告费等。这些费用根据与生产产品的关系紧密程度分为生产费用和期间费用。

【测试与强化 1-1】

哈尔滨制药三厂 2014 年 10 月份在生产经营过程中发生了如下支出：购置生产用设备支出 80 万元，赞助希望工程支出 50 万元，购买石化公司股票支出 100 万元，支付广告费 10 万元。

请回答：哈尔滨制药三厂的上述支出都属于什么支出？

2. 费用与产品成本

费用包括生产费用和期间费用。

生产费用是企业在产品生产过程中，发生的能用货币计量的生产耗费，也就是企业在一定时期内为生产产品消耗生产资料和支付的劳动报酬价值之和。将生产费用进一步对象化，具体分摊到某一种产品中去，即对象化的生产费用即为产品成本。生产成本是指企业在一定会计期间为生产一定种类和数量的产品而发生的各种耗费。生产费用与一定的会计期间相联系，生产成本不仅与生产期间相联系，还与具体的产品相联系。

期间费用指企业在一定期间为保证生产经营的正常进行而发生的，不计入产品成本，直接减少本年利润的费用。期间费用具体包括财务费用、管理费用和销售费用等。

【测试与强化 1-2】

哈尔滨制药三厂 2014 年 10 月份生产盐水注射液共发生直接材料费 200 万元，直接人工费 130 万元，燃料和动力费 20 万元，制造费用 50 万元。月末通过成本计算，生产 5% 的盐水 20 000 箱分配的费用共计 100 万元，生产 10% 的盐水 40 000 箱分配的费用共计 300 万元。

请回答：哈尔滨制药三厂 2014 年 10 月份生产盐水注射液发生的生产费用总额是多少？5% 和 10% 盐水注射液的总成本、每箱单位成本各是多少（假设无在产品）？

3. 支出、生产费用与产品成本的关系

综上所述，支出是生产经营中所发生的所有开支与耗费，生产费用是支出的主要部分,包括期间费用和生产成本两部分。为保证生产经营活动的正常进行,发生的不能计入产品成本的费用叫期间费用;为生产产品消耗的生产资料和支付的劳动报酬,能计入产品成本的生产费用进一步对象化构成产品成本。三者的具体关系如图1-1所示。

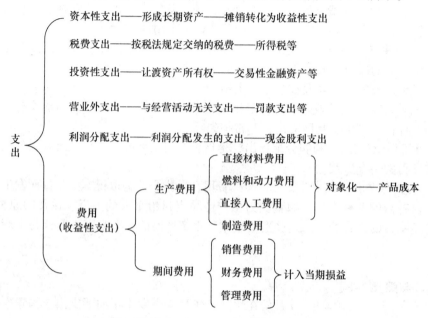

图1-1 支出、生产费用和产品成本关系

【测试与强化1-3】

哈药三厂2014年10月份共发生工资费用31万元,其中生产工人工资20万元,销售人员工资2万元,厂部管理人员工资4万元,车间管理人员工资2万元,在建工程人员工资1万元,机修车间生产工人工资2万元。

请回答:上述的工资支出应该属于哪类支出?

1.1.2 费用的分类

产品成本是生产费用的具体化。为了正确计算产品成本,必须对企业发生的费用进行科学的分类。

1. 费用按照经济内容分类

企业在生产经营过程中发生的各种费用,按其经济内容(或性质)划分,可以分为劳动对象、劳动手段和活劳动三方面的费用,称为企业费用的三大要素。在此基础上又进一步细化为以下八项,构成企业的要素费用,它是企业产品生产和产品成本计算的基础。

(1)外购材料费用。企业为进行产品生产而耗用的一切从外单位购进的原料及主要材料、半成品、辅助材料、周转材料和修理用配件等。

(2)外购燃料费用。企业为进行生产而耗用的一切从外购进的各种燃料,包括固体、液体和气体燃料。

(3)外购动力费用。企业为进行生产而耗费的一切从外购进的各种动力,包括电力、热力和风力等。

(4)职工薪酬费用。企业为获取职工提供的服务而支付的和为其支付的所有费用,包括工资、奖金、津贴、补贴、职工福利费、五险一金、工会经费、职工教育经费等。

（5）折旧费用。企业按照规定计提的固定资产折旧费。

（6）借款费用。企业在生产经营期间因借款而发生的借款利息等费用。

（7）税费。是应计入企业期间费用和生产成本的各种税费，包括资产购置税、印花税、消费税、契税等。

（8）其他费用。除上述外的各项支出，如劳动保护费、对外加工费、租赁费、保险费、广告费等。

按上述经济内容进行分类形成的费用，称为要素费用。它可以反映在一定时期内，企业发生了哪些费用，金额各是多少，便于反映和分析企业在各个时期各种费用的构成和水平，为编制存货采购计划、资金使用计划及核定储备资金定额等提供资料。这种分类的缺点是不能反映各项费用的发生用途及与产品的具体关系。

【测试与强化 1-4】

某企业在产品的生产过程中先后从银行借款 200 万元和 300 万元，分别用于大型机械和小型机械的生产，大型机械的生产周期为 1 年，小型机械的生产周期为 1 个月。

请回答：上述的借款利息费用是否可以计入产品的成本？

2. 费用按照经济用途分类

为了反映各项费用的发生用途及与产品的具体关系，提供产品成本构成情况的资料，企业将发生的费用按经济用途进行分类，即按照制造企业发生的费用与产品成本的关系进行分类。

（1）不计入产品成本的费用。制造企业在生产经营过程中发生的费用，有时虽然与产品生产有一定的关系，但关系并不密切，不能构成产品的成本，属于不能计入产品成本的费用，如期间费用。

（2）计入产品成本的费用。制造企业在生产经营过程中发生的费用，与产品的生产关系密切，直接构成了产品的成本，属于计入产品成本的费用。这些费用构成了产品成本的项目。

①直接材料。是指产品生产过程中耗用的、构成产品实体或有助于产品形成的各种材料。

②燃料和动力。是指产品生产过程中耗用的气体、液体、固体等燃料以及外购的动力。

③直接人工。是指企业中直接从事产品生产的工人的工资及按工资的一定比例提取的职工福利费、工会经费、职工教育经费、五险一金等。

④制造费用。是指车间为组织管理生产而发生的各项费用。如固定资产折旧费、机物料消耗、低值易耗品摊销、车间管理人员的职工薪酬等。

以上项目构成了企业的产品成本。但由于制造企业生产类型、特点、各种费用支出的比重及核算和管理要求不同，在成本核算设置成本项目时，可根据需要自行增加或减少相应的成本项目，以满足成本核算和管理的需要。如果企业废品损失较多，则可单独增设"废品损失"成本项目；如果企业耗用的燃料和动力不多，则可不设"燃料和动力"成本项目，发生的燃料和动力费用在制造费用成本项目核算。

【测试与强化 1-5】

啤酒生产企业，其啤酒瓶生产成本占商品成本的 1/4，因此酒瓶质量及价格的高低，对于降低成本和减少损耗具有极其重要的意义。假设你是啤酒企业的成本会计核算员，请回答：

如何设置成本项目会更有利于成本的核算和管理？

任务1.2 产品成本核算工作认知

【任务导入 1-2】

接任务导入 1-1,哈尔滨职业技术学院 2014 届会计专业的毕业生刘梅在参加成本会计报名时,考核组成员在资格审查时问了刘梅如下两个问题:

(1) 企业的成本会计机构应如何设置?成本核算工作应采取什么方式?

(2) 企业产品成本核算有哪些要求?其核算程序如何?

请问刘梅应如何回答?

【任务知识与技能】

1.2.1 成本会计及成本会计工作组织

1. 成本会计

成本会计是以货币为主要计量单位,采用一定的技术方法,为求得产品的总成本和单位成本而核算全部生产成本和费用的会计活动。具体包括会计主体在产品生产经营过程中,以成本耗费为基础进行的成本核算、成本预测、成本决策、成本计划、成本控制、成本分析和考核的价值管理活动。其中成本核算为成本会计的核心内容。

【测试与强化 1-6】

下列哪些工作属于成本会计工作?如果属于成本会计工作的内容,请说出具体的成本会计工作内容的名称。

A. 签发现金支票,提取现金备用。

B. 制订销售计划,签订销售合同。

C. 以生产的产品为对象,进行费用的归集分配并计算产品总成本和单位成本。

D. 以过去的成本核算资料为基础,结合企业计划期内企业经营环境的变化及企业可能采取的措施,运用一定的技术方法对未来的成本水平及其发展趋势所做的科学估计。

E. 采用专门的分析方法,利用成本核算与考核等资料,进行各种比较分析,从而揭示产品成本差异,分析成本差异产生的原因。

F. 根据成本计划,对成本发生和形成过程中影响成本的各种因素进行限制与监督,使之能按预定的计划进行。

G. 以成本预测的数据或情况为基础,确定计划期内为完成计划产量所应发生的耗费和各种产品的成本水平,同时也提出为完成上述成本指标应采取的措施和方法。

H. 在成本预测的基础上,根据成本预测的有关资料,运用专门的方法,对有关方案进行判断、分析,从中选择最优方案以确定目标成本。

I. 定期对成本计划及其相关指标实际完成情况进行总结和评价,以监督和促使企业加强成本管理责任制,履行经济责任制,提高成本管理水平。

2. 成本会计工作组织

成本会计工作组织,主要包括设置成本会计机构、配备成本会计工作人员和建立健全成本会计制度。

(1) 设置成本会计机构。成本会计机构是指组织和领导并从事企业成本会计工作的职能部门或组织,是企业会计机构的组成部分。企业要根据生产经营的特点、业务规模的大小、成本管理的要求等因素决定成本会计机构的设置。一般来说,大中型企业应单独设置成本会计机构并配备会计人员,在总会计师的领导下负责成本会计的各项工作。在规模较小、会计人员不多的企业,可以不设立成本会计的专门机构,但应配置专职的成本会计人员负责成本会计工作。企业的有关职能部门和生产车间,也应根据工作需要设置成本会计组织或配备专职、兼职的成本会计人员。

企业内部各级成本会计机构,有集中工作方式和分散工作方式两种。

① 集中工作方式。由企业的成本会计机构集中负责成本会计核算、成本计划编制和成本分析等各方面的工作,车间等其他部门中的成本会计机构或人员(一般只配备成本核算人员)只负责登记原始记录并进行初步的审核、整理和汇总,为企业的进一步成本核算提供资料。这种方式有利于企业管理当局及时掌握企业成本的全面信息,减少成本会计机构的层次和成本会计人员的数量,但不利于基层生产经营单位及时掌握成本信息,不利于调动基层单位自我控制成本和费用的积极性。这种方式一般只适用于成本会计工作简单的中小型企业。

② 分散工作方式。成本会计的各项具体工作分散到车间等基层单位的成本会计机构或人员中,企业的成本会计机构只负责成本会计工作的指导、监督和成本会计数据的汇总,以及处理那些不便于分散到车间等部门去进行的成本会计工作。这种方式虽然增加了成本会计工作的层次和会计工作人员的数量,但有利于各具体生产经营单位及时掌握成本信息,促进各单位的生产经营管理,也便于配合经济责任制的实行,为各单位的成本控制业绩考核提供必要的信息。这种方式一般只适用于成本会计工作复杂的大中型企业。

一般来说,大中型企业采用分散工作方式,中小型企业采用集中工作方式为宜。也可以根据工作需要将两种方式结合起来使用,即某些部门采用分散工作方式,而另一些部门则采用集中工作方式。

(2) 配备成本会计人员。成本会计工作的质量取决于成本会计人员。因此,企业要根据成本管理的要求,选用具有会计从业资格或会计专业技术职务任职资格、思想品德优秀、精通业务的会计人员负责成本会计工作。

成本会计人员的职责包括:在企业总会计师和会计主管人员的领导下,忠实地履行自己的职责,认真地完成成本会计的各项任务;且从降低成本、提高企业经济效益的角度出发,参与制定企业的生产经营决策。

成本会计人员的权限包括:成本会计人员有权要求有关单位和人员认真执行成本计划,严格遵守财经法规制度;有权参与制订企业生产经营计划和各项定额,参加与成本管理有关的生产经营管理会议;有权督促、检查企业各单位对成本计划和有关财经法规、制度及财经纪律的执行情况。

(3) 建立健全成本会计制度。成本会计制度是成本会计工作的规范,企业必须根据《中华人民共和国会计法》《企业财务通则》《企业会计准则》(或《小企业会计准则》)的有关规定,结合企业自身经营和管理的要求,建立企业内部成本会计制度,使企业成本会计的各项工作有章可循、有据可依。一般而言,企业的成本会计制度应包括以下几个方面:①成本预测和决策制度;②成本定额制度和成本计划编制制度;③成本控制制度;④成本核算制度;⑤责任成本制度;⑥企业内部结算价格和内部结算办法制度;⑦成本报表制度;⑧成本分析制度等。

【测试与强化 1-7】

某制造企业为加强成本核算，拟在企业成立成本会计核算机构，责成一个没有取得会计职业职格的人员负责此项工作。企业主管财务领导认为，成本核算只能采用集中工作方式，不能采用分散工作方式，成本会计人员只是进行成本核算，无权参与企业生产经营计划和各项定额的制定，无权制定企业成本会计制度。

请回答：该企业主管财务领导的想法或做法是否正确？

1.2.2 产品成本核算要求

1. 做好成本核算的基础工作

成本核算的基础工作是进行成本预测、编制成本计划、进行成本核算、分析消耗定额和成本计划执行情况的重要依据。企业成本核算的基础工作包括以下四个方面。

（1）建立和健全原始记录制度。原始记录是对企业生产经营活动中的具体事实所做的最初记载，是反映企业经营活动的原始资料。一般包括生产记录、考勤记录、设备使用记录和材料物资收发记录等。原始记录设置的总原则是，既满足成本核算和管理的需要，又要简便易行。

（2）建立和健全定额管理制度。定额是企业在正常的生产经营条件下，对人力、物力、财力的配备、利用和消耗等所应遵守的标准或应达到的水平。定额按其所反映的内容不同，可分为工时定额、产量定额、材料消耗定额、费用定额等。定额的制定既要先进，又要可行；同时，要根据生产技术的发展和进步、管理手段的完善及劳动生产率的提高，及时修订定额，以发挥其应有的积极作用。

（3）建立和健全材料物资的计量验收制度。计量验收制度是对企业各项财产物资的收发领退数量进行准确确认计量的一种管理制度。如果生产过程中的财产物资收发领退数字失真，就会导致成本会计工作的失误，进而影响企业财务状况和经营成果信息的真实性。为此，企业必须建立材料物资的计量验收制度，定期或不定期地对收发、领退的材料物资进行盘点，掌握材料物资数量变化的具体情况，确保计量的准确性。

（4）建立和健全内部结算制度。为了明确企业内部各有关单位的经济责任制，对财产物资的内部流转以及相互提供劳务等，可以采用内部结算的办法进行核算和管理，具体包括内部结算价格、内部结算方式、内部结算货币等。内部结算价格是内部结算制度的主要方面，它一般是用企业制定的单位计划成本，也可以在计划单位成本的基础上加适当的利润作为内部结算价格。

2. 做好费用的审核和控制，做到管算结合，算为管用

成本核算不仅是对企业已发生的生产费用进行事后记录和计算，更重要的是在费用发生之前依据国家的有关财经法规制度、企业成本计划和相应的消耗定额，对各项费用进行严格的审核，做好费用的事前、事中审核和控制，同时及时修改不切合实际的定额或计划，减少不必要的开支和耗费，降低成本，提高经济效益。

3. 正确确定财产物资的计价和价值的结转方法

制造企业的产品生产经营过程，实质上是各种劳动的消耗过程。在生产经营过程中，随着生产经营活动的进行，消耗的财产物资的价值也逐渐转移到产品成本和期间费用中去，构成产品成本和期间费用的一部分。因此，这些财产物资的计价和价值结转方法，是影响产品成本计算正确性的重要因素，如存货发出的计价、低值易耗品的摊销等。为了正确计算产品成本,对于各种财产物资的计价和价值结转,凡是国家有统一规定的,都应按统一规定的方法进行;凡是国家没有统一规定的,企业要根据财产物资的特点,结合企业成本管理的要求确定,而且财产物资的计价和价值的结转方法一经确定,一般不得随意变更。

4. 正确划分各种费用支出的界限

企业发生的支出,有的可以计入产品成本,有的不可以计入产品成本。为了正确地计算产品成本,必须正确地划分以下五个方面的支出。

(1) 正确划分收益性支出和非收益性支出。收益性支出是指企业为取得本期收益而发生,并由当期收益予以补偿的各种支出。例如,企业为生产产品支付给工人的工资、耗费的原材料支出,为销售产品支付的广告费等,这些支出通过销售产品或通过获取的利润得到补偿。而除收益性支出之外的其他支出,称为非收益性支出。这些非收益性支出有的形成资产的成本(如资本性支出和投资性支出);有的支出无任何补偿(如营业外支出和利润分配支出、税费支出)。

(2) 正确划分产品生产成本与期间费用。企业发生的各种收益性支出,并非全部计入产品生产成本。只有为生产产品所发生的材料费、人工费、燃料和动力、制造费用等的各种支出,才能计入产品成本,从销售产品的收入中得到补偿;而为销售产品所发生的销售费用、为管理和组织生产经营活动所发生的管理费用,为筹集资金所发生的财务费用,虽然都是经营过程中发生的,但与产品生产无直接关系,因而应计入期间费用,从当期利润中扣除。

(3) 正确划分各个月份的成本、费用。为了正确计算产品成本,在正确划分上述费用界限的基础上,还应正确划分本月产品成本与以后其他月份产品成本的界限。具体做法是,根据权责发生制原则,凡是由本期产品成本负担的费用,不论其是否在本月发生,均应全部计入本期产品成本;凡是不应由本期产品成本负担的费用,纵然是本期支付,也不能计入本期产品成本。这就要求企业正确计提和摊销有关的费用,以利于准确地计算产品成本。

(4) 正确划分各种产品的成本费用。对于生产两种或两种以上产品的制造企业,还要对计入当月的生产费用在各有关产品之间进行分配。凡是某种产品生产单独发生的生产费用,属于直接费用的直接计入该产品的生产成本;凡是几种产品共同负担发生的生产费用,属于间接费用,则应选择适当的方法分配计入各受益产品的生产成本。

(5) 正确划分完工产品成本与在产品成本。通过以上费用的划分,确定了本月产品应负担的生产费用。如果本月生产的产品全部完工,则本月发生的各种生产费用总和就是该完工产品的总成本;如果生产的某种产品全部都未完工,则该种产品的生产费用之和就是该种产品的月末在产品成本。这两种方式都不需要将生产费用在完工产品和在产品之间进行分配。如果该月生产的产品既有完工产品,又有未完工产品,则应采用一定的方法,将本月发生的生产费用总和在完工产品和在产品之间进行分配,分别计算完工产品的成本和月末在产品的成本。

上述费用的划分过程,也是产品成本的计算过程,费用界限的划分是否正确,直接决定产品成本计算结果的正确性。以上五项费用的划分,都应贯彻受益原则,即何者受益何者负担费用,何时受益何时负担费用,负担费用的多少与受益的程度成正比。

5. 恰当地选用成本计算方法

产品成本计算方法选择得恰当与否,将直接影响产品成本计算的准确性。因此,企业应根据自身特点和成本管理要求选择恰当的成本计算方法,进行成本计算。成本计算方法一经确定,一般不应随意变动,以保证成本计算信息的可比性。

【测试与强化 1-8】

下列做法是否符合成本核算要求?如果不符合要求,应如何更正?

(1) 对于企业发生的支出,审核是否应计入产品的成本;如果应计入产品的成本,审核应计入哪种产品的成本。

(2) 成本核算不仅是对企业已发生的生产费用进行事后记录和计算,更重要的是在费用发生之前依据财经法规、产品消耗定额和成本计划对各项费用进行严格的审核。

(3) 为了正确计算产品成本,对于各种财产物资的计价和价值结转,凡是国家有统一规定的,应按国家规定的方法进行;凡是国家没有统一规定的,企业要根据财产物资的特点,结合企业管理的要求确定;为确保成本计算的准确性,应随时修改财产物资的计价和价值的结转方法。

(4) 为企业做好成本核算工作,必须建立和健全原始记录制度、定额管理制度、材料物资的计量验收制度、内部结算制度等。原始记录越全越细越好,各项定额一旦制定一年内不准变更。

1.2.3 产品成本核算的一般程序

产品成本核算程序是指对生产经营过程中发生的各项费用,根据成本核算的基本要求,采用一定的方法,逐步进行归集和分配,最后计算出产品生产成本的工作过程。制造企业的成本计算基本程序如下。

1. 了解企业生产类型,熟悉生产过程和成本管理要求,确定成本计算方法及开设成本明细账

企业的生产类型不同、生产过程不同、成本核算管理要求不同,采用的成本计算方法不同,生产成本明细账的开设就不同。应根据企业的具体情况和成本管理的具体要求,开设成本明细账,确定成本项目。

2. 对支出进行审核和控制,进行要素费用的归集与分配

首先,按照国家的有关规定、企业的成本计划和成本定额标准,对支出进行事前和事后的审核,以确保支出的合法性、合理性和真实性。其次,确定各项支出的归属,最终确定支出是收益性支出还是非收益性支出。最后,将收益性支出按收益原则,确定成本费用的承担对象,通过编制要素费用分配表,进行要素费用的归集和分配,通过分配分别计入生产成本、制造费用、管理费用、销售费用总账及明细账。

3. 综合费用的归集与分配

(1) 辅助生产费用的归集与分配。将发生的辅助生产费用在生产成本——辅助生产成本明细账户中归集。月终根据服务对象和提供的劳务数量编制"辅助生产费用分配表",通过分配分别计入生产成本——基本生产成本、制造费用、管理费用、销售费用等账户。

(2) 制造费用的归集和分配。在上述辅助生产费用归集和分配完成后,将基本生产车间发生的制造费用归集在制造费用及相关的明细账。如果企业只生产一种产品,则月终可将制造费用直接计入该产品的成本总账及明细账;如果生产两种或两种以上的产品,则采用一定的标准通过编制"制造费用分配表",将发生的制造费用分别计入相应产品的成本总账及明细账。

4. 废品损失和停工损失的归集与分配

如果企业单独核算废品损失和停工损失，则应增设"废品损失"和"停工损失"账户，并且在"生产成本—基本生产"账户中增设废品损失、停工损失专栏，以进行废品损失和停工损失的归集和分配。

5. 编制成本计算单，结转完工产品的成本

通过生产费用的归集，产品生产过程中发生的各项耗费均计入各产品成本明细账中。然后根据产品成本项目的构成及耗费情况，选择恰当的方法将生产费用在完工产品和在产品之间进行分配，编制成本计算单，结转完工产品的成本。

6. 编制成本报表并进行分析

成本计算完毕，要编制成本报表并进行成本分析，为下一期生产经营降低消耗、提高效益提出更合理的建议和成本计划、定额等。

具体成本核算工作过程、财务处理程序如图 1-2、图 1-3 所示。

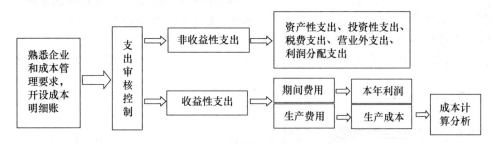

图 1-2　成本核算工作过程

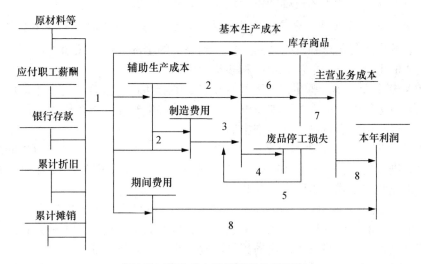

图 1-3　产品成本核算账务处理程序

1—要素费用归集与分配；2—分配辅助生产成本；3—分配制造费用；4—结转不可修复废品的成本；
5—分配废品损失和停工损失；6—在完工产品和在产品之间分配生产费用；
7—结转已销产品的成本；8—期间费用和主营业务成本结转本年利润

【测试与强化 1-9】

将下列成本核算工作,按工作过程进行排序(写出序号)。
A. 确定成本项目,开设成本明细账; B. 为职工计提社会保险及福利费;
C. 分配辅助生产费用; D. 了解企业生产类型及成本核算管理要求;
E. 计提固定资产折旧; F. 计算和分配废品损失和停工损失;
G. 计算完工产品的总成本和单位成本; H. 分配制造费用。

任务1.3 企业生产类型及产品成本计算方法认知

【任务导入 1-3】

接任务导入1-1,哈尔滨职业技术学院2014届会计专业的毕业生崔硕在参加企业组织的成本会计任职报名时,考核组成员在资格审查时向崔硕提问了如下两个问题:
(1) 企业的生产类型有几种?特点是什么?
(2) 产品成本计算的基本方法有几种?确定产品成本计算方法的影响因素是什么?

【任务知识与技能】

1.3.1 企业的生产类型

企业的生产类型是决定成本核算组织方式和成本计算方法的主要因素之一。企业的生产类型一般按产品的生产工艺过程和生产组织方式进行分类。

1. 按生产工艺过程的特点分类,企业的生产类型可分为单步骤生产和多步骤生产

制造企业的生产工艺过程是指产品从投产到完工的全部过程。按照生产工艺过程的特点,制造企业的生产可分为单步骤生产和多步骤生产。

(1) 单步骤生产。单步骤生产又称简单生产,是指生产过程在工艺上不能间断,不可分散在不同地点进行的产品生产,如发电、燃气及铸件生产等。单步骤生产的产品生产周期较短,生产过程中没有自制半成品产出。

(2) 多步骤生产。多步骤生产又称复杂生产,是指生产过程在工艺上可以间断,可分散在不同地点进行的产品生产,如纺织、自行车的生产。多步骤生产按其加工方式的不同,又可分为连续加工式多步骤生产和装配式多步骤生产。

① 连续加工式多步骤生产,是指原材料投入生产到产品完工,要依次经过各个生产步骤的连续生产,前一步骤加工完工的半成品为后步骤加工的对象。这种方式除了最后步骤生产出产成品外,其余步骤生产出的都是自制半成品,如纺织业。

② 装配式多步骤生产又称平行加工式生产,是指各种原材料投入到不同的加工部门加工成所生产产品的各种零部件,再将零部件装配成产成品的生产,如自行车的生产。

2. 按生产组织的特点分类,企业的生产类型可分为大量生产、成批生产和单件生产

(1) 大量生产。大量生产,是指不断重复相同品种的产品生产。它的特点是陆续投入、陆续产出,不分批别,品种稳定,产量大。例如,面粉的生产。

(2) 成批生产。成批生产,是指按事先规定的数量和规格进行批量生产。成批生产按每批生产产品数量的多少,又可分为大批生产和小批生产。大批生产的产品数量较多,通常在一段时间内连续不断地生产相同的产品，因而其特点类似于大量生产，如食品生产。小批生产的产品数量较少，每批产品同时投产，往往也同时完工，如电梯的生产。

（3）单件生产。单件生产是指根据客户的要求，制造个别的、性质特殊的产品。它的特点是，每批产品的产量很少，一般不重复生产，即使重复生产也是个别的、不定期的，如造船业。

在实际工作过程中，大量与大批生产、小批与单件生产一起，大批与小批生产难以绝对区分，因此常将大量与大批生产称为大量大批生产，小批与单件生产称为小批单件生产。

如果将生产工艺过程和生产组织特点结合，企业的生产类型可分为：大量大批单步骤生产、大量大批连续加工式多步骤生产、大量大批平行加工式多步骤生产、单件小批生产四种类型。

【测试与强化 1-10】
请回答：西服的生产和台式计算机的生产属于哪种生产类型？

1.3.2　生产类型和管理要求对产品成本计算的影响

1. 生产类型对产品成本计算的影响

不同的生产类型，其产品成本的计算方法不同。主要区别在于成本计算对象不同，成本计算期不同，生产费用在完工产品和在产品之间的费用分配不同。

（1）对成本计算对象的影响。企业在进行成本计算时，首先应确定成本计算对象，按成本计算对象开设"生产成本——基本生产成本"明细账，并进行生产费用的归集和分配。

一般而言，大量大批单步骤生产企业，由于不断重复相同产品的生产，中间又没有自制半成品存在，因而只能以产品品种作为成本计算对象归集和分配生产费用。

大量大批多步骤生产企业，由于各个加工步骤能够独立地生产半成品，生产费用完全可以按产品的生产步骤归集，因而可以按产品品种或各个加工步骤作为成本计算对象归集和分配生产费用。

单件或小批量生产，由于是以客户的订单或批别来组织生产，因而可以按产品的订单或批别作为成本计算对象来归集和分配生产费用。

（2）对成本计算期的影响。在大量大批生产情况下，只能按月定期计算产品成本，成本计算期与会计报告期一致，但与生产周期不一致。

单件或小批生产情况下，按各批生产周期为成本计算期，成本计算期与生产周期一致，但与会计报告期不一致。

（3）对生产费用在完工产品和在产品之间分配的影响。在大量大批生产情况下，无论是单步骤还是多步骤，只能按月定期计算产品成本。成本计算期与会计报告期一致，但与生产周期不一致，因而需要采用恰当的方法将发生的生产费用在完工产品和在产品之间进行分配。

单件或小批生产情况下，各批生产周期为成本计算期，成本计算期与生产周期一致，但与会计报告期不一致，因而不需要将发生的生产费用在完工产品和在产品之间分配，其生产成本全部为完工产品的成本或在产品成本。

2. 管理要求对产品成本计算方法的影响

企业产品成本的核算，不仅要考虑生产特点，还要考虑企业成本管理的要求，对产品成本计算方法的影响。例如，连续多步骤生产的企业，由于产品生产过程可以间断，并可以分散在不同地点进行，客观上具备了按各生产步骤计算半成品成本的条件。如果企业成本管理要求提供各步骤半成品的成本，则成本计算对象为各加工步骤的半成品和最终生产的各种产成品；如果企业成本管理要求不提供各步骤半成品的成本，则成本计算对象为最终生产的各种产成品；如果成本管理要求提供某几个步骤的半成品成本，则应把这几个步骤的半成品也作为成本计算对象加以专门计算。

【测试与强化 1-11】

请回答：确定产品成本计算方法的因素是什么？各种产品成本计算方法的区别体现在几个方面？

1.3.3　产品成本计算方法

1. 产品成本计算的基本方法

由于企业生产类型和管理要求不同，形成了三种产品成本计算的基本方法，即品种法、分步法和分批法。

（1）品种法。大量单步骤生产或大量大批多步骤生产且不要求按步骤核算产品成本的企业，以全厂或某一封闭式车间生产的某种产品为成本计算对象，即品种法。

（2）分步法。大量大批多步骤生产并要求按步骤核算产品成本的企业，以各步骤生产的半成品和最后步骤生产的产成品为成本计算对象，即分步法。

（3）分批法。单件小批多步骤生产的企业，以某一件或某一批产品为成本计算对象，形成分批法。

以上三种成本计算方法是成本计算的基本方法，其各自的特点如表 1-1 所示。

表 1-1　产品成本计算基本方法比较

基本计算方法	适用范围	成本计算对象	成本计算期	在产品成本计算
品种法	大量大批单步骤生产，或不要求分步骤计算产品成本的大量大批多步骤生产	产品品种	按月计算产品成本，与会计报告期一致	一般需要计算在产品成本
分步法	要求分步骤计算产品成本的大量大批多步骤生产	生产步骤和最终产品	按月计算产品成本，与会计报告期一致	需要计算在产品成本
分批法	单件小批单步骤或多步骤生产	产品批别	不定期计算产品成本，与会计报告期产品不一致	不需要计算在产品成本

2. 产品成本计算的辅助方法

除了上述成本计算的基本方法外，为了简化成本计算工作，还需采用一些其他的辅助成本计算方法，如分类法、定额法等。

（1）分类法。分类法是以产品类别为成本计算对象，将生产费用先按产品类别进行归集，计算各类产品成本，然后再按一定的分配标准在类内各种产品之间分配，来计算各种产品的成本。它主要适用于产品的品种规格多，但每种产品的结构、所用原材料、生产工艺过程都基本相同的企业。

（2）定额法。定额法是以产品的定额为基础，加减脱离定额的差异以及定额变动差异来计算产品的实际成本。它适用于管理制度比较健全、定额管理基础工作较好、产品生产稳定和消耗定额合理且稳定的企业。

另外，在实际工作中，应根据企业不同的生产特点和成本管理要求，考虑企业的规模和管理水平等具体条件，对上述各种成本计算方法加以结合运用。例如，有的车间采用品种法，有的车间采用分步法；在某一阶段用品种法，另一阶段用分步法等。

【测试与强化 1-12】

华飞服装厂主要生产宏伟保暖内衣和双鸭羽绒服。根据市场调研，宏伟保暖内衣有很大市场，华飞服装厂决定大量生产。该产品生产需经过裁剪、缝纫、定型三道工序，但每道工序不需要单独核算成本。双鸭羽绒服季节性比较强，实行批量生产，该羽绒服生产需要两道工序，即羽绒服内胆和外衣的生产，并且两部分产品和成品均可单独对外出售。另外，利用双鸭羽绒服生产线的剩余生产能力可接受羽绒被等产品的订单生产。

请回答：华飞服装厂的产品成本计算应采用哪几种方法？影响产品成本计算方法的主要因素是什么？

项目总结

要把企业做大做强，其中一个很关键的因素，就是必须有足够的成本意识，做好成本核算和分析工作。

首先，成立成本会计机构，配备会计人员，建立成本会计制度。成本会计机构的设立要根据企业生产经营的特点、业务规模的大小、成本管理的要求等因素确定。一般来说，大中型企业应单独设置成本会计机构并配备会计人员，在总会计师的领导下负责成本会计的各项工作。在规模较小、会计人员不多的企业，可以不设立专门的成本会计机构，但应配置专职的成本会计人员负责成本会计工作。企业的有关职能部门和生产车间，也应根据工作需要设置成本会计组织或配备专职、兼职的成本会计人员。企业内部各级成本会计机构，有集中工作方式和分散工作方式两种。

其次，必须遵守成本核算要求。这些要求包括：做好成本核算的基础工作；做好费用的审核和控制，做到管算结合，算为管用；正确确定财产物资的计价和价值的结转方法；正确划分各种费用支出的界限；恰当地选用成本计算方法。

再次，熟悉企业的生产类型和成本核算管理要求，确定成本计算方法及成本项目，开设成本明细账。按照企业生产工艺流程和生产组织特点，企业的生产类型可分为：大量大批单步骤生产、大量大批连续加工式多步骤生产、大量大批平行加工式多步骤生产、单件小批生产四种类型。不同的生产类型，其产品成本的计算方法不同。主要区别在于成本计算对象、成本计算期、生产费用在完工产品和在产品之间的分配。由于企业的生产类型的特点和管理要求的不同，形成了三种产品成本计算的基本方法，即品种法、分步法和分批法。大量单步骤生产或大量大批多步骤生产而不要求按步骤核算产品成本的企业，一般采用品种法；大量大批多步骤生产并要求按步骤核算产品成本的企业，以各步骤生产的半成品和最后步骤生产的产成品为成本计算对象，一般采用分步法；单件小批多步骤生产的企业，以某一件或某一批产品为成本计算对象，即分批法。除此之外还有产品成本计算的辅助方法，即分类法和定额法。产品成本一般由直接材料、燃料和动力、直接人工、制造费用四个成本项目组成，由于企业各种耗费的比重、成本核算和管理的要求不同，还可增设"废品损失"等有关成本专栏。

最后，对支出进行审核和控制，做好要素费用的归集与分配，综合费用的归集与分配，废品损失的归集与分配，生产费用在完工产品和在产品之间的归集和分配，登记相关成本明细账，编制成本报表并进行成本分析。

■ 课证对接测试

一、单项选择题（下列各题的备选答案中，只有一个是正确的，请将正确答案的字母填在括号内）

1. 下列属于成本会计工作的核心内容是（   ）。
   A. 成本核算   B. 成本分析
   C. 成本控制   D. 成本考核

2. 下列不属于现代成本会计工作主要内容的是（   ）。
   A. 成本预测   B. 成本计划
   C. 成本考核   D. 制定产品价格

3. （   ）是根据一定的成本计算对象，采用适当的成本计算方法，按规定的成本项目，通过费用要素的归集和分配，计算出各成本计算对象总成本和单位成本。
   A. 成本预测   B. 成本核算
   C. 成本决策   D. 成本分析

4. （   ）是指在成本预测的基础上，根据成本预测的有关资料，运用专门的方法，对有关方案进行判断、分析，从中选择最优方案以确定目标成本。
   A. 成本预测   B. 成本核算
   C. 成本决策   D. 成本分析

5. （   ）是根据成本的有关数据及信息，并结合未来的发展变化情况，运用一定的技术方法对未来的成本水平及其发展趋势所做出的科学估计。
   A. 成本预测   B. 成本核算
   C. 成本决策   D. 成本分析

6. 费用要素是指生产费用按其（   ）所做的分类。
   A. 经济用途   B. 计入产品成本的方式
   C. 经济内容   D. 与生产工艺的关系

7. 下列各项属于产品成本项目的是（   ）。
   A. 折旧费   B. 低值易耗品摊销
   C. 直接人工   D. 期间费用

8. 下列不能计入产品成本的费用是（   ）。
   A. 燃料和动力   B. 生产工人的工资及福利费
   C. 车间管理人员的工资及福利费   D. 厂部管理人员的工资及福利费

9. 关于费用的界限划分，下列说法不正确的是（   ）。
   A. 资本性支出能计入产品成本费用
   B. 制造费用应计入生产费用
   C. 车间为组织和管理生产经营活动而发生的费用应计入产品的成本
   D. 凡为生产某种产品而发生的费用应直接计入该产品成本

10. 下列属于产品成本核算首要程序的是（   ）。
    A. 确定成本计算期   B. 生产费用的归集和分配

C. 确定成本项目　　　　　　　　D. 了解企业的生产类型，确定成本计算对象
11. 下列说法不正确的是（　　）。
A. 产品成本计算方法的确定，主要取决于企业生产组织的特点
B. 制造企业发生的各种费用按其经济内容划分所形成的项目称为成本项目
C. 生产费用归集和分配的基本原则是：为生产产品发生的直接生产费用直接计入产品成本，发生的间接生产费用分配计入各受益产品成本
D. 产品成本核算账务处理程序，实际上表现为整个产品成本形成过程的会计核算步骤
12. 将资本性支出、营业外支出等计入当期经营性支出，其结果是（　　）。
A. 对企业损益没有影响
B. 只影响产品成本，不影响期间费用
C. 影响产品成本或期间费用，造成当期销售利润减少
D. 影响产品成本和期间费用，造成当期销售利润增加
13. 企业按生产工艺过程的特点分类，制造企业可分为（　　）。
A. 简单生产和单步骤生产　　　　B. 复杂生产和多步骤生产
C. 单步骤生产和多步骤生产　　　D. 大量大批生产和单件小批生产
14. 下列方法中，不属于产品成本计算基本方法的有（　　）。
A. 品种法　　　　　　　　　　　B. 分类法
C. 分批法　　　　　　　　　　　D. 分步法
15. 成本计算基本方法命名的基本依据是（　　）。
A. 成本计算对象　　　　　　　　B. 成本计算期
C. 生产周期　　　　　　　　　　D. 生产费用的分配方法

二、**多项选择题**（下列各题的备选答案中，有两个或两个以上的答案是正确的，请将正确答案的字母填在括号内）
1. 我国制造企业其成本的构成一般包括（　　）。
A. 直接材料　　　　　　　　　　B. 直接人工
C. 制造费用　　　　　　　　　　D. 燃料和动力
2. 有关成本会计工作组织说法正确的是（　　）。
A. 成本会计工作组织包括成本会计机构和成本会计人员
B. 企业内部各级成本会计机构，有集中工作方式和分散工作方式两种
C. 一般来说，大型企业成本核算只能采用分散工作方式，中小型企业成本核算只能采用集中工作方式
D. 企业要根据成本管理的要求选用思想品德优秀、精通业务的人员从事成本会计工作，没有从事资格可以先从业后考取
3. 在计算产品成本时，需要正确划清的费用界限有（　　）。
A. 经营性支出和非经营性支出的界限
B. 本期费用与非本期费用的界限
C. 生产成本与期间费用的界限
D. 各种产品费用的界限
4. 成本核算的基础工作包括（　　）。
A. 建立和健全原始记录制度

B. 建立和健全定额管理制度
C. 建立和健全材料物资的计量验收制度
D. 建立和健全内部结算制度

5. 制造业成本核算时，按成本项目开设的"基本生产成本"明细账中的直接材料，包括（　　）。
   A. 生产产品耗用的原料及主要材料　　B. 生产产品工人计提的社会保险
   C. 生产产品耗用的包装物　　　　　　D. 生产车间耗用的低值易耗品

6. 下列属于产品成本中直接人工项目核算内容的有（　　）。
   A. 生产工人的工资　　　　　　　　　B. 按生产工人工资提取的福利费
   C. 生产工人提取的五险一金　　　　　D. 车间管理人员的工资

7. 下列属于产品成本制造费用项目核算内容的有（　　）。
   A. 车间人员的工资　　　　　　　　　B. 车间耗用的材料
   C. 管理部门耗用的材料　　　　　　　D. 车间固定资产计提的折旧

8. 下列支出属于生产费用支出的有（　　）。
   A. 生产工人的工资　　　　　　　　　B. 车间人员的工资
   C. 厂部管理人员的工资　　　　　　　D. 基建人员的工资

9. 成本会计制度包括（　　）
   A. 成本核算制度　　　　　　　　　　B. 成本预测决策制度
   C. 成本报表制度　　　　　　　　　　D. 责任成本制度

10. 按顺序写出下列成本核算账务处理程序（　　）。
    A. 开设成本明细账　　　　　　　　　B. 要素费用的归集与分配
    C. 制造费用的归集与分配　　　　　　D. 辅助生产费用的归集与分配
    E. 生产费用在完工产品和在产品之间的归集与分配

三、判断题（下列说法中正确的画√，错误的画✕）

1. 企业内部各级成本会计机构，有集中工作方式和分散工作方式两种。企业一般应采用集中工作方式，这样可以减少会计机构和会计人员，有利于提高工作效率。（　　）
2. 生产费用和产品成本在经济内容上是基本一致的，一定时期的生产费用是计算产品成本的基础，产品成本是对象化了的生产费用。它们的区别在于：生产费用与一定会计期间相联系，产品成本与一定种类和数量的产品相联系。（　　）
3. 企业支付给职工的工资，属于产品成本项目中的直接人工费用。（　　）
4. 成本计算划分各项费用界限时，都应贯彻受益原则，即何者受益何者负担费用，何时受益何时负担费用，负担费用的多少与受益的程度成正比。（　　）
5. 资本性支出和营业外支出都不计入生产费用。（　　）
6. 单步骤生产是指生产工艺过程不能间断，不能分散在不同地点进行的生产。（　　）
7. 制造企业按其生产工艺的特点不同，可分为大量生产、成批生产和单件生产。（　　）
8. 品种法一般适用于大量大批多步骤生产企业。（　　）
9. 一个企业可以对不同的产品采用不同的成本计算方法。（　　）
10. 成本管理要求直接影响成本计算方法。（　　）

项目能力评价测试

能力评价表

项目序号：　　　　财务小组：　　　　姓名：　　　　学习时间：

	测试的要求	能/未能	任务内容
专业能力自评	通过学习本项目，你		了解企业支出的内容及构成
			了解成本会计工作组织的构成及具体要求
			理解企业成本核算的要求
			了解企业生产类型
			了解企业生产成本核算的工作过程
			了解企业产品成本核算的账务处理程序
	通过学习本项目，你还有除上述外"能"或"未能"了解、理解等的其他任务内容		

		能力内容	是否提高
职业能力自评	通过学习本项目，运用相关知识和技能，你能达到	根据企业的生产类型及成本管理要求确定成本计算方法及成本项目	
		根据成本核算要求正确进行费用的划分	
		解决问题的能力	
		团队精神（团队互相帮助完成学习任务）	
		职业态度（无旷工、认真、无抄袭）	
		办事能力（准确表述需求，完成所办事务）	
		敬业精神（工作有始有终，能正确面对困难曲折）	
	通过学习本项目，你还有除上述外的哪些能力得到"明显提高""有所提高""没有提高"		

自评	小组评定	教师评定
签名： 　　年　月　日	签名： 　　年　月　日	签名： 　　年　月　日

总成绩：

注：

1. "能/未能"栏填"能"或"未能"；"是否提高"栏填"明显提高""有所提高""没有提高"。

2. 最终的总成绩评定由三部分组成，即学生本人自评、小组评定、教师评定，其参考权重分别是25%、25%和50%。参考分值：每个"能"给5分，每个"有所提高"给7分，每个"明显提高"给10分，"没有提高"或"未能"没有分。加总后最高分值为100分。

3. 本项目总权重参考值为10%，即满分10分。

采用品种法计算产品成本

项目导言

你家里有海尔产品吗？为什么选购海尔产品呢？

众所周知，海尔集团除了生产冰箱、冰柜、洗衣机、空调、彩电等家用电器外，还生产手机、计算机、数码摄像机等产品，这些产品种类繁多，规格齐全，颇受消费者喜爱。其主要原因是产品物美价廉，而产品定价的主要依据是企业产品成本。如何运用品种法计算产品成本，是本项目教学应解决的关键问题。

项目目标

1. 终极目标

能根据企业的生产类型、成本管理要求等具体情况，正确运用品种法开设成本明细账，进行费用的归集、分配及计算产品成本。

2. 促成目标

（1）理解品种法的适用范围、特点；

（2）理解品种法的成本计算过程，并正确进行费用的归集、分配；

（3）能根据企业的客观实际，正确运用品种法计算产品成本。

项目任务与框架

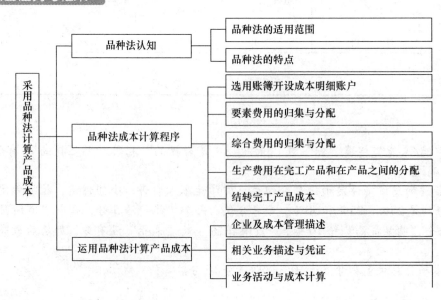

任务2.1　品种法认知

【任务导入 2-1】

哈尔滨冰花啤酒有限责任公司是一家以啤酒业为主体的大型现代化啤酒企业，采用先进技术，以麦芽、大米为主料，以啤酒花、酵母和水为辅料生产冰花纯生、冰花普通两种啤酒。生产分为麦芽制备、麦汁制备、啤酒发酵及包装四个部分。麦芽制备是大（小）麦经过浸麦、发芽、绿麦芽干燥及干燥麦芽除根等一系列加工制成麦芽的过程；麦汁制备是将固定的原辅料通过粉碎、湖化、过滤、煮沸、麦汁后处理等过程制成具有固定组成的成品麦汁；啤酒发酵是将麦汁冷却至规定的温度后送入发酵灌，并接入一定量的啤酒酵母进行发酵，发酵成熟的啤酒经过一段时间的低温储存，对啤酒进行过滤，除去沉淀的蛋白质和酵母，使成品啤酒澄清透明并有光泽；最后按所生产的啤酒类型进行相应处理及包装。

请问：该企业应采用什么样的成本计算方法？为什么？

【任务知识与技能】

2.1.1　品种法的适用范围

品种法是以产品品种作为成本计算对象归集生产费用，计算产品成本的一种方法。品种法是产品成本计算中最一般、最基本的一种方法。它适用于大量大批单步骤生产的企业，如发电、采掘等；也适用于大量大批多步骤生产，但管理上不要求分步骤计算半产品成本的企业，如糖果厂等。

2.1.2　品种法的特点

品种法与其他产品成本计算的基本方法相比，具有如下特点。

1. 成本计算对象

以产品品种为成本计算对象设置产品成本明细账，归集生产费用计算产品成本。企业采用品种法计算产品成本时，如果企业只生产一种产品，则只需为该种产品开设一本生产成本明细账（或成本计算单），并按成本项目开设专栏。在这种情况下，只需将发生的生产费用直接计入，无须将生产费用在各种产品之间进行分配。此种方法也称单一品种法或简单品种法。

如果企业生产的是两种或两种以上产品，则需按每种产品开设成本明细账（或成本计算单），并按成本项目开设专栏。此时，发生的直接费用直接计入，几种产品共同负担的费用需分配后计入成本计算单，此种方法也称为品种法中的典型品种法。

2. 成本计算期

成本计算期与会计报告期一致，即按月定期计算产品成本。在大量大批生产的企业，其生产是连续不断进行的，不可能在产品生产完工时才计算产品的生产成本，只能定期在月末计算当期产出的完工产品的成本。因而品种法的成本计算期与会计报告期一致，但与生产周期不一致。

3. 生产费用在完工产品和在产品之间的分配

对于大量大批多步骤生产的企业，由于产品是不断产出的，而成本计算期又是固定的，因此，月末既有完工产品又有未完工产品，这就需要采用一定的方法将生产费用在完工产品和在产品之间进行分配。

对大量大批单步骤生产的企业，由于生产工艺过程简单而步骤单一，生产周期较短，月末一般没有在产品或在产品较少，因此不需要计算在产品成本。有时可与其他辅助方法结合使用计算产品成本。

【测试与强化 2-1】

某企业采用品种法计算产品成本。该企业大量大批生产甲、乙两种产品，每种产品均需两个生产步骤，各步骤均不需计算在产品的成本。因此该企业按产品品种和生产步骤开设了四个成本明细账，即生产成本——基本生产成本——甲产品（一步骤）、生产成本——基本生产成本——甲产品（二步骤）、生产成本——基本生产成本——乙产品（一步骤）、生产成本——基本生产成本——乙产品（二步骤）。

请回答：该企业成本明细账的设置是否正确？请说明理由和做法。

任务2.2 品种法成本计算程序

【任务导入 2-2】

续"任务导入 2-1"，请回答：该企业如何计算产品成本？

【任务知识与技能】

2.2.1 选用账簿开设成本明细账户

根据企业生产情况及管理核算要求，选用恰当的账簿格式，开设生产成本——基本生产成本明细账、生产成本——辅助生产成本明细账及制造费用明细账。

1. 开设生产成本——基本生产成本明细账

企业可按生产产品的品种为户头开设基本生产成本明细账户，一般按成本项目（直接材料、燃料和动力、直接人工、制造费用）开设专栏进行成本明细核算。如果企业基本生产或成本核算有其特殊要求，则可根据具体情况，增设相应的成本专栏，例如，增设包装物、废品损失等专栏。具体格式见表2-20。

2. 开设生产成本——辅助生产成本明细账

辅助生产车间是为企业的基本生产提供辅助服务的车间，例如，供电、供水、修理、运输等服务。

如果企业为每一个辅助服务项目设置一个辅助生产车间（即每个辅助生产车间只提供一种辅助服务），有几项辅助服务就设几个辅助车间，就开设几个辅助生产成本明细账，其成本项目的构成与制造费用明细账基本相同。这种方式下不需为辅助生产车间开设制造费用明细账，其具体核算任务均由相应的辅助生产成本明细账完成。具体格式见表2-7。

如果一个辅助生产车间提供几种辅助服务，则需按照辅助生产服务项目开设成本辅助生产成本明细账，其成本项目的构成与基本生产成本明细账的格式基本相同（见表2-8）。这种方式下需为辅助生产车间开设制造费用明细账，即制造费用——供电、供水车间等。具体格式见表2-9。

3. 开设制造费用明细账

制造费用是企业各个生产单位（车间、分厂）为组织和管理生产所发生的一切费用。以车间为单位开设明细账，按费用项目开设专栏进行成本明细账核算。具体格式见表2-9。

2.2.2 要素费用的归集与分配

要素费用主要是指企业为生产产品发生的材料费、职工薪酬、电费、水费、固定资产折旧费等。

1. 材料费用的归集与分配

材料费用是指企业在生产过程中耗用的原材料及主要材料、辅助材料、外购半成品等，是构成产品实体的主要部分，在产品成本中占有较大的比重，因此设置单独的成本项目即"直接材料"成本项目专栏进行核算。

对于生产单一产品领用的原材料费用，直接计入该产品成本明细账的"直接材料"成本项目；对于生产几种产品共同耗用的材料费用，由于在领用时无法确定每种产品耗用多少，因此应采用既合理又简便的分配方法，分配后计入"直接材料"成本项目中。

（1）材料费用的分配顺序。

① 确定被分配的原材料费用数额及分配标准。原材料若采用实际成本计价，可用移动平均、个别认定法、先进先出法、加权平均等方法计算得出原材料的费用数额；如果采用计划成本法，可先按计划成本结转，随后结转材料成本差异，形成发出存货的实际成本。原材料费用的分配标准很多，一般可按产品的产量、体积、重量等进行分配，在原材料消耗定额比较准确的情况下，也可以按照产品的材料定额耗用量或材料定额费用的比例进行分配。

② 计算原材料费用分配率。

③ 计算每一受益对象应负担的原材料费用。

④ 依据领料单、限额领料单、领料登记表和退料单等原始凭证编制原材料费用分配表。

⑤ 根据原材料费用分配表编制记账凭证并登记相应的成本明细账。编制的记账凭证（用会计分录代替）如下。

借：生产成本——基本生产成本——××产品（生产产品耗用）
　　　　　　——辅助生产成本——××辅助服务（辅助生产耗用）
　　制造费用——××车间（车间耗用）
　　管理费用等（企业管理部门耗用）
　贷：原材料

（2）材料费用的分配。

① 采用材料定额耗用量比例法分配原材料费用。材料定额耗用量是指一定产量下按照材料消耗定额计算分配材料费用的方法。

首先，计算出某种产品的材料定额耗用总量。即

某种产品的材料定额耗用总量 = 该种产品的实际产量 × 产品的单位消耗定额

其次，计算材料费用分配率。即

$$材料费用分配率 = \frac{实际耗用材料总量 \times 材料单价}{各种产品定额耗用量总和}$$

最后，计算出某种产品应分摊的材料费用。即

某种产品应分摊的材料费用 = 该种产品的定额耗用总量 × 材料费用分配率

【案例 2-1】 某企业基本生产车间 5 月份生产甲、乙两种产品，其产量分别为 400 件和 300 件，共同耗用的材料为 1 215 千克，该原材料的实际单位成本为 6 元/千克，甲、乙产品材料单位消耗定额分别为每件 1.2 千克和 1.1 千克。则采用定额耗用量比例分配的材料费用如下：

甲产品材料定额耗用量 = 400 × 1.2 = 480（千克）
乙产品材料定额耗用量 = 300 × 1.1 = 330（千克）
材料费用分配率 =（1 215 × 6）÷（480 + 330）= 9
甲产品应分摊的材料费用 = 480 × 9 = 4 320（元）
乙产品应分摊的材料费用 = 330 × 9 = 2 970（元）

在实际工作中，原材料费用的分配一般是通过编制"原材料费用分配表"进行的。这种分配表是按车间、部门和材料的类别，根据归类后的领退料原始凭证和其他有关资料编制的，其格式如表 2-1 所示。

表 2-1 原材料费用分配表

2014 年 10 月　　　　　　　　　　　　　　　单位：元

应借账户	成本费用项目		直接计入材料费用	分配计入的材料费用			合计
				定额耗用量	分配率	分配金额	
生产成本 ——基本生产成本	甲产品	直接材料	30 040	480		4 320	34 360
	乙产品	直接材料	12 840	330		2 970	15 810
	小计		42 880	810	9	7 290	50 170
生产成本 ——辅助生产成本	蒸汽	机物料消耗	1 200				1 200
	机修	机物料消耗	1 600				1 600
	小计		2 800				2 800
制造费用		机物料消耗	2 500				2 500
合计			48 180			7 290	55 470

根据表 2-1 编制的记账凭证（用会计分录代替）如下。

借：生产成本——基本生产成本——甲　　34 360
　　　　　　　　　　　　　　　——乙　　15 810
　　生产成本——辅助生产成本——蒸汽车间　1 200
　　　　　　　　　　　　　　——机修车间　1 600
　　制造费用　　　　　　　　　　　　2 500
　　贷：原材料　　　　　　　　　　　　　55 470

② 采用材料定额费用比例法分配原材料费用。在实际工作中，为进一步简化成本费用分配计算工作，可以按照各种材料的定额费用的比例来分配材料的实际费用，也称材料定额费用比例法。其具体的计算公式如下：

某产品材料定额费用 = 产品实际产量 × 单位产品材料费用定额
　　　　　　　　　 = 产品实际产量 × 单位产品材料定额消耗量 × 材料计划单价

$$材料费用分配率 = \frac{各种材料实际费用总额}{各种产品材料定额费用之和}$$

某种产品应分配的材料费用 = 该产品各种材料定额费用之和 × 材料费用分配率

【案例2-2】 某企业生产甲、乙两种产品，共同耗用A、B两种材料，共计51 696元。本月生产甲产品70件，乙产品50件，甲产品的定额消耗量为：A材料10千克，B材料8千克；乙产品的定额消耗量为：A材料8千克，B材料6千克。A材料单价12元，B材料单价10元。则采用材料定额耗用比例法计算分配的材料费用如下。

甲产品材料定额费用：
　　A材料定额费用 = 70 × 10 × 12 = 8 400（元）
　　B材料定额费用 = 70 × 8 × 10 = 5 600（元）
乙产品材料定额费用：
　　A材料定额费用 = 50 × 8 × 12 = 4 800（元）
　　B材料定额费用 = 50 × 6 × 10 = 3 000（元）

材料费用分配率 = $\dfrac{51\,696}{8\,400 + 5\,600 + 4\,800 + 3\,000}$ = 2.37

　　甲产品应分配的材料费用 = (8 400 + 5 600) × 2.37 = 33 180（元）
　　乙产品应分配的材料费用 = 51 696 − 33 180 = 18 516（元）

"原材料费用分配表"及编制的记账凭证同材料定额耗用量比例法，在此省略。

【测试与强化2-2】
构成产品成本"直接材料"项目除"原材料"费用外，还有其他可构成"直接材料"成本项目的存货费用支出吗？如果有，请指出使用的原始凭证名称，写出分配这些费用支出的会计分录。

2. 外购燃料和动力费用的归集与分配

外购燃料和动力费用是指企业向外单位购买热力、电力等所支付的费用。企业可以单独设置"燃料和动力"成本项目，核算外购燃料和动力费用发生情况。其分配原则是：在有仪表记录的情况下，应根据仪表所示耗用的动力数量和动力单价直接计入各受益单位的成本、费用项目中；在没有安装仪表的情况下，要按照一定的标准在各受益对象之间进行分配。

（1）外购动力费用的分配顺序。
① 确定动力费用数额及分配标准。分配标准可以是生产工时、机器功率时、定额工时等。
② 计算动力费用分配率。由于动力费用存在正常损耗，因此计算出的动力费用分配率往往高于外购动力的单位电价。
③ 计算每一受益对象应负担的动力费用。
④ 根据分配表编制记账凭证并登记相应的成本明细账。

如果企业不要求单独核算燃料和动力费用，则可直接在"制造费用"账户中核算。
由于动力费用一般是月初购电月末分配，因此会计处理分月初购电和月末分配电费两部分。
月初依据外购动力增值税发票，应编制的记账凭证如下。
　　借：预付账款——电费
　　　　应交税费——应交增值税（进项税额）
　　　贷：银行存款
月末依据生产工时、机器工时等资料，编制动力费用分配表。依据动力费用分配表，编制的记账凭证如下。
　　借：生产成本——基本生产成本——××产品（生产产品耗用）
　　　　　　　　——辅助生产成本——××辅助服务（辅助生产耗用）
　　　　制造费用——××车间（车间耗用）

管理费用等（企业管理部门耗用）
        贷：预付账款——电费

（2）燃料和动力费用的分配。

【案例2-3】 南方公司2014年10月初用银行存款外购工业用电共计90 000度，每度电0.8元，共发生电费72 000元，增值税是12 240元。该企业在各部门均安装了电表，2014年10月末电表显示：基本生产车间生产甲、乙两种产品共同用电70 000度，车间照明用电2 500度，辅助生产的蒸汽车间用电8 000度，机修车间用电6 000度，公司管理部门用电3 500度。本月甲产品的生产工时为13 000小时，乙产品的生产工时为12 000小时。试按生产工时比例法分配动力费用。

月初根据增值税发票：

借：预付账款——电费　　　　　　　　　72 000
　　应交税费——增值税（进项税）　　　12 240
　　　贷：银行存款　　　　　　　　　　　　　　84 240

月末根据仪表记录编制的外购动力费用分配，如表2-2所示。

表2-2　外购动力费用分配表

2014年10月　　　　　　　　　　　　　　　　　　　　　　单位：元

应借账户		成本或费用项目	共同耗用分配		直接分配计入	
			生产工时（小时）	分配金额（分配率2.24）	用电度数	分配金额（单价0.8元）
生产成本 ——基本生产成本	甲产品	燃料和动力	13 000	29 120		
	乙产品	燃料和动力	12 000	26 880		
	小计		25 000	70 000×0.8 =56 000		
生产成本 ——辅助生产成本	蒸汽车间	水电费			8 000	6 400
	机修车间	水电费			6 000	4 800
	小计				14 000	11 200
制造费用		水电费			2 500	2 000
管理费用		水电费			3 500	2 800
合计				56 000	20 000	16 000

基本生产车间甲、乙产品共耗用电费：70 000×0.8＝56 000（元）

其中：甲产品应分配的电费 $= \dfrac{56\ 000}{13\ 000 + 12\ 000} \times 13\ 000 = 29\ 120$（元）

乙产品应分配的电费 $= \dfrac{56\ 000}{13\ 000 + 12\ 000} \times 12\ 000 = 26\ 880$（元）

辅助生产车间应分配的电费如下：

蒸汽车间应分配的电费＝8 000×0.8＝6 400（元）
机修车间应分配的电费＝6 000×0.8＝4 800（元）
基本生产车间应分配的电费＝2 500×0.8＝2 000（元）
公司管理部门应分配的电费＝3 500×0.8＝2 800（元）

根据表2-2编制的记账凭证如下：

借：生产成本——基本生产成本——甲产品　　　29 120
　　　　　　　　　　　　　　　——乙产品　　　26 880
　　　　　　——辅助生产成本——蒸汽车间　　　 6 400

	——机修车间	4 800	
	制造费用	2 000	
	管理费用	2 800	
	贷：预付账款——电费		72 000

外购燃料费用的归集与分配与外购动力的分配一致。

【测试与强化 2-3】

根据下述资料，完成要素费用分配表并编制相关的会计分录做出相关的业务处理。

南方公司生产甲、乙两种产品，2014 年 10 月初用银行存款购买天然气 4 吨，每吨 3 000 元，共计 12 000 元，另支付增值税 2 040 元。月末根据燃气表记录，直接用于甲、乙两种产品生产的燃气费用共计 2 吨，蒸汽车间用 1.8 吨，机修车间用 0.2 吨，按甲、乙两种产品所耗燃料定额费用比例分配燃料费用，甲、乙产品所耗燃料定额费用分别为 6 000 元和 4 000 元。

表 2-3 燃料费用分配表

2014 年 10 月　　　　　　　　　　　　　　　　　　　　　单位：元

应借账户		成本或费用项目	共同耗用分配		直接计入	
			定额费用	分配金额（分配率　）	用气数量	分配金额（单价3 000元）
生产成本 ——基本生产成本		甲产品				
		乙产品				
		小计				
生产成本 ——辅助生产成本		蒸汽车间				
		机修车间				
		小计				
合计						

3. 直接人工费用的归集与分配

人工费用是产企业品成本的又一重要组成部分，是企业为生产产品支付的职工薪酬，通过"应付职工薪酬"账户核算。这些职工薪酬包括短期薪酬、离职后福利、辞退福利和其他长期职工福利。短期薪酬包括：职工工资、奖金、津贴和补贴，职工福利费，医疗保险费、工伤保险费和生育保险费等社会保险费，住房公积金，工会经费和职工教育经费，短期带薪缺勤，短期利润分享计划，非货币性福利以及其他短期薪酬；离职后福利包括养老保险金和失业保险金；辞退福利指企业在职工劳动合同到期之前解除与职工的劳动关系，或鼓励职工自愿接受裁减而给予的补偿；其他长期职工福利除短期福利、离职后福利、辞退福利外的所有职工薪酬，包括长期带薪缺假、长期残疾福利、长期利润分享计划等。

（1）工资费用的归集与分配。工资是企业在一定时期内支付给职工的劳动报酬总额。包括计时工资、计件工资、奖金、津贴与补贴、加班加点工资和特殊情况下支出给职工的工资。在工资核算时，应正确划分工资总额构成与非工资总额构成。如支付给职工的交通补助、独生子女费、劳动保护费都不属于职工工资总额的构成内容，不应列做直接人工费用，不通过"应付职工薪酬"核算。

① 工资费用核算的原始记录。工资在直接人工成本项目中占绝大比重，因此要正确核算产品成本，必须做好工资费用核算的基础工作，建立完善正确的原始记录制度。这些原始记录包括如下几项。

- 工资卡片。是反映职工到职、离职、内部调动、职务变动、工资标准等级变动、各种津贴补贴等基本情况的一种卡片。工资卡片是由劳动人事部门按人设置,并分部门保管,它是企业计算工资费用的重要依据。
- 考勤记录。是反映企业职工出勤情况的原始记录,是分析计算职工工资,分析考核职工出勤和工作情况的依据。考勤记录一般可采用考勤簿和考勤卡两种方式。
- 产量工时记录单。是记录职工或生产小组在出勤时间内完成的产品数量、质量和生产产品所用工时数量的原始记录。产量工时记录单不仅是统计产品产量、工时和计件工资的原始依据,而且是监督生产作业计划和工时定额完成情况、考核生产效率的重要依据。
- 其他原始记录。除上述原始记录外,还有其他的原始记录。例如,工作通知单、工序进程单、奖金津贴发放通知单等。

② 计时工资的计算。计时工资是根据每位职工的工资标准和考勤记录计算出来的,具体分为月薪制和日薪制。

- 月薪制。是用月标准工资扣除缺勤工资。采用月薪制计算计时工资,不论当月实际日历天数多少,只要职工按规定出全勤,每月都可以获得相同的月标准工资。如果有缺勤,则应按有关规定从全勤月标准工资中扣除缺勤工资(缺勤包括事假缺勤和病假缺勤)。即

应付计时工资 = 全勤月标准工资 − 缺勤应扣工资 = 全勤月标准工资 − (事假天数 × 日工资 + 病假天数 × 日工资 × 病假扣款比例)

☞ **温馨提示**

> 月薪制计算公式中的日工资的计算和扣款比例说明如下。
> 如果每月按 30 天计算日工资。30 天是全年的日历天数 365 天除以 12 个月计算出的平均数。采用这种方法计算日工资,月份内出勤期间的双休日和法定节假日应按出勤照付工资,缺勤期间的双休日和节假日算缺勤照扣工资。此种方式的日工资 = 月标准工资 ÷ 30。
> 如果每月按 20.83 天计算日工资。20.83 天是全年的日历天数 365 天减去 104 个双休日和 11 个法定节假日,再除以 12 个月计算出的平均数。用这种方法计算的日工资,不论大月小月,每月工作日数都按 20.83 天计算。月份内的双休日和法定节假日不付工资,缺勤期间的双休日和法定节假日也不扣工资。此种方式的日工资 = 月标准工资 ÷ 20.83。
> 扣款比例的确定。计算缺勤扣款时,应按国家劳动法、劳动保险条例的有关规定执行。对旷工和事假缺勤按 100% 的比例扣发工资;对因公负伤、婚丧假、探亲假期、女工产假等缺勤应视同出勤,不扣工资。对病假,则应根据国家的劳动保险条例的规定,按病假期限和工龄长短扣发一定比例的工资。

【案例 2-4】 职工张华 12 月份月标准工资 3 600 元,本月请病假 5 天(其中一天为星期天),请事假 2 天,病假扣款比例为 20%。采用月薪制张华计时工资的计算如下。

日工资每月按 30 天计算:

日工资 = 3 600 ÷ 30 = 120(元/天)

应付计时工资 = 3 600 − (5 × 120 × 20% + 2 × 120) = 3 240(元)

如果日工资每月按 20.83 天计算:

日工资 = 3 600 ÷ 20.83 = 172.83(元)

应付计时工资 = 3 600 − (4 × 172.83 × 20% + 2 × 172.83) = 3 116.08(元)

- 日薪制。是根据职工出勤日数和日工资标准计算应付计时工资的一种方法。日薪制也称正算法,其计算公式为:

应付计时工资 = 月出勤日数 × 日工资 + 应发缺勤工资

应发缺勤工资 = 缺勤日 × 日工资 × 发放比例

【案例 2-5】 依据案例2-4资料，12月份日历天数为31天，其中有8个法定休息日。按日薪制张华的计时工资计算如下：

如果日工资每月按30天计算：

应付计时工资 = (31 − 5 − 2) × 120 + 5 × 120 × 80% = 3 360（元）

如果日工资按每月20.83天计算：

应付计时工资 = [31 − 8 − (5 − 1) − 2] × 172.83 + (5 − 1) × 172.83 × 80% = 3 491.17（元）

通过案例2-4、2-5的计算可见，采用不同的计算方法在相同的情况下计算的月计时工资可能不同，但从全年来看，其计算结果是相同的。因此，企业采用何种方法计算计时工资，方法一经选定，不得任意变更。

③ 计件工资的计算。计件工资是根据每人（或班组）当月产量记录中产品数量和规定的计件单价计算的工资。产品数量包括实际完成的合格品数量和生产过程中因原材料不合格而造成的料废品数量，由于加工人员的过失造成的工废品，则不计算计件工资。计件工资的计算如下：

应付计件工资 = ∑[(合格品数量 + 料废品数量) × 计件单价]

● 个人计件工资的计算。个人计件工资是以个人为对象计算的计件工资。

【案例 2-6】 某工人本月生产加工A零件300件，计件单价2元；生产加工B零件500件，计件单价0.8元。经检验A零件料废品5件，B零件工废品2件，其余均为合格品。则该工人应得的计件工资为：

应付计件工资 = 300 × 2 + (500 − 2) × 0.8 = 998.4（元）

● 集体计件工资的计算。集体计件工资是以班组为对象计算的计件工资。

首先，按个人计件工资相同的计算方法，计算出集体小组应得的计件工资总额。

其次，按照一定的分配标准（工作时间等），将小组集体计件工资总额在小组成员之间进行分配。

【案例 2-7】 某一生产班组由李明等三人组成，共同完成某项生产任务。本月该小组共得计件工资4 050元。考勤记录李明的工作时数为140小时，王朝的工作时数为150小时，张力的工作时数为160小时。在不考虑工资等级情况下，该小组每个人应得的计件工资计算如下：

小组内部计件工资分配率 = 4 050 ÷ (140 + 150 + 160) = 9

李明应得计件工资 = 140 × 9 = 1 260（元）

王朝应得计件工资 = 150 × 9 = 1 350（元）

张力应得计件工资 = 160 × 9 = 1 440（元）

④ 工资费用的分配。企业的财会部门应根据计算出来的职工工资总额，按照车间、部门编制工资结算单，作为与职工进行工资结算的依据。同时，还应根据各车间、各部门的工资结算单，编制工资结算汇总表，并据以编制工资费用分配表进行工资费用的分配。

根据工资费用分配表账务处理如下：

借：生产成本——基本生产成本（直接人工）（生产工人工资）

生产成本——辅助生产成本（职工薪酬）（辅助生产人员工资）

制造费用（职工薪酬）（车间管理人员工资）

管理费用（职工薪酬）（管理人员工资）

销售费用（职工薪酬）（销售人员工资）

应付职工薪酬——短期薪酬（福利费）（福利人员工资）
　　贷：应付职工薪酬——短期薪酬（工资）

上述工资费用的分配，只生产一种产品，车间生产工人的工资直接计入各产品成本。生产多种产品计时工资直接计入产品成本，计时工资、工资性津贴补贴、奖金等需按生产工时比例等标准分配计入各产品成本。即：

$$工资费用分配率 = \frac{生产工人工资总额}{各种产品生产工时(实际或定额)之和}$$

某种产品应分配的工资费用 = 该种产品的生产工时（实际或定额）× 工资费用分配率

【案例2-8】 南方公司2014年10月生产甲、乙两种产品，甲产品的实际生产工时为7 200小时，乙产品的实际生产工时为4 800小时，支付给生产工人的工资为42 000元，蒸汽车间生产工人的工资为8 200元，机修车间生产工人的工资为5 000元，基本生产车间管理人员的工资为8 300元，公司行政管理部门的管理人员的工资为18 000元。工人工资按生产工时比例法进行分配。其分配过程、结果及其账务处理如下。

工资费用分配率 = 42 000/(7 200 + 4 800) = 3.5
甲产品应分配的工资费用 = 7 200 × 3.5 = 25 200（元）
乙产品应分配的工资费用 = 4 800 × 3.5 = 16 800（元）

表2-4　工资费用分配表
2014年10月　　　　　　　　　　　　　　　　　单位：元

应借账户		成本或费用项目	生产工时（小时）	分配率（元/小时）	应分配的工资费用
生产成本——基本生产成本	甲产品	直接人工	7 200		25 200
	乙产品	直接人工	4 800		16 800
	小计		12 000	3.5	42 000
生产成本——辅助生产成本	蒸汽车间	职工薪酬			8 200
	机修车间	职工薪酬			5 000
	小计				13 200
制造费用		职工薪酬			8 300
管理费用		职工薪酬			18 000
合计					81 500

根据表2-4编制的记账凭证如下。

```
借：生产成本——基本生产成本——甲        25 200
                       ——乙        16 800
    生产成本——辅助生产成本——蒸汽车间     8 200
                       ——机修车间     5 000
    制造费用——基本生产车间              8 300
    管理费用                          18 000
    贷：应付职工薪酬——短期薪酬（工资）          81 500
```

（2）其他职工薪酬的归集与分配。企业除支付给职工工资以外，还有按工资总额的一定比例为职工支付福利费、五险一金、工会经费、职工教育经费和非货币性福利、辞退福利和股份支付等。

① 职工福利费。职工福利费主要用于职工的医疗卫生、职工生活困难补助、职工医务及其他生活福利的经费。一般根据企业的历史数据及企业当年实际支出情况确定计提比例。

计提职工福利费与工资费用的核算基本同步。除依据福利人员工资费用一定比例计提的福利费计入管理费用科目外,其余的与工资费用的分配相同。即:工资费用分配时计入什么账户,计提的职工福利费也计入该账户。即:

借:生产成本——基本生产成本(直接人工)(生产工人)
　　生产成本——辅助生产成本(人工费)(辅助生产人员)
　　制造费用(职工薪酬)(车间管理人员)
　　管理费用(职工薪酬)(管理人员福利费+福利人员)
　　销售费用(职工薪酬)(销售人员)
　　贷:应付职工薪酬——短期薪酬(福利费)

② 五险一金。五险一金是指企业按照国家规定,依据工资总额的一定比例计提,向社会保险经办机构缴纳的医疗保险费、养老保险费、失业保险费、工伤保险费、生育保险费和向住房公积金管理机构缴纳的住房公积金。其中,养老保险费、医疗保险费、失业保险费和住房公积金由企业和个人按规定的比例双方负担,失业保险费、工伤保险费只由企业单方负担。

计提的五险一金与工资费用的计算同步。除企业职工个人负担的部分计入应付职工薪酬——工资外,其余由企业承担并按工资总额的一定比例计提的五险一金与工资费用分配计入的账户相同。

企业负担的部分如下。

借:生产成本——基本生产成本(直接人工)(生产工人)
　　生产成本——辅助生产成本(人工费)(辅助生产人员)
　　制造费用(职工薪酬)(车间管理人员)
　　管理费用(职工薪酬)(厂部管理人员)
　　销售费用(职工薪酬)(销售人员)
　　应付职工薪酬——短期薪酬(福利费)(福利人员)
　　贷:应付职工薪酬——短期薪酬(医疗保险费、工伤保险费、生育保险费、住房
　　　　　　　　　　　公积金)、离职福利(养老保险、失业保险)

个人负担的部分如下。

借:应付职工薪酬——短期薪酬(工资)
　　贷:应付职工薪酬——离职福利(养老保险费、失业保险费)

③ 工会经费、职工教育经费。企业根据国家规定,应在每月月末依据单位职工工资总额的2%和1.5%的比例,从成本费用中提取工会经费和职工教育经费,用于职工的工会活动和教育培训。计提的工会经费、职工教育经费与工资费用的计算同步,业务处理与工资相同。即借记有关成本费用,贷记应付职工薪酬——短期薪酬(工会经费、职工教育经费)。

④ 非货币性福利。企业可以以其非货币性资产作为福利发放给职工。由于非货币性资产的性质不同,其账务处理也不同。

若以企业生产的产品作为非货币性福利发放给职工,按含税公允价,计入各受益对象的成本账户。即借记"生产成本——基本生产成本、辅助生产成本""制造费用""管理费用"等账户,贷记"应付职工薪酬——短期薪酬(非货币性福利)"账户;发放时,借记"应付职工薪酬——短期薪酬(非货币性福利)"账户,贷记"主营业务收入""应交税费——应交增值税——销项税"等账户。

若企业以拥有的或租入房屋等资产无偿转让给职工使用的,使用时应当根据受益对象,借记"生产成本——基本生产、辅助生产成本""制造费用""管理费用"等账户,贷记"应付职工薪酬——短期薪酬(非货币性福利)"账户;支付租金或计提折旧时,借

记"应付职工薪酬——短期薪酬（非货币性福利）"账户，贷记"累计折旧"（自有固定资产）、银行存款（租入固定资产）等账户。

⑤ 辞退福利和股份支付。辞退福利是职工与企业签订的劳动合同到期前，企业根据法律与职工本人或职工代表（工会）签订的协议，或基于商业惯例，承诺当其提前终止对职工的雇佣关系时支付的补偿。企业应当在辞退（无论何种人员）时业务发生均借记"管理费用"账户，贷记"应付职工薪酬——辞退福利"账户。企业在确认辞退福利时应严格区分与养老保险金的区别，养老保险金属于社会保险支付的范畴。

股份支付是企业为获取职工和其他方提供的服务而授予职工权益工具或承担以权益工具为基础确定的负债交易。无论何种形式的股份支付均借记"管理费用"账户，贷记"应付职工薪酬——长期职工福利（股份支付）""资本公积"等账户。

【测试与强化 2-4】

哈尔滨轴承厂 2014 年 11 月发生的有关职工薪酬业务如下。

该企业当月应发工资 100 万元。其中，生产工人工资 50 万元，车间管理人员工资 10 万元，公司管理人员工资 18 万元，销售机构人员工资 5 万元，基建人员工资 11 万元，内部存货开发系统人员工资 6 万元。

根据当地社会保险的有关规定，按照职工工资总额的 10%、7%、2%、0.5%、0.8%、8%、2%、1.5% 分别计提养老保险费、医疗保险、失业保险费、工伤保险费、生育保险费、住房公积金、工会经费和职工教育经费。另个人负担的养老保险费、医疗保险费、失业保险费、住房公积金的计提比例分别为工资总额的 8%、2%、1% 和 8%。根据 2013 年职工福利费发生的实际情况，本年度职工福利费的计提比例为工资总额的 2%。另存货管理系统已研发完毕，并符合《企业会计准则——无形资产》资本化条件。

要求：根据企业职工薪酬发放的实际情况填写表 2-5，并做出相应的账务处理。

表 2-5　职工薪酬计算表

2014 年 11 月　　　　　　　　　　　　　　　　单位：万元

账户	成本项目	工资总额	养老保险		医疗保险		失业保险		工伤保险 0.5%
			企业 10%	个人 8%	企业 7%	个人 2%	企业 2%	个人 1%	
生产成本									
制造费用									
管理费用									
销售费用									
在建工程									
无形资产									
应付职工薪酬									
合计									

账户	成本项目	住房公积金均 8%		生育保险 0.8%	工会经费 2%	教育经费 1.5%	职工福利费 2%	合计
		企业	个人					
生产成本								
制造费用								
管理费用								
销售费用								
在建工程								
无形资产								
应付职工薪酬								
合计								

4. 折旧费及其他费用的归集与分配

(1) 折旧费用。固定资产折旧费用作为产品成本的组成部分，其计提与分配是通过编制"固定资产折旧费用分配表"进行的，固定资产计提的依据是固定资产的月初余额。具体的业务处理如下。

借：制造费用（生产车间固定资产折旧）
　　生产成本——辅助生产成本（辅助生产车间固定资产折旧）
　　管理费用（管理用固定资产折旧）
　贷：累计折旧

【案例2-9】 南方公司2014年11月计提的固定资产折旧及固定资产增减情况如表2-6所示。计算及编制南方公司2014年12月的会计分录。

表2-6 固定资产折旧费用计提及分配表

2014年12月　　　　　　　　　　　　　　　　　单位：万元

使用部门	应借账户	11月计提的折旧	11月份增加的固定资产折旧	11月份减少的固定资产折旧	12月折旧额
基本生产车间	制造费用	5.0	0.50	0.80	4.70
辅助生产部门（供电车间）	生产成本——辅助生产成本（供电）	1.5	0.60		2.10
辅助生产部门（供水车间）	生产成本——辅助生产成本（供水）	0.5		0.10	0.4
销售部门	销售费用	1.20	0.90		2.10
管理部门	管理费用	1.80	1.00		2.80
合计		10.00	3.00	0.90	12.10

其账务处理如下。

借：制造费用　　　　　　　　　　　　　　47 000
　　生产成本——辅助生产成本（供电）　　21 000
　　　　　　——辅助生产成本（供水）　　 4 000
　　销售费用　　　　　　　　　　　　　　21 000
　　管理费用　　　　　　　　　　　　　　28 000
　贷：累计折旧　　　　　　　　　　　　　121 000

(2) 利息费用。企业借款发生的借款利息费用，若用于符合资本化条件的资产，即建造时间在一年或一年以上的大型机械设备，并且在资本化期间内，借款利息应予资本化计入生产成本。否则借款利息只能费用化，即计入财务费用。其业务处理如下。

借：生产成本——基本生产成本（符合资本化条件的资产且在资本化期间内的借款费用）
　　财务费用（费用化的利息）
　贷：应付利息或长期借款

(3) 税金。费用要素中的税金，包括印花税、房产税、车船使用税和土地使用税，是企业管理费用的重要组成部分，不构成产品成本。对于印花税可以直接缴纳，即借记"管理费用"科目，贷记"银行存款"科目；对于其他的房产税、车船使用税和土地使用税，在计算时，借记"管理费用"科目，贷记"应交税费——应交房产税、车船使用税、土地使用税"科目。

【测试与强化 2-5】

南海制造企业于 2012 年 12 月发生了两笔流动资金借款，借款期均为 3 年，借款分别用于 2013 年 1 月 1 日开始生产甲、乙产品，其中甲产品的生产周期为 15 天，乙产品的生产周期为 1 年，会计人员将这两笔借款的利息均计入了财务费用，请问会计人员的这种做法是否正确？应如何处理？

2.2.3 综合费用的归集与分配

制造企业的综合费用主要包括辅助生产费用、制造费用、废品损失和停工损失的归集与分配。

1. 辅助生产费用的归集与分配

（1）辅助生产费用明细的设置。辅助生产是指为基本生产车间、企业行政管理部门等单位服务而进行的产品生产和劳务供应，它是由辅助生产车间来完成的。辅助生产车间有的只生产一种产品或提供一种劳务（如供电、供气、运输等辅助生产），有的则生产多种产品或提供多种劳务（如从事工具、模具、修理用备件的制造以及机器设备的修理等）。辅助生产提供的产品和劳务，有时也对外销售，但这不是辅助生产的主要目的。辅助生产产品和劳务成本的高低，直接影响企业的产品成本，因此，正确、及时地组织辅助生产费用的归集和分配，对于节约费用、降低成本有着重要的意义。

因企业辅助生产的规模和业务的内容不同，辅助生产明细账的设置和辅助生产费用归集和分配的账务处理也不同。

① 不设置"制造费用——辅助生产车间"明细账。

适用范围：适用于辅助生产规模较小，制造费用较少，辅助生产不对外提供产品或提供劳务，管理上也不要求单独归集辅助生产车间制造费用的企业。

方法：企业不单独设置"制造费用——辅助生产车间"明细账，而将发生的所有辅助生产费用全部计入"生产成本——辅助生产成本——产品或劳务"等明细账的借方。

辅助生产费用的归集与分配如图 2-1 所示，设置的"生产成本——辅助生产成本"明细账如表 2-7 所示。

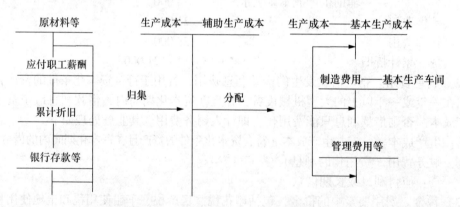

图 2-1　不设"制造费用——辅助生产车间"明细账辅助生产费用的归集与分配

表 2-7　辅助生产成本明细账

车间名称：蒸汽车间

| 2014年 | | 凭证编号 | 摘要 | 职工薪酬 | 办公费 | 折旧费 | 水电费 | 机物料消耗 | 保险费 | 其他 | 合计 |
月	日										
5	31	略	原材料费用分配					6 000			6 000
	31		燃料费用分配					3 500			3 500
	31		低值易耗品分配					1 700			1 700
	31		动力费用分配				1 000				1 000
	31		工资福利费用分配	2 000							2 000
	31		折旧费用分配			1 500					1 500
	31		其他费用分配		1 000				1 500	1 800	4 300
	31		费用合计	2 000	1 000	1 500	1 000	11 200	1 500	1 800	20 000

② 设置"制造费用——辅助生产车间"明细账。

适用范围：适用于辅助生产规模较大，制造费用较多，辅助生产对外提供产品或劳务，管理上要求单独核算辅助生产车间发生费用的企业。

方法：企业除单独设置"制造费用——辅助生产车间"明细账外，还需设置"生产成本——辅助生产成本——产品或劳务"明细账，将辅助生产车间发生的费用和辅助生产发生的费用区别开来。

辅助生产费用的归集与分配程序如图 2-2 所示。设置的"生产成本——辅助生产成本""制造费用——辅助生产车间"明细账格式如表 2-8、表 2-9 所示。

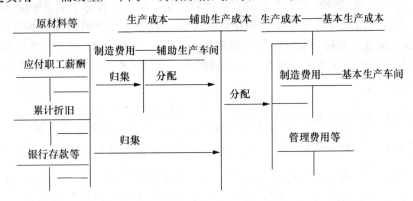

图 2-2　设"制造费用——辅助生产车间"明细账辅助生产费用的归集与分配

表 2-8　辅助生产成本明细账

产品名称：

| 年 | | 凭证编号 | 摘要 | 直接材料 | 燃料和动力 | 直接人工 | 制造费用 | 合计 |
月	日							

表 2-9　制造费用明细账

辅助车间名称：

年		凭证号	摘要	职工薪酬	办公费	折旧费	水电费	机物料消耗	保险费	其他	合计
月	日										

（2）辅助生产费用的归集。企业根据"材料费用分配表""人工费用分配汇总表""固定资产折旧计算表"等有关原始凭证编制的记账凭证，将所发生费用计入相应的"制造费用——辅助生产车间"和"生产成本——辅助生产成本"明细账的借方，然后再将"制造费用——辅助生产车间"明细账借方归集的辅助生产车间制造费用通过一定的方法从其贷方分配转入到"生产成本——辅助生产成本"的借方，从而完成了辅助生产费用的归集（如表2-7所示）。接下来就是进行辅助生产费用的分配。

（3）辅助生产费用的分配。辅助生产费用的分配是将归集在"生产成本——辅助生产成本"明细账借方的发生额，从贷方采用一定的方法结转到各受益账户借方的过程。

辅助生产转入的账户：如果辅助生产是制造工具、模具和修理用备件的，应在产品完工时，借记"周转材料——低值易耗品"或"原材料"科目，贷记"生产成本——辅助生产成本"科目。

如果辅助生产是提供水、电、气、修理和运输的，分配时应借记"制造费用""管理费用"等科目，贷记"生产成本——辅助生产成本"科目。

通常辅助生产费用分配采用的方法有直接分配法、交互分配法、计划成本分配法、代数分配法和顺序分配法等。辅助生产费用转出多少，取决于所耗辅助生产的数量。

① 直接分配法。直接分配法是指各辅助生产车间发生的费用，直接分配给除辅助生产车间以外的各受益产品或单位，而不考虑各辅助生产车间之间相互提供产品或劳务的情况。计算公式如下：

$$某辅助生产的单位成本 = \frac{某辅助生产车间待分配费用总额}{该辅助生产车间对外提供的产品或劳务总量}$$

某受益对象应分配的辅助生产费用 = 该受益对象的受益数量 × 辅助生产的单位成本

【案例2-10】　根据表2-7所示，假定南方公司设有蒸汽和机修两个辅助生产车间，分别为全厂提供蒸汽和修理劳务，2014年5月有关资料如表2-7和表2-10所示。

表 2-10　辅助生产提供劳务情况表

辅助生产车间名称		蒸汽车间	机修车间
待分配费用		20 000 元	12 400 元
供应劳务数量		42 000 立方米	6 400 小时
耗用劳务数量	蒸汽车间		200 小时
	机修车间	2 000 立方米	
	基本生产车间——甲产品	12 500 立方米	
	基本生产车间——乙产品	15 000 立方米	
	基本生产车间	6 500 立方米	5 850 小时
	管理部门	6 000 立方米	350 小时

根据上述资料，计算的辅助生产单位成本如下：

蒸汽车间的单位成本 = 20 000 ÷ （42 000 - 2 000） = 0.50（元/立方米）

机修车间的单位成本 = 12 400 ÷ (6 400 − 200) = 2（元/小时）

根据辅助生产的单位成本，编制辅助生产费用分配表，如表 2-11 所示。

表 2-11　辅助生产费用分配表（直接分配法）

辅助生产车间名称			蒸汽车间	机修车间	合计
待分配费用（元）			20 000	12 400	32 400
对外供应劳务数量			40 000 立方米	6 200 小时	
单位成本（分配率）			0.50	2	
基本生产车间	甲产品	耗用数量	12 500 立方米		
		分配金额（元）	6 250		6 250
	乙产品	耗用数量	15 000 立方米		
		分配金额（元）	7 500		7 500
	车间耗用	耗用数量	6 500 立方米	5 850 小时	
		分配金额（元）	3 250	11 700	14 950
管理部门		耗用数量	6 000 立方米	350 小时	
		分配金额（元）	3 000	700	3 700
金额合计			20 000	12 400	32 400

根据上述辅助生产费用分配表，编制的记账凭证（用会计分录代替，以下均相同）如下。

借：生产成本——基本生产成本——甲产品　　6 250
　　　　　　　　　　　　　　　——乙产品　　7 500
　　制造费用　　　　　　　　　　　　　　　14 950
　　管理费用　　　　　　　　　　　　　　　3 700
　贷：生产成本——辅助生产成本——蒸汽车间　20 000
　　　　　　　　　　　　　　　——机修车间　12 400

方法点评

优点：采用直接分配法，只是将辅助生产车间归集的费用直接分配给辅助生产车间以外的各受益产品或对象，计算简便。

缺点：由于各辅助生产车间相互提供的产品或劳务有多有少，分配结果往往与实际不符。

适用范围：适用于各辅助生产车间之间相互提供产品或劳务数量不多，费用不进行交互分配，对辅助生产成本和企业的产品成本影响不大的企业。

② 交互分配法。交互分配法是对各辅助生产车间的成本费用进行两次分配。

首先，根据各辅助生产车间相互提供的产品或劳务的数量和交互分配前的单位成本，在各辅助生产车间之间进行一次交互分配。

其次，将各辅助生产车间交互分配后的实际费用（交互分配前的成本费用加上交互分配转入的成本费用，减去交互分配转出的费用），再按对外提供产品或劳务的数量和交互分配后的单位成本，在辅助生产车间以外的各受益单位之间进行分配。基本步骤如下。

第一次进行交互分配：

$$交互分配率 = \frac{待分配的辅助生产费用}{该车间提供产品或劳务的总量}$$

$$分配给其他辅助生产车间的费用 = 其他辅助生产车间耗用该车间的产品或劳务数量 \times 交互分配率$$

第二次进行对外分配：

交互分配后的实际费用 = 交互分配前的费用 + 交互分配转入的费用 −
  交互分配转出的费用

$$对外分配率 = \frac{交互分配后的实际费用}{对外提供的产品或劳务总量}$$

某受益单位或产品应分配的费用 = 该单位或产品的受益数量 × 对外分配率

【案例 2-11】 仍以案例 2-10 的资料为例，采用交互分配法分配辅助生产费用。

- 第一次分配

蒸汽车间交互分配率 = 20 000 ÷ 42 000 = 0.476 0
机修车间交互分配率 = 12 400 ÷ 6 400 = 1.937 5
交互分配给机修车间的蒸汽费 = 2 000 × 0.476 = 952（元）
交互分配给蒸汽车间的机修费 = 200 × 1.937 5 = 387.50（元）

- 第二次分配

蒸汽车间交互分配后的实际费用 = 20 000 + 387.5 − 952 = 19 435.50（元）
机修车间交互分配后的实际费用 = 12 400 + 952 − 387.5 = 12 964.50（元）
蒸汽车间对外分配率 = 19 435.50 ÷ (42 000 − 2 000) = 0.486 0
机修车间对外分配率 = 12 964.50 ÷ (6 400 − 200) = 2.091 0

根据上述分配率编制辅助生产费用分配表，如表 2-12 所示。

表 2-12 辅助生产费用分配表（交互分配法）

项目			交互分配			对外分配		
辅助生产车间名称			蒸汽	机修	合计	蒸汽	机修	合计
待分配的辅助生产费用（元）			20 000	12 400	32 400	19 435.5	12 964.5	32 400
供应劳务数量			42 000 立方米	6 400 小时		40 000 立方米	6 200 小时	
费用分配率（单位成本）			0.476 0	1.937 5		0.486 0	2.091 0	
辅助生产车间	蒸汽	耗用量		200 立方米				
		金额（元）		387.50	387.50			
	机修	耗用量	2 000 立方米					
		金额（元）	952		952			
	小计（元）		952 元	387.5	1 339.5			
基本生产车间	甲产品	耗用量				12 500 立方米		
		金额（元）				6 075		6 075
	乙产品	耗用量				15 000 立方米		
		金额（元）				7 290		7 290
	一般用	耗用量				6 500 立方米	5 850 元	
		金额（元）				3 159	12 232.35	15 391.35
	小计（元）					16 524	12 232.35	28 756.35
管理部门		耗用量				6 000 立方米	350 立方米	
		金额（元）				2 911.50	732.15	3 643.65
金额合计（元）						19 435.50	12 964.50	32 400

注：小数四舍五入，差额计入管理费用。

根据表 2-12，编制会计分录如下。

- 交互分配

借：生产成本——辅助生产成本——蒸汽　　387.50
　　　　　　　　　　　　　　——机修　　952
　　贷：生产成本——辅助生产成本——蒸汽　　952
　　　　　　　　　　　　　　——机修　　387.50

- 对外分配

借：生产成本——基本生产成本——甲　　6 075
　　　　　　　　　　　　　　——乙　　7 290
　　　制造费用　　　　　　　　　　　15 391.35
　　　管理费用　　　　　　　　　　　3 643.65
　　贷：生产成本——基本生产成本——蒸汽　　19 435.50
　　　　　　　　　　　　　　——机修　　12 964.50

方法点评

优点：采用交互分配法，辅助生产内部相互提供的产品或劳务全都进行了交互分配，从而提高了分配结果的准确性。

缺点：由于要进行交互和对外两次分配，增加了计算的工作量。

适用范围：适用于辅助生产车间之间相互提供产品或劳务数量较多的企业。

③ 计划成本分配法。计划成本分配法是按产品或劳务的计划单位成本和实际耗用数量进行辅助生产费用分配的一种方法，步骤如下。

第一步，按计划单位成本在各受益单位之间分配辅助生产费用。

某受益单位应分配的辅助生产费用 = 该单位产品或劳务辅助生产费用耗用量×该产品
或劳务的计划单位成本

第二步，比较各辅助生产车间实际发生的费用与按计划成本分配的费用之间的差异。

某辅助生产车间的实际费用（A） = 该辅助生产车间直接发生的费用 + 其他辅助生产
车间按计划成本转入的费用

某辅助生产车间的计划成本（B） = 该辅助生产车间提供的劳务总量×该劳务的计划
单位成本

辅助生产成本差异 = A – B

第三步，对成本差异额进行处理。

对以上步骤计算出来的成本差异，有两种处理方法可供选择。一是将差异按辅助生产外部各受益对象的受益比例进行分配，二是将差异全部计入管理费用。一般为了简化核算，全部计入管理费用。

【案例2-12】 仍以案例2-10的资料为例，假定蒸汽车间的计划单位成本为0.48元，机修车间的计划单位成本为每小时2.10元，采用计划成本分配法分配辅助生产费用。

根据上述资料，编制辅助生产费用分配表，如表2-13所示。

表 2-13 辅助生产费用分配表（计划成本分配法）

辅助生产车间名称			蒸汽车间	机修车间	合计
待分配的辅助生产费用（元）			20 000	12 400	32 400
供应劳务数量			42 000 元/立方米	6 400 元/小时	
计划单位成本			0.48 元/立方米	2.10 元	
辅助生产车间	蒸汽	耗用量		200 元/小时	
		金额（元）		420	420
	机修	耗用量	2 000 立方米		
		金额（元）	960		960
	小计（元）		960	420	1 380
基本生产车间	甲产品	耗用量	12 500 立方米		
		金额（元）	6 000		6 000
	乙产品	耗用量	15 000 立方米		
		金额（元）	7 200		7 200
	一般用	耗用量	6 500 立方米	5 850 小时	
		金额（元）	3 120	12 285	15 405
	小计（元）		16 320	12 285	28 605
管理部门		耗用量	6 000 立方米	350 小时	
		金额（元）	2 880	735	3 615
按计划成本分配金额合计（元）			20 160	13 440	33 600
辅助生产的实际成本（元）			20 420	13 360	33 780
辅助生产成本差异（元）			260	-80	180

根据表 2-13，编制会计分录如下。

借：生产成本——辅助生产成本——蒸汽车间　　420
　　　　　　　　　　　　　　　——机修车间　　960
　　生产成本——基本生产成本——甲产品　　6 000
　　　　　　　　　　　　　　　——乙产品　　7 200
　　制造费用　　15 405
　　管理费用　　3 615
　贷：生产成本——辅助——蒸汽车间　　20 160
　　　　　　　　　　　——机修车间　　13 440
借：管理费用　　260
　贷：生产成本——辅助生产成本——蒸汽车间　　260
借：管理费用　　80
　贷：生产成本——辅助生产成本——机修车间　　80

方法点评

优点：由于辅助生产车间的产品或劳务的计划单位成本是早已确定的，不用单独计算分配率，因而简化和加速了计算，同时按照计划成本进行分配，可以分清各受益单位的经济责任，便于考核其工作业绩。

缺点：必须事先有制定好的产品或劳务的计划单位成本。

适用范围：适用于实行厂内经济核算，计划成本较为准确，管理水平较高的企业。

④ 代数分配法。代数分配法是运用代数多元一次联立方程组的原理,在辅助生产车间之间相互提供产品或劳务情况下的分配辅助生产费用的方法。

首先,应根据各辅助生产车间相互提供产品和劳务数量的关系,建立方程组,计算出各辅助车间提供的产品或劳务的单位成本(即费用分配率);其次,根据各受益单位耗用产品或劳务的数量和单位成本,计算出各受益单位应分配的辅助生产费用。

【案例2-13】 仍以案例2-10的资料为例,采用代数分配法分配辅助生产费用的计算过程如下:设 x 为每吨蒸汽的单位成本,y 为每小时修理的单位成本,则设立的联立方程组为:

$$\begin{cases} 20\,000 + 200y = 42\,000x \\ 12\,400 + 2\,000x = 6\,400y \end{cases}$$

解上述方程组:$x = 0.48614$ $y = 2.0894$

根据上述计算结果,编制辅助生产费用分配表,如表2-14所示。

表2-14 辅助生产费用分配表(代数分配法)

辅助生产车间名称			蒸汽车间	机修车间	合计
待分配的辅助生产费用(元)			20 000	12 400	32 400
供应劳务数量			42 000 立方米	6 400 小时	
用代数法计算出的实际单位成本			0.486 14 元/立方米	2.089 4 元/小时	
辅助生产车间	蒸汽	耗用量		200 小时	
		金额(元)		418	418
	机修	耗用量	2 000 立方米		
		金额(元)	972		972
	小计(元)		972	418	1 390
基本生产车间	甲产品	耗用量	12 500 立方米		
		金额(元)	6 077		6 077
	乙产品	耗用量	15 000 立方米		
		金额(元)	7 292		7 292
	一般用	耗用量	6 500 立方米	5 850 小时	
		金额(元)	3 160	12 223	15 383
	小计(元)		16 529	12 223	28 752
管理部门		耗用量	6 000 立方米	350 小时	
		金额(元)	2 917	731	3 648
分配金额合计(元)			20 418	13 372	33 790

根据表2-14编制会计分录如下。

借:生产成本——基本生产成本——甲产品　　　　　　　6 077
　　　　　　　　　　　　　　——乙产品　　　　　　　7 292
　　生产成本——辅助生产成本——蒸汽车间　　　　　　418
　　　　　　　　　　　　　　——机修车间　　　　　　972
　　制造费用　　　　　　　　　　　　　　　　　　　15 383
　　管理费用　　　　　　　　　　　　　　　　　　　 3 648
　贷:生产成本——辅助生产成本——蒸汽车间　　　　　20 418
　　　　　　　　　　　　　　——机修车间　　　　　13 372

方法点评

优点：辅助生产费用分配结果最准确。

缺点：在辅助生产车间较多的情况下，未知数较多，计算比较复杂。

适用范围：适用于已实现电算化的企业。

⑤ 顺序分配法。顺序分配法又称阶梯法，是指各辅助生产部门分配费用时按照受益多少的顺序依次排列，受益少的排在前面，先将费用分配出去；受益多的排在后面，后将费用分配出去的一种方法。其特点是，前者分配给后者，而后者不分配给前者，后者的分配额等于其直接费用加上前者分配的费用之和。

【案例2-14】 仍以案例2-10的资料为例，假定蒸汽车间耗用机修车间的修理工时较少，机修车间耗用蒸汽车间的蒸汽较多，所以确定分配顺序为：蒸汽车间→机修车间。根据这一顺序编制辅助生产费用分配表，如表2-15 所示。

表2-15 辅助生产费用分配表（顺序分配法） 单位：元

供应单位	受益部门	辅助生产车间		基本生产车间			管理部门	合计
		蒸汽车间	机修车间	甲产品	乙产品	一般用		
蒸汽车间	供应数量		2 000	12 500	15 000	6 500	6 000	42 000
	直接费用							20 000
	待分配费用							20 000
	分配率							0.476
	分配金额		952	5 950	7 140	3 094	2 864	20 000
机修车间	供应数量					5 850	350	6 200
	直接费用							12 400
	待分配费用							13 352
	分配率							2.153 5
	分配金额					12 598	754	13 352
分配金额合计			952	5 950	7 140	15 692	3 618	33 352

根据表2-15，编制会计分录如下。

借：生产成本——基本生产成本——甲产品　　　　5 950
　　　　　　　　　　　　　　　——乙产品　　　　7 140
　　生产成本——辅助生产成本——机修车间　　　　952
　　制造费用　　　　　　　　　　　　　　　　　15 692
　　管理费用　　　　　　　　　　　　　　　　　 3 618
　贷：生产成本——辅助生产成本——蒸汽车间　　20 000
　　　　　　　　　　　　　　　——机修车间　　13 352

方法点评

优点：计算简便。

缺点：由于排列在前面的辅助生产车间不负担排列在后面的辅助生产车间的费用，这样，分配结果的正确性受到一定的影响。

适用范围：适宜在各辅助生产车间或部门之间相互受益程度有明显顺序的情况下采用。

【测试与强化2-6】

以案例2-12的资料为例，如果采用计划成本分配法，对辅助生产车间实际发生的费用与按计划成本分配的费用之间的差异,采用按辅助生产外部各受益对象的受益比例进行分配,完成表2-16的业务处理。

表2-16 辅助生产费用分配表(计划成本分配法)　　　　单位:元

项目计划成本分配			计划成本分配			调整分配			合计
辅助生产车间名称			蒸汽	机修	合计	蒸汽	机修	合计	
待分配辅助费用(元)			20 000	12 400	32 400				
供应劳务数量			42 000 立方米	6 400 小时					
计划单位成本			0.48 元/立方米	2.1 元/小时					
辅助生产	蒸汽	耗用量		200					
		金额(元)							
	机修	耗用量	2 000 立方米						
		金额(元)							
	小计								
基本生产	甲产品	用量	12 500 立方米						
		金额(元)							
	乙产品	耗用量	15 000 立方米						
		金额(元)							
	一般用	耗用量	6 500 立方米	5 850 小时					
		金额(元)							
	小计								
管理部门		耗用量	6 000 立方米	350 小时					
		金额(元)							
计划成本分配合计(元)									
辅助生产实际成本(元)									
辅助生产成本差异(元)									

2. 制造费用的归集与分配

(1)制造费用的内容。制造费用是指企业的生产管理部门(车间或分厂)为组织和管理生产而发生的,应当计入产品成本的各项生产费用。具体包括如下三个方面。

① 直接用于产品生产机器设备的折旧费、租赁费、生产车间低值易耗品的摊销等。

② 间接用于产品生产但不能单设产品成本项目的费用。企业生产用的房屋、建筑物的折旧费,租赁费,机物料消耗,车间照明、取暖、除尘等费用;发生的季节性停工或固定资产大修理停工所造成的损失、工人的劳动保护费用等。

③ 分厂或车间为组织管理生产发生的费用,如车间管理人员的职工薪酬、车间管理用固定资产的折旧费、车间或分厂管理人员的出差及办公等费用。

以上三项构成了制造费用的主要成本项目,即职工薪酬、折旧费、修理费、水电费、取暖费、低值易耗品摊销、劳动保护费、租赁费、办公费、差旅费等。

(2)制造费用明细账的设置及制造费用的归集。制造费用是通过设置"制造费用"总账及明细账核算的,按费用项目设专栏反映成本支出的具体情况,其明细账的基本格式如表2-17所示,企业根据制造费用核算的需要,可在此基础上增设或合并某些成本项目专栏。

表 2-17　制造费用明细账

车间名称：基本生产——××车间　　　　　　　　　　　　　　　　　　　单位：元

2014 年		凭证号数	摘要	人工费	折旧费	修理费	动力费	低值易耗摊销	办公费	机物料消耗	水电费	其他	合计
月	日												
11	31	略	材料费用分配							2 500			2 500
			低值易耗品费用分配					500					500
			动力费用分配				2 000						2 000
			职工薪酬分配	9 462									9 462
			折旧费用分配		20 000								20 000
			其他费用分配			1 220			700			300	2 220
			辅助生产费用分配				12 025						12 025
			本月合计	9 462	20 000	1 220	12 025	500	700	2 500	2 000	300	48 707

制造费用的归集同前面的要素费用的归集与分配、辅助生产费用的归集与分配，即在要素费用、辅助生产费用归集与分配的基础上形成了制造费用的借方发生额，如图 2-3 所示。

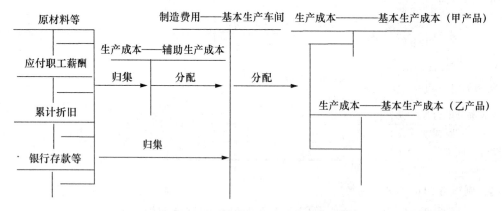

图 2-3　制造费用的归集与分配程序图

（3）制造费用的分配。基本生产车间的制造费用是产品成本的组成部分，如果车间只生产一种产品，所发生的制造费用可以直接计入该产品的生产成本；如果该车间生产两种或两种以上产品，所发生的制造费用则应采用既合理又较简便的方法，分配计入各种产品的生产成本。

制造费用的分配方法一般有生产工时（机器工时）比例法、直接工资比例法、直接成本比例法、年度计划分配率法等。

① 生产工时（机器工时）比例法。生产工时（机器工时）比例法是按照各种产品生产所用工人工时（或机器工时）的比例分配制造费用的一种方法。其计算公式如下：

$$制造费用分配率 = \frac{制造费用总额}{各产品生产工时(机器工时)总额}$$

某种产品应分配的制造费用 = 该种产品的生产工时（或机器工时）× 制造费用分配率

【案例 2-15】　根据表 2-17，假设某南方公司基本生产车间生产甲、乙两种产品，甲产品生产工时为 7 200 小时，乙产品生产工时为 4 800 小时，共同发生制造费用 48 707 元，用生产工时比例法分配制造费用。

根据企业成本核算的相关资料,编制制造费用分配表2-18。

$$制造费用分配率 = \frac{48\,707}{7\,200 + 4\,800} = 4.06$$

甲产品应分配的制造费用 = 7 200 × 4.058 9 = 29 232(元)

乙产品应分配的制造费用 = 48 707 - 29 232 = 19 475(元)

表2-18　　制造费用分配表

车间名称:基本生产车间

产品名称	生产工时(小时)	分配率(元/小时)	分配金额(元)
甲产品	7 200		29 232
乙产品	4 800		19 475
合计	12 000	4.06	48 707

根据表2-18编制的会计分录如下。

借:生产成本——基本生产成本——甲产品　　29 232
　　　　　　　　　　　　　　　——乙产品　　19 475
　　贷:制造费用　　　　　　　　　　　　　　48 707

方法点评

优点:生产工时比例法是较为常用的一种分配制造费用的方法,它能将劳动生产率的高低与产品负担费用的多少联系起来,分配结果也比较合理。

缺点:必须正确组织好产品生产工时的记录和核算工作,以保证生产工时的正确、可靠。

适用范围:成本核算原始记录比较健全的企业。

② 直接工资比例法。直接工资比例法是以各种产品的生产工人人工费的比例分配制造费用的一种方法。其计算公式如下:

$$制造费用分配率 = \frac{制造费用总额}{各产品直接人工总额}$$

某种产品应分配的制造费用 = 该种产品的直接人工费用 × 制造费用分配率

方法点评

优点:由于直接人工费用分配表中有现成的直接人工费资料,所以这种分配方法简单。

缺点:如果机械化程度不相同,会影响费用分配的合理性。工资费用多,分配制造费用也多;机械化程度高的产品,所用的工资费用少,分配的制造费用也少,这样会出现不合理的情况。

适用范围:适用于各种产品机械化程度大致相同的企业。

③ 直接成本比例法。直接成本是指产品在制造过程中耗用的直接材料和直接人工费用的总和。直接成本比例法就是根据各种产品的直接成本作为分配标准分配制造费用的一种方法。

$$制造费用分配率 = \frac{制造费用总额}{各种产品的直接成本总额}$$

某种产品应分配的制造费用 = 该种产品的直接成本 × 制造费用分配率

【案例 2-16】 某企业一个基本生产车间生产甲、乙、丙三种产品,甲产品的直接人工费用为 1 200 万元,直接材料费用为 2 800 万元;乙产品的直接人工费用为 600 万元,直接材料费用为 2 400 万元;丙产品的直接人工费用为 1 800 万元,直接材料费用为 3 200 万元,该车间制造费用总额为 4 800 万元。采用直接成本比例法分配的制造费用如下:

$$制造费用分配率 = \frac{4\,800}{1\,200 + 2\,800 + 600 + 2\,400 + 1\,800 + 3\,200} = 0.4$$

甲产品应分配的制造费用 = 4 000 × 0.4 = 1 600(万元)
乙产品应分配的制造费用 = 3 000 × 0.4 = 1 200(万元)
丙产品应分配的制造费用 = 5 000 × 0.4 = 2 000(万元)

借:生产成本——基本生产成本——甲产品　16 000 000
　　　　　　　　　　　　　　——乙产品　12 000 000
　　　　　　　　　　　　　　——丙产品　20 000 000
　　贷:制造费用　　　　　　　　　　　　48 000 000

方法点评

优点:数据资料容易取得,计算简单方便。
缺点:如果车间直接成本的高低与制造费用的发生联系不大,就会影响成本计算正确性。
适用范围:制造费用的发生与产品直接成本的高低密切相关的车间。

④ 年度计划分配率法。年度计划分配率法是指不论各月实际发生的制造费用是多少,每月各种产品的制造费用都按年度制造费用计划总额确定的制造费用计划分配率分配制造费用的一种方法。如果年度内发现全年制造费用的实际数和产品实际产量的计划数发生较大差额时,则应及时调整制造费用的计划分配率。按照这种分配方法,在计算年度制造费用计划分配率时,一般以定额工时作为分配标准,其计算公式如下:

$$制造费用的计划分配率 = \frac{年度制造费用计划总额}{年度各种产品计划产量的定额工时总额}$$

某种产品应分配的制造费用 = 该种产品的实际产量定额工时 × 制造费用的计划分配率

【案例 2-17】 假定南方公司全年制造费用计划为 72 000 元,全年甲、乙两种产品的计划产量分别为 600 件和 500 件,单位产品的工时定额甲产品为 10 小时,乙产品为 6 小时。按年度计划分配率法分配制造费用如下:

制造费用的计划分配率 = 72 000 ÷ (600 × 10 + 500 × 6) = 8(元/小时)

假定该公司 8 月份的实际产量为甲产品 40 件,乙产品 30 件,该月实际制造费用 4 840 元。则:

甲产品应分配的制造费用 = 40 × 10 × 8 = 3 200(元)
乙产品应分配的制造费用 = 30 × 6 × 8 = 1 440(元)

因而 8 月份出现差异 200 元,即该公司 8 月份出现制造费用借方余额 200 元。因此,采用这种分配方法分配制造费用时,制造费用的账户不仅可能有月末余额,而且既可能有借方余额,也可能有贷方余额。这个余额不用分配。到年底时,如果制造费用账户仍然有余额,就是全年制造费用的实际数与计划分配额的差额,此时,就要进行再一次分配,使之余额调整为 0。其计算公式为:

$$差额分配率 = \frac{差异额}{按计划分配率分配的制造费用}$$

某产品应分配的差异额＝该产品按计划分配率分配的制造费用×差额分配率

方法点评

优点：分配工作简便，特别适用于季节性生产的车间，因为它不受淡季和旺季产量差异的影响，不会使各月产品成本中的制造费用忽高忽低，便于进行成本分析。

缺点：该种方法要求计划工作水平较高，否则会影响产品成本计算的准确性。

适用范围：成本计划工作水平较高的企业。

【测试与强化 2-7】

仍用案例 2-17 的资料，假定南方公司全年制造费用实际发生数为 56 900 元，其中生产甲产品 405 件、乙产品 500 件，按年度计划分配率分配法分配制造费用，并将其差额看成是全年制造费用的实际数与计划分配额的差额，对制造费用进行分配，填制表 2-19 并写出相关的业务处理。

表 2-19 制造费用分配表（年度计划分配率法）

产品名称	实际产量	单位产品工时定额	实际产量定额工时	计划分配率	分配金额	差异分配率	差异分配额	合计
甲产品								
乙产品								
合计								

3. 废品损失的归集和分配

（1）废品。生产中的废品是指不符合规定的技术标准，不能按照原定用途使用，或者需要加工修复才能使用的产成品、在产品、半成品。包括生产过程中发现的以及入库后发现的所有不合格品。

（2）废品种类。废品按是否可修复，分为可修复废品和不可修复废品两类。可修复废品是指技术上、工艺上可以修复，而且所支付的修复费用在经济上合算的废品；不可修复废品是指技术上、工艺上不可修复，或虽可修复，但所支付的修复费用在经济上不合算的废品。

（3）废品损失。废品损失包括可修复废品的修复费用和不可修复废品的报废损失。可修复废品的修复费用是指可修复废品在返修过程中所发生的修理费用，扣除应由造成废品损失的过失人负担赔款后的净额。废品的报废损失是指不可修复废品的实际成本扣除回收残料的价值和应由过失人负担赔款后的净损失。废品损失的核算依据是经过质量检验部门填制并审核后的废品通知单。

下列三种情况不属于废品损失：一是不需要返修可以降价出售的不合格品，其降价损失为销售收入的减少；二是产品入库后，由于保管不善等原因造成的损失，属于管理问题，应作为管理费用不应作为废品损失；三是实行"三包"企业，售后发生废品损失，应作为销售费用不计入废品损失。

废品损失的核算有两种方式：一是不单独设置账户核算废品损失，二是单独设置账户核算废品损失。

① 不单独设置账户核算废品损失。

- 设置账户。如果企业不单独核算废品损失，不需设置"废品损失"账户，在"生产成本——基本生产成本"明细账中也不设置"废品损失"成本项目专栏。
- 核算。产生的不可修复废品，只从全部产量中扣除废品产品数量，而不单独归集废品的生产成本；可修复废品的修复费用（料、工、费）应当直接计入"生产成本——基本生产成本——××产品"明细账中的相关成本项目专栏；废品的残值及责任人的赔偿可以直接冲减"生产成本——基本生产成本——××产品"明细账中的相关成本项目。

【案例2-18】 南方公司2014年12月份投入生产的甲产品500件，本期共发生生产费用560 000元，其中，直接材料300 000元，燃料和动力40 000元，直接人工200 000元，制造费用20 000元。期末发现有29件产品不合格，其中20件产品可以修复，9件产品报废无法修复。20件产品进一步修复发生的材料费3 000元，人工费2 000元，收回残值50元，责任人赔偿损失120元，报废的9件产品收回残值500元，责任人赔偿损失800元（冲减直接材料）。请在不单独核算废品损失情况下，做出相关的账务处理并登记相关的明细账如表2-20所示。

合格品的数量＝500－9＝491（件）
9件废品的残值及赔偿款，其业务处理如下。

借：原材料　　　　　　　　　　　　　　　　　　　　500
　　　贷：生产成本——基本生产成本——甲产品（直接材料）　500
借：其他应收款　　　　　　　　　　　　　　　　　　800
　　　贷：生产成本——基本生产成本——甲产品（直接材料）　800

对于可修复的20件产品，其账务处理如下。

借：生产成本——基本生产成本——甲产品（直接材料）　3 000
　　　　　　　　　　　　　　——甲产品（直接人工）　2 000
　　　贷：原材料　　　　　　　　　　　　　　　　　　3 000
　　　　　应付职工薪酬　　　　　　　　　　　　　　　2 000

同时，
借：原材料　　　　　　　　　　　　　　　　　　　　50
　　其他应收款——责任人　　　　　　　　　　　　　120
　　　贷：生产成本——基本生产成本——甲产品（直接材料）　50
　　　　　　　　　　　　　　——甲产品（直接人工）　120

表2-20　生产成本——基本生产成本明细账

产品名称：甲产品　　　　　　　　　　　　　　　　　　　　　　　　　　　单位：元

| 2014年 | | 凭证号数 | 摘要 | 直接材料 | 燃料和动力 | 直接人工 | 制造费用 | 合计 |
月	日							
12	31		本月发生费用	300 000	40 000	200 000	20 000	560 000
	31	略	收回不可修复废品残料	500				500
	31		收回不可修复废品责任赔款	800				800
	31		修复费用	3 000		2 000		5 000
	31		可修复废品残料	50				50
	31		可修复废品赔款			120		120
	31		本月费用合计	301 650	40 000	201 880	20 000	563 530
			单位成本	614	82	411	41	1 148

- 优点及适用范围。该方法核算简单，适用于产品生产中较少发生废品，管理上也不单独考核废品损失的企业。

② 单独设置"废品损失"账户。

- 设置账户。单独核算废品损失的企业，应设置"废品损失"总账，同时在"生产成本——基本生产成本——××产品"明细账中增设"废品损失"成本项目专栏。

"废品损失"应按产品名称设置明细账，并按成本项目设置专栏。借方登记不可修复废品的生产成本和可修复废品的修复费用，贷方登记回收废品残料的价值以及应收的赔款等。月末"废品损失"的借方发生额大于贷方发生额，其差额就是废品的净损失，应转入本月同种产品的成本中去，即借记"生产成本——基本生产成本——××产品"科目，贷记"废品损失"科目，该账户月末无余额。

由于不可修复废品和可修复废品的组成内容不同，其核算也不相同。

- 归集和分配不可修复的废品损失。不可修复废品损失的归集和分配，废品成本的计算是关键。废品成本是指生产过程中截至报废时为止所耗费的一切费用。从废品的成本中扣除废品的残值和应收赔款，就是废品净损失。不可修复废品成本的计算方法有以下两种。

一是按废品所耗实际费用计算。采用这一方法，就是在废品报废时根据废品与合格品发生的全部实际费用，采用一定的分配方法，在合格品与废品之间进行分配，计算出废品的实际成本，从"生产成本——基本生产成本"科目的贷方转入"废品损失"科目的借方。

【案例 2-19】 南方公司 2014 年 12 月份生产甲产品 400 件，验收入库时发现不可修复废品 10 件，合格品生产工时为 11 700 小时，废品工时为 300 小时。本月甲产品全部生产费用为：直接材料 20 000 元，燃料和动力 6 000 元，直接人工 12 120 元，制造费用 7 200 元，废品残料回收价值为 120 元，原材料在生产开始时一次投入。根据以上资料编制的废品损失计算表如表 2-21 所示。

表 2-21 废品损失计算表

产品名称：甲产品　　　　　　　　　2014 年 12 月　　　　　　　　　单位：元

项目	数量	直接材料	生产工时	燃料和动力	直接人工	制造费用	合计
费用总额	400	20 000	12 000	6 000	12 120	7 200	45 320
分配率		50		0.5	1.01	0.6	
废品成本	10	500	300	150	303	180	1 133
减：残值		120					120
废品损失		380		150	303	180	1 013

根据表 2-21 及有关凭证，编制的会计分录如下。

结转废品生产成本：

借：废品损失——甲产品　　　　　　　　　　　　　　　　1 133
　　贷：生产成本——基本生产成本——甲产品（直接材料）　　500
　　　　　　　　　　　　　　　　——甲产品（燃料和动力）　150
　　　　　　　　　　　　　　　　——甲产品（直接人工）　　303
　　　　　　　　　　　　　　　　——甲产品（制造费用）　　180

回收残料价值：

借：原材料　　　　　　　　　　　　　　　　　　　　　　120
　　贷：废品损失——甲产品（直接材料）　　　　　　　　　120

结转废品净损失，计入合格品成本：

借：生产成本——基本生产成本——甲产品（废品损失）　　1 013
　　贷：废品损失　　　　　　　　　　　　　　　　　　　　　　1 013

方法点评

优点及适用范围：按废品所耗实际费用计算和分配废品损失符合实际，但核算的工作量较大，主要适用于成本核算需单独核算废品损失的企业。

需要注意的是，生产完工后发现废品，其单位废品负担的各项生产费用与单位合格产成品完全相同，可以按合格品和废品数量比例分配各项生产费用，计算废品的实际成本。

二是按废品所耗定额费用计算（定额成本计算法）。这种方法是按废品的数量和各项费用定额计算废品的定额成本，再将废品的定额成本扣除废品残料的回收价值即为废品损失，而不考虑废品实际发生的费用。

【案例2-20】 南方公司基本生产车间本月生产乙产品，验收入库时发现不可修复废品6件，该废品的单位产品原材料消耗定额为150元，已完成的定额工时为25小时，单位小时燃料和动力费用为20元，单位小时直接人工费用定额为15元，单位小时制造费用定额为6元，回收废品残料价值为300元，根据上述资料编制废品损失计算表，如表2-22所示。

表2-22　废品损失计算表

产品名称：乙产品　　　　　　　　2014年12月　　　　　　　　　　　　　单位：元

项目	直接材料	生产工时	直接人工	燃料和动力	制造费用	合计
费用定额	150		15	20	6	
废品定额成本	900	25	375	500	150	1 925
减：残值	300					300
废品损失	600		375	500	150	1 625

根据表2-22及有关凭证，编制会计分录如下。

按定额成本结转废品生产成本：

借：废品损失——乙产品　　　　　　　　　　　　　　　　　　1 925
　　贷：生产成本——基本生产成本——乙产品（直接材料）　　　900
　　　　　　　　　　　　　　　　——乙产品（燃料和动力）　　500
　　　　　　　　　　　　　　　　——乙产品（直接人工）　　　375
　　　　　　　　　　　　　　　　——乙产品（制造费用）　　　150

回收残料价值：

借：原材料　　　　　　　　　　　　　　　　　　　　　　　　300
　　贷：废品损失——乙产品（直接材料）　　　　　　　　　　　300

废品损失转入该种合格品成本：

借：生产成本——基本生产成本——乙产品（废品损失）　　　1 625
　　贷：废品损失——乙产品　　　　　　　　　　　　　　　　1 625

方法点评

优点及适用范围：采用按定额费用计算废品损失的方法，计算工作比较简便，有利于控制废品损失的发生，但该方法适用于企业具备准确的定额成本资料，否则会影响成本计算的准确性。

③ 可修复废品损失的归集和分配。可修复废品是指产品经过修复后，如果符合产品质量要求，仍为合格品，不减少合格产品数量，在返修之前发生的各项成本不是废品损失，而是合格品成本，仍保留在"生产成本——基本生产——××产品"明细账中不必转出。修复废品过程中发生的修复费用，可根据各要素费用分配表，借记"废品损失"账户，贷记"原材料""应付职工薪酬"等账户。如有应收赔款，根据有关凭证，从"废品损失"科目的贷方转入"其他应收款"等科目的借方。修复结束，再将修复净额从"废品损失"账户的贷方转入"生产成本——基本生产——××产品"账户借方即可。

【案例2-21】 南方公司基本生产车间本月生产丙产品2 000件，生产过程发现10件可修复废品，在修复过程中发生材料费用2 400元，直接人工1 500元，负担的制造费用1 000元，应收责任人赔偿材料费用200元。若企业单独核算废品损失，其会计分录如下。

发生的修理费：
借：废品损失——丙产品　　　　　　　　　　　　　　　　　4 900
　　贷：原材料　　　　　　　　　　　　　　　　　　　　　　2 400
　　　　应付职工薪酬　　　　　　　　　　　　　　　　　　　1 500
　　　　制造费用　　　　　　　　　　　　　　　　　　　　　1 000
确定应收赔偿款时：
借：其他应收款　　　　　　　　　　　　　　　　　　　　　　200
　　贷：废品损失——丙产品　　　　　　　　　　　　　　　　200
结转废品净损失：
借：生产成本——基本生产成本——丙产品　　　　　　　　　4 700
　　贷：废品损失——丙产品　　　　　　　　　　　　　　　　4 700

【测试与强化2-8】

南方公司2014年12月基本生产车间报废丁产品5吨，回收残料价值560元。要求：按废品所耗定额费用填列表2-23，计算废品成本及废品净损失；分别写出单独核算废品损失和不单独核算废品损失的会计分录。

表2-23　废品损失计算表

产品名称：　　　　　　　　　　　　　　　　　　　　　废品数量：

项目	直接材料	燃料和动力	直接工人	制造费用	合计
每吨定额成本	800	60	130	110	1 100
废品定额成本					
减：回收残料价值	560				
废品净损失					

4. 停工损失的归集和分配

(1) 停工损失。停工损失是指企业的生产车间或生产班组在停工期内（非季节性停工期间）发生的各项费用，包括停工期内支付的人工费、所耗用的燃料和动力、负担的制造费用等。但由责任人和保险公司赔偿的部分应从停工损失内扣除。

(2) 造成停工损失的原因。造成停工损失的原因主要有停电、待料、机器故障或大修、自然灾害或事故、计划减产等。自然灾害引起的停工损失，应按规定转作营业外支出；季节性和其他停工损失最终应计入产品成本；为了简化，停工不满1个工作日的，可以不计算停工损失。

（3）停工损失的核算方式。停工损失的核算也有两种方式，一是单独核算停工损失，二是不单独核算停工损失。

① 单独设置账户核算停工损失。为了单独核算"停工损失"，除专设"停工损失"账户外，还需在"生产成本——基本生产成本"增设"停工损失"专栏。"停工损失"账户借方登记归集的"停工损失"，贷记登记分配的"停工损失"，分配后该账户无余额。该账户应按产品名称设置明细账，其账务处理如下。

- 发生各种停工损失

　借：停工损失——××产品
　　　贷：原材料
　　　　　应付职工薪酬
　　　　　制造费用等

- 责任人赔偿

　借：其他应收款
　　　贷：停工损失——××产品

- 分配结转停工损失

　借：营业外支出（自然灾害）
　　　生产成本——基本生产成本——××产品（除季节性停工外的其他损失）
　　　贷：停工损失——××产品

② 不单独设置账户核算停工损失。不设"停工损失"账户及相应的成本项目，停工期间发生的属于停工损失的各项费用，直接计入"制造费用"或"营业外支出"等账户。

【测试与强化 2-9】

南方公司乙产品的生产车间，由于外部供电单位线路铺设问题，导致了非季节性的停工，停工期间发生了如下费用：材料费用 2 000 元，人工费用 6 000 元，供电单位同意赔款 3 000 元。写出企业单独核算废品损失和不单独核算废品损失的会计处理。

2.2.4 生产费用在完工产品和在产品之间的分配

1. 在产品

（1）在产品含义。在产品是指企业处于生产过程尚未完工的产品，在产品有广义和狭义之分。广义的在产品是指企业没有完成全部生产过程，不能作为商品销售的产品，从生产投料开始，到最终制成产成品交付验收入库前的一切产品，包括正在车间加工的在产品和需要继续加工的半成品、等待入库的产成品、正在返修和等待返修的不合格品等。狭义的在产品是指某一车间或某一工序正在加工中的那部分产品，该车间或该生产步骤完工的半成品不包括在内。一般情况下的在产品都指狭义的在产品。在产品核算时使用的账户是"生产成本——基本生产成本——××产品"。

（2）在产品成本与数量。

① 在产品成本。通过前述各项费用的归集与分配，为生产产品发生的各项费用已经集中反映在"生产成本——基本生产成本——××产品"明细账中。如果本期生产的产品全部完工，则所归集的生产费用全部为完工产品的成本，无须将生产费用在完工产品和在产品之间分配；如果期末既有在产品也有完工产品，则根据产品生产过程的特点，选用恰

当的方法，将生产费用在完工产品和在产品之间进行分配。不论选用何种方法进行分配，在产品和完工产品永远保持如下平衡关系：

期初在产品成本 + 本期发生的生产费用 = 期末在产品成本 + 本期完工产品成本

期末在产品成本 = 期初在产品成本 + 本期发生的生产费用 − 本期完工产品成本

② 在产品数量。计算月末在产品成本，确定月末在产品数量是关键。在产品数量的确定上，一是设置并做好在产品台账的登记工作，二是做好在产品的清查盘点工作，达到账实相符。

在产品台账应当分生产单位（分厂、车间），按产品的品种和零部件的名称来设置，以反映各生产单位产品的生产投入、产品的完工转出和在产品的结存情况。在产品台账还可以结合企业生产工艺的特点和内部管理的需要，进一步按照加工工序（生产步骤）来组织在产品数量核算，其格式如表 2-24 所示。在产品台账根据有关领料凭证、在产品内部转移凭证、产品检验凭证和产品入库单等原始凭证逐笔登记。月末在产品数量的计算公式如下：

月末在产品数量 = 期初在产品数量 + 本月投入生产数量 − 完工转出数量（合格品 + 废品）

表 2-24 在产品台账

生产单位：　　　　生产工序：　　　　在产品名称：　　　　计量单位：

日期	摘要	投入生产		完工转出			结存		备注
		凭证号数	数量	凭证号数	合格品	废品	已完工未转出	未完工	
	合计								

为了正确核算在产品的数量，在在产品日常核算的同时，还应定期或不定期对在产品进行清查，以确保在产品账面数与实存数相符。

在产品盘点时，使用的账户是"待处理财产损益——待处理流动资产损益"账户，同时编制"在产品盘点报告单"。其业务处理如下。

● 在产品盘盈时。
借：生产成本——基本生产成本——××产品
　　贷：待处理财产损益——待处理流动资产损益
批准予以转销盘盈时：
借：待处理财产损益——待处理流动资产损益
　　贷：制造费用
● 在产品发生盘亏时。
借：待处理财产损益——待处理流动资产损益
　　贷：生产成本——基本生产成本——××产品
　　　　应交税金——应交增值税——进项税额转出
批准转销盘亏时，应区分不同情况进行处理：
借：原材料（毁损在产品收回的残值）
　　其他应收款（应收过失人或保险公司赔偿的损失）
　　营业外支出（非常损失的净损失）
　　制造费用（无法收回的损失）
　　贷：待处理财产损益——待处理流动资产损益

2. 生产费用在完工产品和在产品之间的分配

生产费用在完工产品和在产品之间的分配，是成本计算工作中一个重要而复杂的问题，会计人员应根据企业生产的特点选择既合理又较简便的方法分配这些生产费用。按最新的《企业产品成本核算制度（试行）》规定，常用的生产费用在完工产品和在产品之间的分配有如下方法。

（1）不计算月末在产品成本法。

① 特点。月末虽然有在产品，但不计算在产品成本，所发生的成本费用全部由完工产品负担，在产品成本为"零"。

② 适用范围。适用于各月末在产品数量很小，价值很低，是否计算在产品成本对于完工产品的成本影响不大，如自来水公司、采掘企业等均可采用这种方法。

（2）月末在产品成本按所耗原材料费用计算法。

① 特点。月末在产品只计算其耗用的原材料费用，生产过程中所消耗的燃料和动力、直接人工、制造费用全部计入完工产品的成本。

② 适用范围。适用于各月末在产品数量较大，同时原材料费用在总成本中所占比重较大的产品。如造纸、酿酒等行业产品成本的计算均可采用这种方法。

【案例2-22】 南方公司生产 A 产品，该产品的原材料费用在产品成本中所占比重较大，月末在产品成本计算采用按所耗用原材料费用计算法。2014 年 12 月初 A 在产品直接材料费用 5 900 元，本月生产 A 产品发生的材料费用为 25 000 元，燃料和动力费用 2 000 元，直接人工费用 1 000 元，制造费用 1 000 元，共计 29 000 元；本月完工 A 产品 800 件，月末在产品 200 件。该产品的材料费用是在生产开始时一次投入的，原材料费用按完工产品和在产品的数量比例分配。其财务处理如下。

直接材料费用分配率 =（5 900 + 25 000）÷（800 + 200）= 30.90（元）
完工产品应负担的直接材料费用 = 800 × 30.90 = 24 720（元）
月末在产品应负担的直接材料费用 = 200 × 30.90 = 6 180（元）
完工产品成本 = 24 720 + 2 000 + 1 000 + 1 000 = 28 720（元）
月末在产品成本 = 6 180（元）

（3）在产品成本计算采用约当产量比例法。

① 特点。将月末在产品数量按完工程度折算为相当于完工产品的产量，即约当产量，然后按照完工产品产量和在产品的约当产量比例分配费用，计算出完工产品成本和在产品成本的分配方法。

② 在产品约当产量的计算及费用的分配。

在产品约当产量 = 在产品数量 × 完工程度（投料程度）

$$\text{某项费用分配率} = \frac{\text{月初在产品成本} + \text{本期发生的生产费用}}{\text{完工产品数量} + \text{在产品约当产量}}$$

完工产品应分摊的费用 = 完工产品数量 × 费用分配率
在产品应分摊的费用 = 费用总额 − 完工产品应分摊的费用

③ 完工程度和投料程度的确定。在产品约当产量的计算取决于完工程度和投料程度。

• 完工程度的确定有两种方法。

第一种是平均计算完工率。在产品完工程度按 50% 粗略计算在产品的约当量。

第二种是各工序分别计算完工率。按各工序的累计工时定额占完工产品工时定额比例计算在产品的完工率。公式如下：

$$某工序在产品完工率 = \frac{前面各工序定额工时之和 + 本工序工时定额 \times 50\%}{完工产品工时定额}$$

【案例 2-23】 南方公司生产甲产品,其单件定额工时为 120 小时,经三道工序制成。其中,第一道工序的定额工时为 36 小时,第二道工序的定额工时为 60 小时,第三道工序的定额工时为 24 小时。各道工序的在产品数量分别为:第一道工序 200 件,第二道工序 400 件,第三道工序 100 件。本月完工产成品 2 000 件,月初在产品人工费用 34 000 元,本月发生的直接人工费用 200 000 元,各工序的在产品完工程度均按 50% 计算,按约当产量法在完工产品和在产品之间分配直接人工费用。

计算月末各道工序在产品的完工率:
第一道工序的完工率 =(36 ×50%)÷ 120 = 15%
第二道工序的完工率 =(36 + 60 ×50%)÷ 120 = 55%
第三道工序的完工率 =(36 + 60 + 24 ×50%)÷ 120 = 90%
计算月末在产品的约当产量:
第一道工序在产品的约当产量 = 200 ×15% = 30(件)
第二道工序在产品的约当产量 = 400 ×55% = 220(件)
第三道工序在产品的约当产量 = 100 ×90% = 90(件)
在产品约当产量 = 30 + 220 + 90 = 340(件)
分配计算各道工序在产品和完工产品分摊的直接人工费用:
直接人工费用分配率 =(34 000 + 200 000)÷(2 000 + 340)= 100
完工产品应负担的直接人工费用 = 2 000 ×100 = 200 000(元)
月末在产品应负担的直接人工费用 = 340 ×100 = 34 000(元)

● 投料程度有三种计算方法。

第一种方法是直接材料在生产开始时一次投入。每件在产品和每件完工产成品直接材料消耗相同,即产成品和在产品的投料程度均为 100%,直接按在产品和产成品数量比例分配,不需计算月末在产品的约当产量。

第二种方法是直接材料随生产过程陆续投入,并且与加工程度一致。此时分配直接材料费用的在产品约当产量按照完工程度计算。

第三种方法是分工序一次投料。即每道工序都要投入材料,而且是在各道工序开始时全部投入,然后连续加工为产成品。则:

$$某工序上的在产品投料完工程度 = \frac{到本工序为止累计投入材料的定额成本}{单位产品材料定额总成本}$$

$$在产品约当产量 = \sum 某工序上的在产品投料完工程度 \times 该工序在产品数量$$

④ 适用范围。约当产量法适用于各月在产品数量较大,各月的在产品数量变化也较大,投料程度和完工程度测定较准确的企业。

【案例 2-24】 南方公司生产乙产品,其直接材料分工序一次投入,直接材料的投入定额为 200 千克,分三道工序投入,其中第一道工序投入 80 千克,第二道工序投入 70 千克,第三道工序投入 50 千克。各道工序的在产品数量分别为:第一道工序 130 件,第二道工序 100 件,第三道工序 140 件,乙产品本月完工 740 件。月初在产品和本月发生的材料费用总额共计 221 540 元。则乙产品材料费用在完工产品和在产品之间的分配过程如下。

计算各工序在产品投料完工程度:

第一道工序在产品的投料完工程度 = 80÷200 = 40%
第二道工序在产品的投料完工程度 = (80+70)÷200 = 75%
第三道工序在产品的投料完工程度 = (80+70+50)÷200 = 100%
计算各道工序在产品的约当产量：
第一道工序在产品的约当产量 = 130×40% = 52（件）
第二道工序在产品的约当产量 = 100×75% = 75（件）
第三道工序在产品的约当产量 = 140×100% = 140（件）
在产品的约当产量合计 = 52+75+140 = 267（件）
月末在产品和产成品分摊的直接材料：
直接材料费用的分配率 = 221 540÷(740+267) = 220
完工产品应负担的材料费用 = 220×740 = 162 800（元）
在产品应负担的材料费用 = 220×267 = 58 740（元）

【测试与强化 2-10】

南方公司生产甲产品需依次经过三道工序制造完成，原材料在每道工序随生产的进行陆续投入，甲产品的单件材料定额为 100 千克，月末在产品 1 800 件，各道工序的完工程度均为 50%，甲产品各工序的材料定额和月末在产品数量如表 2-25 所示。要求：计算各工序的完工率和在产品的约当量，并将结果填入表 2-25 中。

表 2-25　各工序的定额材料消耗和在产品数量

工序	材料定额（千克）	累计材料定额	完工率	在产品数量（件）	在产品约当产量
1	30			800	
2	20			200	
3	50			800	
合计	100			1 800	

（4）定额比例法。

① 特点。按产品制定的单位消耗定额和完工产品及在产品数量，计算出定额耗用量，然后按照定额耗用量比例，将每个成本项目的费用在完工产品和在产品之间进行分配的一种方法。一般情况下，材料费用是以定额耗用量为标准来进行计算的，而人工和制造费用是以定额工时为标准来进行计算的。燃料和动力可选用上述较为合理的定额耗用量或定额工时的比例进行分配。

② 在产品定额耗用量的计算及费用的分配。计算公式为：

完工产品定额耗用量 = 完工产品产量×完工产品单位消耗定额
在产品定额耗用量 = 在产品数量×在产品单位消耗定额

$$分配率 = \frac{期初在产品成本 + 本月发生的生产费用}{完工产品定额耗用量(或定额工时) + 在产品定额耗用量(或定额工时)}$$

完工产品成本 = 完工产品定额耗用量（或定额工时）×分配率
在产品成本 = 在产品定额耗用量（或定额工时）×分配率

③ 适用范围：适用于各项消耗定额或费用定额比较准确、稳定，但各月末在产品数量变动较大的产品。

【案例 2-25】　南方公司 2014 年 12 月份生产丁产品的有关资料如表 2-26 所示。采用定额比例法将生产费用在完工产品和在产品之间分配的结果如表 2-27 所示。

表 2-26　丁产品生产情况资料表

产品名称：丁产品　　　　　　　　　2014 年 12 月　　　　　　　　　　　单位：元

成本项目 内容	直接材料	燃料和动力	直接人工	制造费用	合计
月初在产品成本	5 600	1 500	2 600	1 400	11 100
本月生产费用	44 800	16 500	19 000	16 840	97 140
单位完工产品定额	60 千克	40 小时	40 小时	40 小时	
月末在产品定额	60 千克	20 小时	20 小时	20 小时	
完工产品产量/件					500
月末在产品产量/件					200

表 2-27　完工产品与在产品费用分配表（定额比例法）

产品名称：丁产品　　　　　　　　　2014 年 12 月　　　　　　　　　　　单位：元

成本项目	月初在产品成本 ①	本月生产费用 ②	生产费用合计 ③ = ① + ②	分配率 ④ = ③/ (⑤ + ⑦)	本月完工产品		月末在产品	
					定额耗用量或工时 ⑤	实际费用 ⑥ = ④×⑤	定额耗用量或工时 ⑦	实际费用 ⑧ = ④×⑦
直接材料	5 600	44 800	50 400	1.2	30 000	36 000	12 000	14 400
燃料和动力	1 500	16 500	18 000	0.75	20 000	15 000	4 000	3 000
直接人工	2 600	19 000	21 600	0.9	20 000	18 000	4 000	3 600
制造费用	1 400	16 840	18 240	0.76	20 000	15 200	4 000	3 040
合计	11 100	97 140	108 240		90 000	84 200	24 000	24 040

（5）按定额成本计算在产品成本。

① 特点。特点是指按照预先制定的在产品定额成本计算月末在产品成本，即月末在产品成本按其数量和单位定额成本计算。

② 生产费用的分配。

某产品发生的生产费用合计 = 月初在产品的成本 + 本月发生的生产费用

完工产品成本 = 生产发生的费用合计 – 月末在产品成本

③ 适用范围。适用于定额管理基础比较好，各项定额费用比例准确、稳定，各月在产品数量变化不大的产品。此种计算方法的重点在于准确计算月末在产品的定额成本。

期末在产品成本 = 期末在产品数量 × 在产品定额单位成本

完工产品成本 = 期初在产品成本 + 本期发生的生产费用 – 期末在产品成本

【案例 2-26】　某企业生产乙产品连续经过三道工序，原材料在生产开始时一次投入，单件产品定额原材料费用为 50 元，乙产品各工序的工时定额分别为 22 小时、48 小时、30 小时，各工序在产品数量分别为 30 件、20 件、20 件。在产品定额费用：材料每件为 50 元，燃料和动力每小时为 0.5 元，直接人工每小时为 0.6 元，制造费用每小时为 0.7 元，生产费用资料如表 2-28 所示。

表 2-28　生产费用表　　　　　　　　　　　　　　　　　　　　　　　　单位：元

成本项目	直接材料	燃料和动力	直接人工	制造费用	合计
月初在产品成本	2 600	1 500	1 100	3 400	8 600
本月生产费用	24 400	7 000	6 200	6 400	44 000
合计	27 000	8 500	7 300	9 800	52 600

采用定额成本法计算完工产品成本和在产品成本，在产品的完工程度为50%，结果如表2-29和表2-30所示。

表2-29 在产品定额工时计算表   单位：元

工序	工时定额	在产品数量	在产品累计工时定额	在产品定额工时（小时）
1	22	30	11①	330
2	48	20	46②	920
3	30	20	85③	1 700
合计	100	70		2 950

注：① $11 = 22 \times 50\%$；② $46 = 22 + 48 \times 50\%$；③ $85 = 22 + 48 + 30 \times 50\%$。

表2-30 乙产品成本计算单   单位：元

成本项目	直接材料	燃料和动力	直接人工	制造费用	合计
月初在产品成本	2 600	1 500	1 100	3 400	8 600
本月生产费用	24 400	7 000	6 200	6 400	44 000
合计	27 000	8 500	7 300	9 800	52 600
在产品单位定额费用	50 件/元	0.5 元/小时	0.6 元/小时	0.7 元/小时	
在产品数量和工时	70	2 950	2 950	2 950	
月末在产品定额成本	3 500	1 475	1 770	2 065	8 810
完工产品成本	23 500	7 025	5 530	7 735	43 790

2.2.5 结转完工产品的成本

经过上述生产费用的归集和分配，完成了生产费用在完工产品和在产品之间的分配，计算出完工产品的实际总成本和单位成本，如果企业生产两种或两种以上的产品，则应将各种产品明细账中完工产品成本的数字加以汇总，形成完工产品成本汇总表。

【案例2-27】 根据表2-27和表2-30形成汇总表2-31。

表2-31 产成品汇总表   单位：元

产品名称	直接材料	燃料和动力	直接人工	制造费用	合计
乙产品	23 500	7 025	5 530	7 735	43 790
丁产品	36 000	15 000	18 000	15 200	84 200
合计	59 500	22 025	23 530	22 935	127 990

根据表2-31，其业务处理如下。

借：库存商品——乙产品   43 790
          ——丁产品   84 200
  贷：生产成本——基本生产成本——乙产品 43 790
                        ——丁产品 84 200

【测试与强化2-11】

甲产品经两道工序加工，采用约当产量法分配各项生产费用。2014年12月，甲产品完工产品500件；月末在产品数量第一道工序350件，第二道工序200件。其他有关资料如下。

（1）原材料分两道工序，在每道工序开始时一次投入。第一道工序的消耗定额为30千克，第二道工序的消耗定额为20千克。甲产品月初在产品和本月发生的原材料费用共计182 000元。

（2）甲产品完工产品工时定额为50小时，其中第一道工序为40小时，第二道工序为10小时。每道工序在产品工时定额（本工序部分）按本工序工时定额的50%计算。甲产品月初在产品和本月发生的燃料和动力费用共计 32 800 元,直接人工费用共计 16 400 元,制造费用共计 24 600 元。

要求如下:

(1) 用原材料消耗定额计算甲产品各工序在产品完工率(列出计算过程);

(2) 用工时定额计算甲产品各工序在产品完工率(列出计算过程);

(3) 用原材料消耗定额确定的完工率计算甲产品在产品约当产量(列出计算过程);

(4) 用工时定额确定的完工率计算甲产品在产品约当产量(列出计算过程);

(5) 分别计算原材料费用、燃料和动力费用、直接人工费用、制造费用等费用的分配率(列出计算过程);

(6) 根据上述计算的原材料费用、燃料和动力费用、直接人工费用、制造费用分配率,分别计算完工产品成本及月末在产品成本(列出计算过程);

(7) 根据上述计算结果填写表 2-32 和表 2-33。

表 2-32　各工序的定额材料(工时)和在产品数量　　　　　单位:元

工序	材料定额					工时定额				
	材料定额	累计材料定额	完工率(%)	在产品数量	在产品约当量	工时定额	累计工时定额	完工率(%)	在产品数量	在产品约当量
合计										

表 2-33　生产费用分配表　　　　　单位:元

内容	成本项目	直接材料	燃料和动力	直接人工	制造费用	合计
生产费用合计						
月末完工产品数量						
月末在产品数量	第一道工序					
	第二道工序					
月末在产品数量约当产量	第一道工序					
	第二道工序					
	合计					
约当总产量						
费用分配率						
完工产品成本						
在产品成本						

任务2.3　运用品种法计算产品成本

【任务导入 2-3】

根据企业生产的特点和管理要求,企业选用品种法计算产品成本,辅助生产不对外提供产品和服务,管理上也不要求单独归集辅助生产车间的生产费用,同时企业不要求单独核算废品损失。请画出成本计算程序图,并回答:

(1) 简要说明品种法成本计算程序;
(2) 要素费用的归集与分配的具体内容;
(3) 各成本明细账的借方数据的来源和贷方数据的去向,各成本明细账的余额情况;
(4) 生产费用在完工产品和在产品之间的分配有几种方法?其特点和适用范围各是什么?

【任务知识与技能】

2.3.1 企业概况及成本管理要求

1. 企业概况

哈尔滨老鼎丰饼干厂有两个基本生产车间,一车间生产牛奶核桃饼干和奶油曲奇饼干,二车间生产奶盐苏打饼干,车间采用封闭式流水线生产。该厂还设有供电和机修两个辅助生产车间,为企业提供供电和各种修理服务。生产饼干的主要原材料为面粉、黄油、牛奶等。原材料和辅料在生产开始时一次投入。

2. 成本管理及核算要求

企业要求采用品种法计算牛奶核桃饼干、奶油曲奇饼干和奶盐苏打饼干的成本。月末采用约当产量法计算完工产品和在产品的成本,在产品的完工程度为50%。共同领用的原料和辅料按面粉定额消耗比例分配。供电车间按内部结算供电量分配辅助生产费用,其他成本项目按生产工时比例分配。辅助生产车间不设制造费用账户,辅助生产费用采用直接分配法。单位成本保留两位小数,总成本等保留整数位。

材料按实际成本核算,经计算各种材料的加权平均单价分别为:面粉2.50元/千克,黄油50元/千克,牛奶8元/千克,细白糖10元/千克,核桃仁16元/千克,盐3元/千克,苏打粉10元/千克,奶香粉70元/千克,奶油40元/千克。具体消耗定额如表2-36所示。

2.3.2 业务背景及相关凭证

(1) 2014年12月,老鼎丰饼干厂生产情况和月初在产品成本见表2-34至表2-36。

表2-34 2014年12月老鼎丰饼干厂生产情况　　　　单位:千克

产品名称	月初在产品	本月投产	本月完工产品	月末在产品
牛奶核桃饼干	900	7 500	8 100	300
奶油曲奇饼干	600	11 250	11 400	450
奶盐苏打饼干	400	12 000	12 300	100

表2-35 2014年12月老鼎丰饼干月初在产品成本　　　　单位:元

产品名称	直接材料	燃料和动力	直接人工	制造费用	合计
牛奶核桃饼干	1 575	450	1 050	1 065	4 140
奶油曲奇饼干	1 950	345	750	735	3 780
奶盐苏打饼干	900	230	380	1 190	2 700

表2-36 产品消耗定额及投产情况　　　　单位:千克

产品名称	投产数量	每袋重量	每千克饼干面粉消耗定额
牛奶核桃饼干	7 500	0.5	0.5
奶油曲奇饼干	11 250	0.5	0.6
奶盐苏打饼干	12 000	0.5	0.7

（2）生产领料情况见表 2-37 至表 2-48。

表 2-37　限额领料单

领料部门：一车间　　　　　　　　　　　　　　　　　　　　领料编号：20141201
领料用途：牛奶核桃饼干、奶油曲奇饼干　　2014 年 12 月　　　发料仓库：材料库

材料类别	材料编号	材料名称及规格	计量单位	领用限额	实际领用	单价	金额	千克消耗定额
原材料	A01	低筋面粉	千克	10 500	10 500	2.50	26 250	0.5 + 0.6
合计							26 250	

供应部门负责人：刘力　　　　　　　　生产计划负责人：李伟

日期	请领			退料			限额结余数量
	数量	领料人	发料人	数量	退料人	收料人	
12.01	2 625	邱永明	王华				7 875
12.08	2 625	邱永明	王华				5 250
12.15	2 625	邱永明	王华				2 625
12.22	2 625	邱永明	王华				0
合计	10 500						

表 2-38　领料单

领料部门：一车间　　　　　　　　　　　　　　　　　　　领料编号：20141201
领料用途：牛奶核桃饼干　　2014 年 12 月 01 日　　　　发料仓库：材料库

材料编号	材料名称及规格	千克消耗定额	计量单位	数量		实际成本	
				请领	实领	单价	金额
B01	核桃仁	0.06	千克	450	450	16	7 200
合计							7 200

供应部门负责人：刘力　　发料人：王华　　生产计划负责人：李伟　　领料人：邱永明

表 2-39　限额领料单

领料部门：一车间　　　　　　　　　　　　　　　　　　　　领料编号：20141202
领料用途：牛奶核桃饼干、奶油曲奇饼干　　2014 年 12 月　　　发料仓库：材料库

材料类别	材料编号	材料名称及规格	计量单位	领用限额	实际领用	单价	金额	千克消耗定额
原材料	A02	黄油	千克	2 625	2 625	50	131 250	0.14
合计							131 250	

供应部门负责人：刘力　　　　　　　　生产计划负责人：李伟

日期	请领			退料			限额结余数量
	数量	领料人	发料人	数量	退料人	收料人	
12.01	555	邱永明	王华				2 070
12.08	690	邱永明	王华				1 380
12.15	690	邱永明	王华				690
12.22	690	邱永明	王华				0
合计	2 625						

表2-40　限额领料单

领料部门：一车间　　　　　　　　　　　　　　　　　　　　　领料编号：20141203
领料用途：牛奶核桃饼干、奶油曲奇饼干　　2014年12月　　　发料仓库：材料库

材料类别	材料编号	材料名称及规格	计量单位	领用限额	实际领用	单价	金额	千克消耗定额
原材料	A03	牛奶	升	900	900	8	7 200	0.048
合计							7 200	

供应部门负责人：刘力　　　　　　　生产计划负责人：李伟

日期	请领			退料			限额结余数量
	数量	领料人	发料人	数量	退料人	收料人	
12.01	225	邱永明	王华				675
12.08	225	邱永明	王华				450
12.15	225	邱永明	王华				225
12.22	225	邱永明	王华				0
合计	900						

表2-41　限额领料单

领料部门：一车间　　　　　　　　　　　　　　　　　　　　　领料编号：20141204
领料用途：牛奶核桃饼干、奶油曲奇饼干　　2014年12月　　　发料仓库：材料库

材料类别	材料编号	材料名称及规格	计量单位	领用限额	实际领用	单价	金额	千克消耗定额
辅料	B06	细白糖	千克	1 875	1 875	10	18 750	0.1
合计							18 750	

供应部门负责人：刘力　　　　　　　生产计划负责人：李伟

日期	请领			退料			限额结余数量
	数量	领料人	发料人	数量	退料人	收料人	
12.01	525	邱永明	王华				1 350
12.08	450	邱永明	王华				900
12.15	450	邱永明	王华				450
12.22	450	邱永明	王华				0
合计	1 875						

表 2-42　限额领料单

领料部门：一车间　　　　　　　　　　　　　　　　　　　　　　　领料编号：20141205
领料用途：牛奶核桃饼干、奶油曲奇饼干　　2014 年 12 月　　　　　发料仓库：材料库

材料类别	材料编号	材料名称及规格	计量单位	领用限额	实际领用	单价	金额	千克消耗定额
辅料	B02	苏打粉	千克	150	150	10	1 500	0.008
	B03	奶香粉	千克	150	150	70	10 500	0.008
合计							12 000	

供应部门负责人：刘力　　　　　　　　生产计划负责人：李伟

日期	请领		发料人	退料		收料人	限额结余数量
	数量	领料人		数量	退料人		
12.01	37.5/37.5	邱永明	王华				112.5/112.5
12.08	37.5/37.5	邱永明	王华				75/75
12.15	37.5/37.5	邱永明	王华				37.5/37.5
12.22	37.5/37.5	邱永明	王华				0/0
合计	150/150						

表 2-43　限额领料单

领料部门：一车间　　　　　　　　　　　　　　　　　　　　　　　领料编号：20141206
领料用途：牛奶核桃饼干、奶油曲奇饼干　　2014 年 12 月　　　　　发料仓库：材料库

材料类别	材料编号	材料名称及规格	计量单位	领用限额	实际领用	单价	金额	千克消耗定额
包装材料	C01	牛奶核桃饼干包装盒	个	15 000	15 000	0.20	3 000	2 个
	C02	奶油曲奇饼干包装盒	个	22 500	22 500	0.20	4 500	2 个
	C04	牛奶核桃饼干包装箱	个	1 500	1 500	1.00	1 500	每箱 10 个
	C05	奶油曲奇饼干包装箱	个	2 250	2 250	1.00	2 250	每箱 10 个
合计							11 250	

供应部门负责人：刘力　　　　　　　　生产计划负责人：李伟

日期	请领		发料人	退料		收料人	限额结余数量
	数量	领料人		数量	退料人		
12.01	3 750/5 625/375/560	邱永明	王华				（略）
12.08	3 750/5 625/375/560	邱永明	王华				（略）
12.15	3 750/5 625/375/560	邱永明	王华				（略）
12.22	3 750/5 625/375/570	邱永明	王华				（略）
合计	15 000/22 500/1 500/2 250						

表 2-44　限额领料单

领料部门：二车间　　　　　　　　　　　　　　　　　　　　　　领料编号：20141207
领料用途：奶盐苏打饼干　　　　　2014 年 12 月　　　　　　　发料仓库：材料库

材料类别	材料编号	材料名称及规格	计量单位	领用限额	实际领用	单价	金额	千克消耗定额
原材料	B01	低筋面粉	千克	8 400	8 400	2.5	21 000	0.7
	A03	牛奶	升	1 800	1 800	8.00	14 400	0.15
	A04	奶油	千克	960	960	40	38 400	0.08
合计							73 800	

供应部门负责人：刘力　　　　　　　　生产计划负责人：李伟

日期	请领			退料			限额结余数量
	数量	领料人	发料人	数量	退料人	收料人	
12.01	2 100/450/240	王一明	王华				6 300/1 350/720
12.08	2 100/450/240	王一明	王华				4 200/900/480
12.15	2 100/450/240	王一明	王华				2 100/450/240
12.22	2 100/450/240	王一明	王华				0/0/0
合计	8400/1800/960						

表 2-45　限额领料单

领料部门：二车间　　　　　　　　　　　　　　　　　　　　　　领料编号：20141208
领料用途：奶盐苏打饼干　　　　　2014 年 12 月　　　　　　　发料仓库：材料库

材料类别	材料编号	材料名称及规格	计量单位	领用限额	实际领用	单价	金额	千克消耗定额
辅料	B05	盐	千克	72	72	3	216	0.006
	B02	苏打粉	千克	96	96	10	960	0.008
	C03	奶盐饼干包装盒	套	24 000	24 000	0.20	4 800	2 盒
	C06	奶盐饼干包装箱	个	2 400	2 400	1.00	2 400	每箱 10 盒
合计							8 376	

供应部门负责人：刘力　　　　　　　　生产计划负责人：李伟

日期	请领			退料			限额结余数量
	数量	领料人	发料人	数量	退料人	收料人	
12.01	18/24/6 000/600	王一明	王华				（略）
12.08	18/24/6 000/600	王一明	王华				（略）
12.15	18/24/6 000/600	王一明	王华				（略）
12.22	18/24/6 000/600	王一明	王华				（略）
合计							

表 2-46　领料单

领料用途：修理用　　　　　　　　　　　　　　　　　　　　　编号：20141202
领料部门：机修车间　　　　2014 年 12 月 15 日　　　　　发料仓库：材料库

材料编号	材料名称及规格	千克消耗定额	计量单位	数量		实际成本	
				请领	实领	单价	金额
D01	传送带		条	1	1	500	500
合计							500

供应部门负责人：刘力　　发料人：王华　　车间负责人：李娜　　领料人：赵铁

表 2-47　领料单

领料用途：发电　　　　　　　　　　　　　　　　　　　　　　编号：20141203
领料部门：供电车间　　　　2014 年 12 月 16 日　　　　　发料仓库：材料库

材料编号	材料名称及规格	千克消耗定额	计量单位	数量		实际成本	
				请领	实领	单价	金额
D02	柴油		升	400	400	5.00	2 000
合计							2 000

供应部门负责人：刘力　　发料人：王华　　车间负责人：王停停　　领料人：李海

表 2-48　领料单

领料用途：车间耗用　　　　　　　　　　　　　　　　　　　　编号：20141204
领料部门：一车间　　　　　2014 年 12 月 20 日　　　　　发料仓库：材料库

材料编号	材料名称及规格	千克消耗定额	计量单位	数量		实际成本	
				请领	实领	单价	金额
D03	润滑油		升	10	10	100	1 000
合计							1 000

供应部门负责人：刘力　　发料人：王华　　车间负责人：黄瑞海　　领料人：赵青

（3）职工薪酬汇总表见表 2-49，三险一金等职工薪酬计提比例见表 2-50，相关原始资料略。

表 2-49　职工薪酬汇总表

2014 年 12 月 30 日　　　　　　　　　　　　　　　　　　　　　　　单位：元

部门		职工性质	基本工资	奖金	津贴补贴	合计
生产车间	一车间	生产工人	71 000	6 900	2 100	80 000
		管理人员	12 500	1 350	450	14 300
	二车间	生产工人	40 000	3 600	900	44 500
		管理人员	8 000	1 200	300	9 500
机修车间		工人	10 000		700	10 700
供电车间		工人	9 000	500	500	10 000
管理部门		管理人员	25 000	2 500	1 000	28 500
合计			175 500	16 050	5 950	197 500

会计主管：李强　　审核：刘梅　　制表：杨晓可

表 2-50 三险一金等职工薪酬计提比例表

项目 依据	住房公积金		养老保险		医疗保险		失业保险		工会经费	教育经费	职工福利费
	企业	个人	企业	个人	企业	个人	企业	个人			
工资总额	8%	8%	10%	8%	7%	2%	2%	1%	2%	1.5%	2%

（4）固定资产折旧费用计算表如表 2-51 所示。

表 2-51 固定资产折旧计算表

2014 年 12 月 30 日　　　　　　　　　　　　　　　　　　单位：元

使用单位		月初原值	年折旧率	本月应提折旧
基本生产车间	一车间	600 000	6%	3 000
	二车间	500 000	6%	2 500
机修车间		180 000	6%	900
供电车间		120 000	6%	600
管理部门		420 000	6%	2 100
合计		1 820 000		9 100

会计主管：李强　　　审核：刘梅　　　制表：杨晓可

（5）外购动力费用汇总如表 2-52 所示，相关原始资料略。

表 2-52 外购动力费用汇总表

2014 年 12 月 30 日　　　　　　　　　　　　　　　　　　单位：元

用途		购电量（度）	单价	金额
一车间	奶油核桃饼干	3 000	1.00	3 000
	奶油曲奇饼干	4 000	1.00	4 000
	车间耗用	2 000	1.00	2 000
	小计	9 000	1.00	9 000
二车间	奶盐苏打饼干	3 500	1.00	3 500
	车间耗用	2 000	1.00	2 000
	小计	5 500		5 500
机修车间		2 000	1.00	2 000
供电车间		5 000	1.00	5 000
管理部门		2 000	1.00	2 000
合计		23 500		23 500

会计主管：李强　　　审核：刘梅　　　制表：杨晓可

注：附 4 张购电发票，发票略。

（6）待摊费用分摊如表 2-53 所示，相关资料略。

表 2-53 待摊费用分摊表

2014 年 12 月 30 日　　　　　　　　　　　　　　　　　　单位：元

部门		报刊费	保险费	低值易耗品摊销	合计
基本生产车间	一车间	600	9 000	5 000	14 600
	二车间	300	6 000	3 000	9 300
机修车间		300	4 000	2 000	6 300
供电车间		300	5 200	2 000	7 500
管理部门		500	15 800	4 000	20 300
合计		2 000	40 000	16 000	58 000

会计主管：李强　　　审核：刘梅　　　制表：杨晓可

注：报刊费、保险费已支付并计入"预付账款"账户，低值易耗品和报刊费、保险费均采用一次摊销法。

(7) 办公费、水费汇总表如表 2-54 所示（购办公用品和水费的增值税发票等相关资料略），水的增值税率为 13%。

表 2-54　办公费和水费汇总表

2014 年 12 月 30 日　　　　　　　　　　　　　　　　　单位：元

耗用单位		办公费	水费	合计
基本生产车间	一车间	3 000	2 000	5 000
	二车间	2 000	1 000	3 000
机修车间		500	400	900
供电车间		600	500	1 100
管理部门		8 900	2 100	11 000
合计		15 000	6 000	21 000

会计主管：李强　　　审核：刘梅　　　制表：杨晓可

(8) 工时汇总表如表 2-55 所示，相关原始资料略

表 2-55　工时汇总表

2013 年 12 月 30 日　　　　　　　　　　　　　　　　　单位：小时

部门			生产工时	修理工时	合计
基本生产车间	一车间	牛奶桃仁饼干	3 500		3 500
		奶油曲奇饼干	4 500		4 500
	二车间	奶盐苏打饼干	4 500		4 500
机修车间提供修理服务				1 100	1 100
合计			12 500	1 100	13 600

会计主管：李强　　　审核：刘梅　　　制表：杨晓可

(9) 辅助生产提供服务情况如表 2-56 所示，相关原始资料略。

表 2-56　辅助生产提供服务明细表

受益单位	供电车间（小时）	机修车间（小时）
一车间	5 000	600
二车间	3 000	200
供电车间		100
机修车间	200	
管理部门	2 000	200
合计	10 200	1 100

2.3.3　业务活动及成本计算

1. 成本明细账和期初余额

根据企业生产特点及成本核算与管理要求，选用账簿开设成本明细账（如表 2-57 至表 2-63 所示）并登记期初余额。

表2-57　辅助生产成本明细账

车间名称：供电车间　　　　　　　　　　　　　　　　　　　　　　　　　　单位：元

2014年 月	日	凭证编号	摘要	职工薪酬	办公费	折旧费	水电费	机物料消耗	保险费	其他	合计
12	31	91	分配材料费					2 000			2 000
	31	92	分配职工薪酬	13 250							13 250
	31	93	计提折旧			600					600
	31	94	外购动力费				5 000				5 000
	31	95	分配待摊费用		300			2 000	5 200		7 500
	31	96	分配办公水电费		600		500				1 100
			本月合计	13 250	900	600	5 500	4 000	5 200		29 450
	31	97	分配转出	13 250	900	600		4 000	5 200		29 450

表2-58　辅助生产成本明细账

车间名称：机修车间　　　　　　　　　　　　　　　　　　　　　　　　　　单位：元

2014年 月	日	凭证编号	摘要	职工薪酬	办公费	折旧费	水电费	机物料消耗	保险费	其他	合计
12	31	91	材料费分配					500			500
	31	92	分配职工薪酬	14 178							14 178
	31	93	计提折旧			900					900
	31	94	外购动力分配				2 000				2 000
	31	95	分配待摊费用		300			2 000	4 000		6 300
	31	96	分配办公水电费		500		400				900
			本月合计	14 178	800	900	2 400	2 500	4 000		24 778
	31	97	分配转出	14 178	800	900	2 400	2 500	4 000		24 778

表2-59　制造费用明细账

车间名称：一车间　　　　　　　　　　　　　　　　　　　　　　　　　　　单位：元

2014年 月	日	凭证编号	摘要	职工薪酬	办公费	折旧费	水电费	机物料消耗	保险费	其他	合计
12	31	91	材料费分配					1 000			1 000
	31	92	分配职工薪酬	18 948							18 948
	31	93	计提折旧			3 000					3 000
	31	94	外购动力分配				2 000				2 000
	31	95	分配待摊费用		600			5 000	9 000		14 600
	31	96	分配办公水电费		3 000		2 000				5 000
	31	97	分配辅助生产费用				14 725			14 866	29 591
	31		本月合计	18 948	3 600	3 000	18 725	6 000	9 000	14 866	74 139
	31	98	分配转出	18 948	3 600	3 000	18 725	6 000	9 000	14 866	74 139

表 2-60　制造费用明细账

车间名称：二车间　　　　　　　　　　　　　　　　　　　　　　　　　　　　单位：元

2014年		凭证编号	摘要	职工薪酬	办公费	折旧费	水电费	机物料消耗	保险费	其他	合计
月	日										
12	31	92	分配职工薪酬	12 588							12 588
	31	93	计提折旧			2 500					2 500
	31	94	外购动力分配				2 000				2 000
	31	95	分配待摊费用		300			3 000	6 000		9 300
	31	96	分配办公水电费		2 000		1 000				3 000
	31	97	分配辅助生产费用				8 835			4 956	13 791
	31		本月合计	12 588	2 300	2 500	11 835	3 000	6 000	4 956	43 179
	31	98	分配转出	12 588	2 300	2 500	11 835	3 000	6 000	4 956	43 179

表 2-61　基本生产成本明细账

产品名称：牛奶核桃饼干　　　　　　　　　　　　　　　　　　　　　　　　单位：元

2014年		凭证编号	摘要	直接材料	燃料和动力	直接人工	制造费用	合计
月	日							
12	1		月初余额	1 575	450	1 050	1 065	4 140
	31	91	材料费分配	81 488				81 488
	31	92	分配职工薪酬			46 375		46 375
	31	94	分配外购动力		3 000			3 000
	31	98	分配制造费用				32 436	32 436
	31		本月发生费用合计	81 488	3 000	46 375	32 436	163 299
	31		本月费用累计	83 063	3 450	47 425	33 501	167 439
	31	99	产成品入库	80 109	3 402	46 575	32 886	162 972
			月末在产品成本	2 954	48	850	615	4 467

表 2-62　基本生产成本明细账

产品名称：奶油曲奇饼干　　　　　　　　　　　　　　　　　　　　　　　　单位：元

2014年		凭证编号	摘要	直接材料	燃料和动力	直接人工	制造费用	合计
月	日							
12	1		月初余额	1 950	345	750	735	3 780
	31	91	材料费分配	132 412				132 412
	31	92	分配职工薪酬			59 625		59 625
	31	94	分配外购动力		4 000			4 000
	31	98	分配制造费用				41 703	41 703
	31		本月发生费用合计	132 412	4 000	59 625	41 703	237 740
	31		本月费用累计	134 362	4 345	60 375	42 438	241 520
	31	99	产成品入库	129 276	4 218	59 166	41 610	234 270
			月末在产品成本	5 086	127	1 209	828	7 250

表 2-63　基本生产成本明细账

产品名称：奶盐苏打饼干　　　　　　　　　　　　　　　　　　　　　　　　　　单位：元

2014 年		凭证编号	摘要	直接材料	燃料和动力	直接人工	制造费用	合计
月	日							
12	1		月初余额	900	230	380	1 190	2 700
	31	91	材料费分配	82 176				82 176
	31	92	分配职工薪酬			58 963		58 963
	31	94	分配外购动力		3 500			3 500
	31	98	分配制造费用				43 179	43 179
	31		本月发生费用合计	82 176	3 500	58 963	43 179	187 818
	31		本月费用累计	83 076	3 730	59 343	44 369	190 518
	31	99	产成品入库	82 410	3 690	59 163	44 157	189 420
			月末在产品成本	666	40	180	212	1 098

☞温馨提示

① 上述的成本项目专栏是最基本的成本项目。企业可根据成本管理、核算和控制的要求，在上述基本成本项目的基础上增加或减少专栏，以是否能满足成本管理、核算和考核为标准。本案例中因纸张宽度有限，没有列示更细的辅助生产成本和制造费用项目专栏。如有必要可进一步细化。

② 如果生产的产品或辅助生产没有在产品，可不登记期初余额，只开设账户即可。期初建账只有期初余额行可能有数据，其余行均没有数据。只有经过费用的归集和分配，根据记账凭证记账后才可有数据。

③ 上述明细账中的三条线，其中一条是账簿原线，另两条应为双红线。

2. 归集与分配要素费用

（1）归集与分配材料费用。

① 根据表 2-37 至 2-48 进行材料费用的归集与分配，编制发料凭证汇总表（具体见表 2-64）和材料费用分配表（见表 2-65）。

表 2-64　发料凭证汇总

2014 年 12 月　　　　　　　　　　　　　　　　　　　　　　　　　　　　　　　单位：元

用途	原料	辅料	包装材料	燃料	其他	合计
牛奶核桃饼干		7 200	4 500			11 700
奶油曲奇饼干			6 750			6 750
一车间生产共同耗用	164 700	30 750				195 450
奶盐苏打饼干	73 800	1 176	7 200			82 176
机修车间耗用					500	500
供电车间				2 000		2 000
一车间耗用					1 000	1 000
合计	238 500	39 126	18 450	2 000	1 500	299 576

表 2-65　材料费用分配表

2014 年 12 月　　　　　　　　　　　　　　　　　　　　　　　单位：元

应借项目	成本费用项目	直接计入	分配计入			合计
			材料消耗定额	分配率	分配金额	
基本生产——牛奶核桃饼干	直接料料	11 700	3 750		69 788	81 488
基本生产——奶油曲奇饼干	直接料料	6 750	6 750		125 662	132 412
小　计		18 450	10 500	18.61	195 450	213 900
基本生产——奶盐苏打饼干	直接料料	82 176				82 176
辅助生产成本——供电车间	机物料消耗	2 000				2 000
辅助生产成本——机修车间	机物料消耗	500				500
制造费用——一车间	机物料消耗	1 000				1 000
合计		104 126			195 450	299 576

☞ 温馨提示

- 一车间共同耗用材料的计算过程。
  一车间生产共同耗用的原料 = 26 250 + 131 250 + 7 200 = 164 700（元）
  一车间生产共同耗用的辅料 = 18 750 + 1 500 + 10 500 = 30 750（元）
- 一车间共同耗用材料的分配过程。
  牛奶核桃饼干面粉定额耗用量 = 7 500 × 0.50 = 3 750（千克）
  奶油曲奇饼干面粉定额耗用量 = 11 250 × 0.60 = 6 750（千克）
  材料费用分配率 = 195 450/（3 750 + 6 750）= 18.61
  牛奶核桃饼干应分配的材料费用 = 3 750 × 18.61 = 69 788（元）
  奶油曲奇饼干应分配的材料费用 = 195 450 − 69 788 = 125 662（元）

② 根据表 2-64 和表 2-65 编制记账凭证（如表 2-66 所示），假定记账凭证号为第 91 号。

表 2-66　记账凭证

2014 年 12 月 31 日　　　　　　　　　　　　　　　　　　　第 91 号

摘要	借方科目			贷方科目			金额									
	总账科目	明细科目	记账	总账科目	明细科目	记账	千	百	十	万	千	百	十	元	角	分
分配材料费	生产成本	基本生产成本（核桃）	√					8	1	4	8	8	0	0		
	生产成本	基本生产成本（曲奇）	√					1	3	2	4	1	2	0	0	
	生产成本	基本生产成本（苏打）	√						8	2	1	7	6	0	0	
	生产成本	辅助生产成本（供电）	√							2	0	0	0	0	0	
	生产成本	辅助生产成本（机修）	√								5	0	0	0	0	
	制造费用	一车间	√							1	0	0	0	0	0	
				原材料	原料等	√		2	9	9	5	7	6	0	0	
合计							¥	2	9	9	5	7	6	0	0	

附单据 14 张

会计主管：李强　　　记账：杨晓可　　　复核：刘梅　　　制单：杨晓可

③ 根据第 91 号记账凭证登记相关的成本明细账，如表 2-58 至表 2-63 所示。

☞ **温馨提示**

> 记账后在记账凭证的记账位置划√，以示记账。登记的账簿为第 91 号凭证料费分配行所对应的位置。

（2）归集与分配职工薪酬。

① 根据表 2-49、表 2-50 和表 2-55，进行职工薪酬的归集与分配，编制职工薪酬费用分配表（如表 2-67 所示）。

表 2-67　　2014 年 12 月 职工薪酬计算表　　　　　　　　　　单位：元

账户	成本项目	分配工资总额			养老保险		医疗保险	
		工时	分配率	分配额	企业10%	个人8%	企业7%	个人2%
基本生产成本（核桃）	直接人工	3 500		35 000	3 500		2 450	
基本生产成本（曲奇）	直接人工	4 500		45 000	4 500		3 150	
小计		8 000	10	80 000	8 000		5 600	
基本生产成本（苏打）	直接人工			44 500	4 450		3 115	
辅助生产成本（供电）	职工薪酬			10 000	1 000		700	
辅助生产成本（机修）	职工薪酬			10 700	1 070		749	
制造费用（一车间）	职工薪酬			14 300	1 430		1 001	
制造费用（二车间）	职工薪酬			9 500	950		665	
管理费用	职工薪酬			28 500	2 850		1 995	
合计				197 500	19 750		13 825	

账户	失业保险		住房公积金均8%		工会经费 2%	教育经费 1.5%	职工福利费 2%	合计
	企业2%	个人1%	企业	个人				
基本生产成本（核桃）	700		2 800		700	525	700	46 375
基本生产成本（曲奇）	900		3 600		900	675	900	59 625
小计	1 600		6 400		1 600	1 200	1 600	106 000
基本生产成本（苏打）	890		3 560		890	668	890	58 963
辅助生产成本（供电）	200		800		200	150	200	13 250
辅助生产成本（机修）	214		856		214	161	214	14 178
制造费用（一车间）	286		1 144		286	215	286	18 948
制造费用（二车间）	190		760		190	143	190	12 588
管理费用	570		2 280		570	428	570	37 763
合计	3 950		15 800		3 950	2 965	3 950	261 690

☞ **温馨提示**

> 表 2-67 没有计算"三险一金"个人部分，因为这部分由个人薪酬负担，不计入"产品成本"。

② 根据表 2-67 编制记账凭证表 2-68，记账凭证号为第 92 号。

表 2-68　记账凭证

2014 年 12 月 31 日　　　　　　　　　　　　　　　　　　　　　　　　　第 92 号

摘要	借方科目			贷方科目			金额 千百十万千百十元角分	附单据2张
	总账科目	明细科目	记账	总账科目	明细科目	记账		
分配职工薪酬	生产成本	基本生产成本（核桃）	√				4 6 3 7 5 0 0	
	生产成本	基本生产成本（曲奇）	√				5 9 6 2 5 0 0	
	生产成本	基本生产成本（苏打）	√				5 8 9 6 3 0 0	
	生产成本	辅助生产成本（供电）	√				1 3 2 5 0 0 0	
	生产成本	辅助生产成本（机修）	√				1 4 1 7 8 0 0	
	制造费用	一车间	√				1 8 9 4 8 0 0	
	制造费用	二车间					1 2 5 8 8 0 0	
	管理费用	职工薪酬					3 7 7 6 3 0 0	
				应付职工薪酬	短期薪酬等	√	2 6 1 6 9 0 0 0	
合计							¥ 2 6 1 6 9 0 0 0	

会计主管：李强　　　记账：杨晓可　　　复核：刘梅　　　制单：杨晓可

③ 根据记账凭证第 92 号登记相关的成本明细账，如表 2-57 至表 2-63 所示。

☞ 温馨提示

记账后在记账凭证的记账位置划√，以示记账。登记的账簿为第 92 号凭证分配职工薪酬行所对应的位置。

（3）计提与分配折旧费。

① 根据表 2-51，进行折旧费用的归集与分配，编制固定资产折旧费用分配表 2-69。

表 2-69　固定资产折旧费用分配表

2014 年 12 月 31 日　　　　　　　　　　　　　　　　　　　　　　单位：元

应借账户	成本项目	本月折旧金额
制造费用——一车间	折旧费	3 000
制造费用——二车间	折旧费	2 500
生产成本——辅助生产成本——机修车间	折旧费	900
生产成本——辅助生产成本——供电车间	折旧费	600
管理部门	折旧费	2 100
合计		9 100

会计主管：李强　　　审核：刘梅　　　制表：杨晓可

② 根据表 2-69 固定资产折旧费用分配表编制记账凭证表 2-70。

表 2-70　记账凭证

2014 年 12 月 31 日　　　　　　　　　　　　　　　　　　第 93 号

摘要	借方科目			贷方科目			金额										附单据2张
	总账科目	明细科目	记账	总账科目	明细科目	记账	千	百	十	万	千	百	十	元	角	分	
计提折旧	生产成本	辅助生产成本（供电）	√								6	0	0	0	0	0	
	生产成本	辅助生产成本（机修）	√								9	0	0	0	0	0	
	制造费用	一车间	√								3	0	0	0	0	0	
	制造费用	二车间	√								2	5	0	0	0	0	
	管理费用	职工薪酬	√								2	1	0	0	0	0	
					累计折旧	√					9	1	0	0	0	0	
合计										¥	9	1	0	0	0	0	

会计主管：李强　　　记账：杨晓可　　　复核：刘梅　　　制单：杨晓可

③ 根据记账凭证第 93 号登记相关的成本明细账，如表 2-57 至表 2-60 所示。

☞ 温馨提示

记账后在记账凭证的记账位置划√，以示记账。登记的账簿为第 93 号凭证计提折旧行所对应的位置。

（4）归集与分配外购动力费用。

① 根据表 2-52 进行外购动力费用的归集与分配，编制外购动力费用分配表 2-71。

表 2-71　外购动力费用分配表

2014 年 12 月 31 日　　　　　　　　　　　　　　　　　　单位：元

应借账户	成本项目	分摊金额
生产成本——基本生产——牛奶核桃饼干	燃料和动力	3 000
生产成本——基本生产——牛奶曲奇饼干	燃料和动力	4 000
生产成本——基本生产——奶盐苏打饼干	燃料和动力	3 500
制造费用——一车间	水电费	2 000
制造费用——二车间	水电费	2 000
生产成本——辅助生产成本——机修车间	水电费	2 000
生产成本——辅助生产成本——供电	水电费	5 000
管理部门	水电费	2 000
合计		23 500

会计主管：李强　　　审核：刘梅　　　制表：杨晓可

② 根据表 2-71 外购动力费用分配表编制记账凭证表 2-72。

表 2-72　记账凭证

2014 年 12 月 31 日　　　　　　　　　　　　　　　　　　　　　　　　第 94 号

摘要	借方科目			贷方科目			金额									
	总账科目	明细科目	记账	总账科目	明细科目	记账	千	百	十	万	千	百	十	元	角	分
外购动力分配	生产成本	基本生产成本（核桃）	√							3	0	0	0	0	0	
	生产成本	基本生产成本（曲奇）	√							4	0	0	0	0	0	
	生产成本	基本生产成本（苏打）	√							3	5	0	0	0	0	
	生产成本	辅助生产成本（机修）	√								2	0	0	0	0	
	生产成本	辅助生产成本（供电）									5	0	0	0	0	
	制造费用	一车间	√								2	0	0	0	0	
	制造费用	二车间	√								2	0	0	0	0	
	管理费用		√								2	0	0	0	0	
				预付账款	水电费	√				2	3	5	0	0	0	
	合　计						¥		2	3	5	0	0	0	0	

附单据 2 张

会计主管：李强　　　　记账：杨晓可　　　　复核：刘梅　　　　制单：杨晓可

③ 根据记账凭证第 94 号登记相关的成本明细账，如表 2-57 至表 2-63 所示。

☞温馨提示

　　记账后在记账凭证的记账位置划√，以示记账。登记的账簿为第 94 号外购动力分配行所对应的位置。

（5）归集和分配待摊费用。

① 根据待摊费用分摊表 2-53，编制待摊费用分配表 2-73。

表 2-73　待摊费用分配表

2014 年 12 月 31 日　　　　　　　　　　　　　　　　　　　　　　　单位：元

应借账户		成本项目			合计
		报刊费	保险费	低值易耗品摊销	
制造费用	一车间	600	9 000	5 000	14 600
	二车间	300	6 000	3 000	9 300
生产成本——辅助生产成本——机修车间		300	4 000	2 000	6 300
生产成本——辅助生产成本——供电车间		300	5 200	2 000	7 500
管理部门		500	15 800	4 000	20 300
合计		2 000	40 000	16 000	58 000

会计主管：李强　　　　审核：刘梅　　　　制表：杨晓可

② 根据表 2-73 待摊费用分配表编制记账凭证表 2-74。

表 2-74　记账凭证

2014 年 12 月 31 日　　　　　　　　　　　　　　　　第 95 号

摘要	借方科目			贷方科目			金额								
	总账科目	明细科目	记账	总账科目	明细科目	记账	千	百	十	万	千	百	十	元	角	分
分配待摊费用	生产成本	辅助生产成本（机修）	√						6	3	0	0	0	0
	生产成本	辅助生产成本（供电）	√						7	5	0	0	0	0
	制造费用	一车间	√						1	4	6	0	0	0	0
	制造费用	二车间	√							9	3	0	0	0	0
	管理费用		√							2	0	3	0	0	0
				预付账款	报刊费	√					2	0	0	0	0
				预付账款	保险费	√					4	0	0	0	0
				周转材料	低耗	√				1	6	0	0	0	0
合计								¥	5	8	0	0	0	0

附单据 2 张

会计主管：李强　　　记账：杨晓可　　　复核：刘梅　　　制单：杨晓可

③ 根据记账凭证第 95 号登记相关的成本明细账，如表 2-57 至表 2-60 所示。

☞ 温馨提示

记账后在记账凭证的记账位置划√，以示记账。登记的账簿为第 95 号凭证分配待摊费用行所对应的位置。

(6) 归集和分配办公费和水电费。

① 根据办公费和水电费汇总表 2-54，编制办公费和水电费分配表 2-75。

表 2-75　办公费和水电费分配表

2014 年 12 月 31 日　　　　　　　　　　　　　　　　单位：元

应借账户		成本项目		合计
		办公费	水　费	
制造费用	一车间	3 000	2 000	5 000
	二车间	2 000	1 000	3 000
生产成本——辅助生产成本——机修车间		500	400	900
生产成本——辅助生产成本——供电车间		600	500	1 100
管理部门		8 900	2 100	11 000
合计		15 000	6 000	21 000

会计主管：李强　　　审核：刘梅　　　制表：杨晓可

② 根据表 2-75 办公费和水电费分配表编制记账凭证表 2-76（购办公用品和水电费的增值税发票略）。

表 2-76　记账凭证

2014 年 12 月 31 日　　　　　　　　　　　　　　　　第 96 号

摘要	借方科目			贷方科目			金额									
	总账科目	明细科目	记账	总账科目	明细科目	记账	千	百	十	万	千	百	十	元	角	分
分配办公费和水电费	生产成本	辅助生产成本（机修）	√							1	1	0	0	0	0	0
	生产成本	辅助生产成本（供电）	√								9	0	0	0	0	0
	制造费用	一车间	√								5	0	0	0	0	0
	制造费用	二车间	√								3	0	0	0	0	0
	管理费用		√							1	1	0	0	0	0	0
	应交税费	增值税（进项）	√								3	3	3	0	0	0
				银行存款		√				2	4	3	3	0	0	0
合　　计									¥	2	4	3	3	0	0	0

附单据 2 张

会计主管：李强　　　记账：杨晓可　　　复核：刘梅　　　制单：杨晓可

③ 根据记账凭证 96 登记相关的成本明细账，如表 2-57 至表 2-60 所示。

☞ 温馨提示

　　记账后在记账凭证的记账位置划√，以示记账。登记的账簿为第 96 号凭证分配办公费和水电费行所对应的位置。

3. 归集与分配辅助生产费用

（1）归集辅助生产费用。经过上述要素费用的归集与分配，并将第 91～96 号记账凭证登记相应的成本明细账，形成表 2-57 和表 2-58 供电车间和机修车间的辅助生产费用发生额即本月合计，完成了辅助生产费用的归集。

（2）分配辅助生产费用。

① 根据表 2-57、表 2-58 供电车间和机修车间辅助生产成本明细账归集的生产费用，按企业成本核算和管理的要求，采用直接分配法进行辅助生产费用的分配，编制辅助生产费用分配表，如表 2-77 所示。

表 2-77　辅助生产费用分配表（直接分配法）

2014 年 12 月　　　　　　　　　　　　　　　　　　　　　　　单位：元

辅助生产车间名称			供电（元/小时）	机修车间（元/小时）	合计
待分配费用			29 450	24 778 元	54 228
对外供应劳务数量			10 000	1 000	
单位成本（分配率）			2.945	24.778	
基本生产车间	一车间	耗用数量	5 000 小时	600	
		分配金额	14 725	14 866 元	29 591
	二车间	耗用数量	3 000 小时	200	
		分配金额	8 835	4 956 元	13 791
管理费用		耗用数量	2 000 小时	200	
		分配金额	5 890	4 956 元	10 846
合计			29 450	24 778 元	54 228

② 根据表 2-77 编制记账凭证表 2-78。

表 2-78　记账凭证

2014 年 12 月 31 日　　　　　　　　　　　　　　　　　　　第 97 号

摘要	借方科目			贷方科目			金额									
	总账科目	明细科目	记账	总账科目	明细科目	记账	千	百	十	万	千	百	十	元	角	分
分配辅助生产费用	制造费用	一车间	√						2	9	5	9	1	0	0	
	制造费用	二车间	√						1	3	7	9	1	0	0	
	管理费用		√						1	0	8	4	6	0	0	
				生产成本	辅助生产成本（机修）	√			2	4	7	7	8	0	0	
				生产成本	辅助生产成本（供电）	√			2	9	4	5	0	0	0	
合计								¥	5	4	2	2	8	0	0	

附单据 2 张

会计主管：李强　　　记账：杨晓可　　　复核：刘梅　　　制单：杨晓可

（3）根据记账凭证第 97 号登记相关的成本明细账，如表 2-57 至表 2-60 所示。

☞ 温馨提示

> 记账后在记账凭证的记账位置划√，以示记账。登记的账簿为第 97 号凭证分配辅助生产费用所对应的位置。

4. 归集与分配制造费用

（1）归集制造费用。经过上述要素费用的归集与分配，并将第 91～97 号记账凭证登记相应的成本明细账，形成表 2-59 和表 2-60 一车间和二车间制造费用发生额即本月合计，完成本月制造费用的归集。

（2）分配制造费用。

① 根据表 2-59 和表 2-60 一车间和二车间制造费用成本明细账上归集的生产费用，按企业成本核算和管理的要求，按工时进行制造费用的分配，编制制造费用分配表 2-79。

表 2-79　制造费用分配表

2014 年 12 月　　　　　　　　　　　　　　　　　　　　　　　单位：元

生产车间名称			一车间	二车间	合计
待分配费用			74 139	43 179	117 318
生产工时			8 000	4 500	
单位成本（分配率）			9.267 375		
一车间	牛奶核桃饼干	工时数量	3 500		
		分配金额	32 436		32 436
	奶油曲奇饼干	工时数量	4 500		
		分配金额	41 703		41 703
二车间	奶盐苏打饼干	工时数量		4 500	
		分配金额		43 179	43 179
金额合计			74 139	43 179	117 318

② 根据表 2-79 编制记账凭证表，如表 2-80 所示。

表 2-80 记账凭证
2014 年 12 月 31 日   第 98 号

摘要	借方科目			贷方科目			金额									
	总账科目	明细科目	记账	总账科目	明细科目	记账	千	百	十	万	千	百	十	元	角	分
分配制造费用	生产成本	基本生产成本（核桃）	√						3	2	4	3	6	0	0	
	生产成本	基本生产成本（曲奇）	√						4	1	7	0	3	0	0	
	生产成本	基本生产成本（苏打）	√						4	3	1	7	9	0	0	
				制造费用	一车间	√			7	4	1	3	9	0	0	
				制造费用	二车间	√			4	3	1	7	9	0	0	
合计							¥	1	1	7	3	1	8	0	0	

附单据 2 张

会计主管：李强   记账：杨晓可   复核：刘梅   制单：杨晓可

（3）根据记账凭证第 98 号登记相关的成本明细账，如表 2-61 至表 2-63 所示。

☞ 温馨提示

记账后在记账凭证的记账位置划√，以示记账。登记的账簿为第 98 号凭证分配制造费用行所对应的位置。

5. 月末计算完工产品和在产品成本

（1）编制产品成本计算单，计算完工产品和在产品的成本。根据上述一系列的费用的归集与分配，按产品品种进行生产费用的归集（如表 2-61 至表 2-63 所示），根据企业的生产特点、生产情况和成本管理的要求及表 2-34，编制产品成本计算单（如表 2-81 至表 2-83 所示），根据表 2-81 至表 2-83 编制完工产品成本汇总表（如表 8-34 所示）。

表 2-81 2014 年 12 月牛奶核桃饼干成本计算单   单位：元

摘要	产品数量	直接材料	燃料和动力	直接人工	制造费用	合计
月初余额	900	1 575	450	1 050	1 065	4 140
本月发生费用合计		81488	3 000	46 375	32 436	163 299
本月费用累计		83 063	3 450	47 425	33 501	167 439
本月投产	7 500	7 500	7 500	7 500	7 500	
本月完工产品数量	8 100	8 100	8 100	8 100	8 100	
在产品数量	300	300	300	300	300	
在产品约当产量		300	150	150	150	
约当总产量		8 400	8 250	8 250	8 250	
产成品单位成本		9.89	0.42	5.75	4.06	20.12
产成品总成本	8 100	80 109	3 402	46 575	32 886	162 972
月末在产品成本	300	2 954	48	850	615	4 467

表 2-82 2014 年 12 月奶油曲奇饼干成本计算单　　　　　　单位：元

摘要	产品数量	直接材料	燃料和动力	直接人工	制造费用	合计
月初余额	600	1 950	345	750	735	3 780
本月发生费用合计		132 412	4 000	59 625	41 703	237 740
本月费用累计		134 362	4 345	60 375	42 438	241 520
本月投产	11 250	11 250	11 250	11 250	11 250	
本月完工产品数量	11 400	11 400	11 400	11 400	11 400	
在产品数量	450	450	450	450	450	
在产品约当产量		450	225	225	225	
约当总产量		11 850	11 625	11 625	11 625	
产成品单位成本		11.34	0.37	5.19	3.65	20.55
产成品总成本	11 400	129 276	4 218	59 166	41 610	234 270
月末在产品成本	450	5 086	127	1 209	828	7 250

表 2-83 2014 年 12 月奶盐苏打饼干成本计算单　　　　　　单位：元

摘要	产品数量	直接材料	燃料和动力	直接人工	制造费用	合计
月初余额	400	900	230	380	1 190	2 700
本月发生费用合计		82 176	3 500	58 963	43 179	187 818
本月费用累计		83 076	3 730	59 343	44.369	190 518
本月投产	12 000	12 000	12 000	12 000	12 000	
本月完工产品数量	12 300	12 300	12 300	12 300	12 300	
在产品数量	100	100	100	100	100	
在产品约当产量		100	50	50	50	
约当总产量		12 400	12 350	12 350	12 350	
产成品单位成本		6.70	0.30	4.81	3.59	15.40
产成品总成本	12 300	82 410	3 690	59 163	44 157	189 420
月末在产品成本	100	666	40	180	212	1 098

表 2-84 2014 年 12 月完工产品成本汇总表　　　　　　单位：元

产品名称	完工产品数量（千克）	直接材料	燃料和动力	直接人工	制造费用	总成本	单位成本
牛奶核桃饼干	8 100	80 109	3 402	46 575	32 886	162 972	20.12
奶油曲奇饼干	11 400	129 276	4 218	59 166	41 610	234 270	20.55
奶盐苏打饼干	12 300	82 410	3 690	59 163	44 157	189 420	15.40
合计		291 795	11 310	164 904	118 653	586 662	

(2) 根据产品成本计算单（如表 2-81 至表 2-84 所示）和完工产品成本汇总表（如表 2-84 所示），编制记账凭证（如表 2-85 所示，记账凭证号为第 99 号），并登记成本明细账如表 2-61 至表 2-63 所示。

表 2-85　记账凭证

2014 年 12 月 31 日　　　　　　　　　　　　　　　　　第 99 号

摘要	借方科目			贷方科目			金额									
	总账科目	明细科目	记账	总账科目	明细科目	记账	千	百	十	万	千	百	十	元	角	分
产成品入库	库存商品	牛奶核桃饼干	√					1	6	2	9	7	2	0	0	
	库存商品	奶油曲奇饼干	√					2	3	4	2	7	0	0	0	
	库存商品	奶盐苏打饼干	√					1	8	9	4	2	0	0	0	
				生产成本	基本生产成本（核桃）	√		1	6	2	9	7	2	0	0	
				生产成本	基本生产成本（曲奇）	√		2	3	4	2	7	0	0	0	
				生产成本	基本生产成本（苏打）	√		1	8	9	4	2	0	0	0	
合计							¥	5	8	6	6	6	2	0	0	

附单据 4 张

会计主管：李强　　　　记账：杨晓可　　　　复核：刘梅　　　　制单：杨晓可

至此，哈尔滨老鼎丰饼干厂 2014 年 12 月份的产品成本计算完毕，成本会计工作人员余下的工作就是编制成本报表，进行成本分析。

【测试与强化 2-12】

如果哈尔滨老鼎丰饼干厂只有一个辅助生产车间即机修车间，计算过程中涉及供电车间的所有费用均略去。采用交互分配法分配辅助生产费用，产品生产过程中原材料随着生产过程的进行陆续投入，仍采用品种法，其成本计算过程与上述成本计算过程有何不同？请完成产品成本计算。

项目总结

品种法是以产品品种作为成本计算对象，开设生产成本明细账，归集生产费用，计算产品成本的一种方法。主要适用于大量大批的单步骤生产的企业，如发电、采掘等。在大量大批的生产中，如果企业管理上不要求按照生产步骤计算产品成本，也可以采用品种法计算产品成本。其产品核算过程如下：

1. 确定成本计算对象和产品成本核算项目，开设成本明细账

确定成本计算对象——"谁"的成本。一般以生产的产品名称为成本计算对象。

确定成本核算项目，即产品成本的构成。一般情况下，产品的成本由直接材料、燃料和动力、直接人工、制造费用四个项目组成。如果构成产品成本的燃料和动力消耗不多，也可以不单独核算燃料和动力，将燃料和动力在制造费用中核算。也可根据成本管理和核算的需要，在四个基本成本项目的基础上再增加其他的成本项目。例如，企业需单独核算"废品损失"或"停工损失"的，除了设置相应的总账外，还需在成本项目中增设"废品损失""停工损失"专栏。

在确定了成本计算对象和成本项目之后，就可以按产品名称和产品成本项目开设生产成本明细账及其他成本明细账，如辅助生产成本、制造费用明细账等。

2. 进行要素费用的归集与分配

要素费用主要是指企业发生的材料费、职工薪酬、电费、水费、固定资产折旧费等。

根据各种要素费用发生的原始凭证或原始凭证汇总表编制要素费用分配表，并按一定的标准在各受益对象之间进行要素费用的分配，根据要素费用分配表编制记账凭证，并登记相应的成本明细账，完成要素费用的归集与分配。这里需注意的是，由于职工薪酬准则的修订，增加了短期薪酬和离辞后福利。原养老保险和失业保险属于离辞后福利，不属于短期薪酬。

3. 进行综合费用的归集与分配

综合费用的归集与分配包括辅助生产费用和制造费用的归集与分配，首先，应进行辅助生产费用的归集与分配，其次，进行制造费用的归集与分配。

在上述要素费用归集与分配的基础上，辅助生产成本明细账借方发生额即为归集的辅助生产成本。然后按受益对象，根据提供的产品或劳务数量，采用直接分配法、交互分配法、计划成本法、代数分配法、顺序分配法等通过编制辅助生产费用分配表的形式对归集的辅助生产费用进行分配。接着根据辅助生产费用分配表编制记账凭证，并登记制造费用和相应的成本明细账。

在辅助生产成本分配之后，制造费用明细账借方发生额即为归集的制造费用。然后按受益对象，采用生产工时、机器工时、直接工资、直接成本、年度计划分配率等方法，通过编制制造费用分配表，对制造费用进行分配。接着根据制造费用分配表编制记账凭证，并登记相应的成本明细账，完成制造费用的分配。

4. 废品损失、停工损失的归集与分配

在上述费用的归集与分配的基础上，根据产品成本核算和管理的要求、废品损失或停工损失的核算方式、废品的性质、停工损失的原因，选取具体的废品损失、停工损失的核算方法，通过编制停工损失、废品损失分配表和相应的记账凭证完成废品损失、停工损失的归集与分配。

5. 将归集的生产费用在完工产品和在产品之间进行分配

经过上述1~4项费用的归集与分配，基本生产成本明细账借方发生额即为生产产品归集的生产费用，需根据生产的特点，选取具体的方法（不计算月末在产品成本法、约当产量法、定额成本法、定额比例法等方法），通过编制产品成本计算单、产成品入库汇总表并依此编制记账凭证，登记相应的成本明细账，完成生产费用在完工产品和在产品之间的分配。

课证对接测试

一、单项选择题（下列各题的备选答案中，只有一个是正确的，请将正确答案的字母填在括号内）

1. 品种法的成本计算对象是（　　）。
   A. 产品品种
   B. 产品的批别或订单
   C. 各种产品的材料费用
   D. 每个加工阶段的半成品及最后加工阶段的产成品

2. 下列关于产品成本计算品种法表述不正确的是（　　）。
   A. 品种法是以产品品种为成本计算对象，一般单步骤不需要计算在产品成本
   B. 品种法是以产品品种为成本计算对象，多步骤需要计算各步骤在产品成本
   C. 品种法的成本计算期与会计报告期一致，与生产周期不一致
   D. 品种法可以与其他成本计算的辅助方法结合使用

3. 企业生产车间因生产产品、提供劳务而发生的各项间接费用，包括工资、福利费、折旧费等，属于（　　）成本项目。
   A. 燃料和动力　　　B. 制造费用　　　　C. 直接人工　　　D. 直接材料

4. 辅助生产费用的交互分配法，交互分配是在（　　）。
   A. 各受益单位之间进行分配　　　　　B. 受益的各辅助生产车间之间分配
   C. 辅助生产车间以外的受益单位之间分配　D. 受益的各基本生产车间之间分配

5. 辅助生产费用的顺序分配法，基本要求是（　　）。
   A. 受益多的分配在前，受益少的分配在后
   B. 费用多的分配在前，费用少的分配在后
   C. 费用少的分配在前，费用多的分配在后
   D. 受益少的分配在前，受益多的分配在后

6. 将辅助生产车间的各项费用直接分配给辅助生产车间以外各受益单位，这种分配方法是（　　）。
   A. 计划成本分配法　B. 直接分配法　　　C. 顺序分配法　　D. 代数分配法

7. 辅助生产费用的归集、分配一般是通过（　　）账户进行的。
   A. 辅助生产　　　　　　　　　　　　B. 生产成本
   C. 生产成本——辅助生产成本　　　　　D. 基本生产成本

8. 将辅助生产车间的各项费用按产品或劳务的计划单位成本和实际耗用数量进行分配，这种分配方法是（　　）。
   A. 计划成本分配法　B. 直接分配法　　　C. 顺序分配法　　D. 代数分配法

9. 不可修复废品的成本，应借记"废品损失"，贷记（　　）账户。
   A. 产成品　　　　　B. 生产成本　　　　C. 制造费用　　　D. 原材料

10. 基本生产车间生产几种产品，共同耗用的低值易耗品的摊销，应记入（　　）账户。
    A. 生产成本——基本生产成本　　　　B. 生产成本——辅助生产成本
    C. 制造费用　　　　　　　　　　　　D. 产品销售费用

11. 制造费用各种分配方法各有其适用范围，其中适用于季节性生产的方法是（　　）。
    A. 年度计划分配率法　　　　　　　　B. 生产工人工时比例法
    C. 直接成本比例法　　　　　　　　　D. 生产工人工资比例法

12. （　　）是运用代数中多元一次联立方程组的原理，在辅助生产车间之间相互提供产品或劳务情况下的分配辅助生产费用的方法。
    A. 直接分配法　　　B. 交互分配法　　　C. 代数分配法　　D. 顺序分配法

13. 在分配材料费用时，按照各种材料的定额费用的比例来分配材料实际费用的方法被称为（　　）。
    A. 材料定额费用比例法　　　　　　　B. 材料定额耗用量比例法
    C. 直接成本比例法　　　　　　　　　D. 定额成本比例法

14. 下列关于采用品种法计算产品成本说法不正确的是（　　）。
    A. 分配辅助生产费用在分配制造费用之前
    B. 辅助生产费用分配后如果有辅助产品可能会有余额
    C. 如果成本项目中不单独设燃料和动力成本项目，则发生的燃料和动力费用在制造费用中核算
    D. 不论企业是否单独核算废品损失，均需在基本生产成本明细账中设置"废品损失"专栏。

15. 某种产品需经过三道工序加工而成，每道工序在产品的完工率均为50%。1～3道

工序的工时定额分别为 20 小时、16 小时、10 小时，则第 3 道工序的完工程度为（　　）。
　　A. 50%　　　　B. 89.13%　　　　C. 100%　　　　D. 60.87%
16. 下列各项中，属于成本项目的是（　　）。
　　A. 外购动力　　B. 外购材料　　C. 利息费用　　D. 制造费用
17. 实际工作中的产品成本是指产品的（　　）
　　A. 制造成本　　B. 采购成本　　C. 销售成本　　D. 全部成本
18. 当在产品数量较多，各月末数量不稳定时，计算在产品成本应选用（　　）。
　　A. 按年初固定数计算　　　　　　B. 按完工产品成本计算
　　C. 按所耗原材料费用计算　　　　D. 按约当产量计算
19. 废品损失最终应转入（　　）账户，由同品种的合格品成本负担。
　　A. 制造费用　　B. 基本生产成本　　C. 辅助生产成本　　D. 管理费用
20. 辅助生产车间耗用的机物料，在辅助生产车间设置制造费用账户的前提条件下，应借计的账户是（　　）。
　　A. 制造费用　　B. 管理费用　　C. 基本生产成本　　D. 辅助生产成本

二、多项选择题（下列各题的备选答案中，有两个或两个以上的答案是正确的，请将正确答案的字母填在括号内）

1. 制造费用是企业为生产产品和提供劳务而发生的各项间接费用，包括（　　）。
　　A. 基本生产车间管理人员的工资及福利费　　B. 基本生产车间的固定资产折旧费
　　C. 工人的工资及福利费　　　　　　　　　　D. 基本生产车间的办公费
2. 制造费用的分配方法有（　　）。
　　A. 计划成本分配法　　　　　　　B. 直接分配法
　　C. 生产工时比例法　　　　　　　D. 机器工时比例法
3. 废品损失应该包括（　　）。
　　A. 不可修复废品的报废损失　　　B. 可修复废品的修复费用
　　C. 不合格品的降价损失　　　　　D. 产品保管不善的损坏变质损失
4. 计算不可修复废品的净损失应包括下列项目（　　）。
　　A. 不可修复废品的成本　　　　　B. 废品的残值
　　C. 废品的应收赔款　　　　　　　D. 废品的材料费
5. 生产经营过程中领用的材料，按照用途进行归类，生产产品耗用、生产车间耗用、企业行政管理部门耗用，应分别计入下列科目（　　）。
　　A. 生产成本　　B. 制造费用　　C. 管理费用　　D. 销售费用
6. 辅助生产费用的分配方法，通常用（　　）。
　　A. 直接分配法　　B. 交互分配法　　C. 顺序分配法
　　D. 代数分配法　　E. 计划成本分配法
7. 企业在生产经营活动中支付给职工的工资包括（　　）。
　　A. 应付计时或计件工资　　　　　B. 奖金
　　C. 各项津贴和补贴　　　　　　　D. 加班加点工资
　　E. 特殊情况下的工资
8. 下列情况属于废品损失的有（　　）。
　　A. 技术上不可修复的废品成本减去废品残值后的报废净损失
　　B. 可修复废品的修复费用

C. 产品"三包"（包修、包换、包退）损失
D. 技术上可修复，但经济上不合算的废品成本
E. 成品仓库年久失修造成产品毁坏损失

9. 企业基本生产所发生的各项费用，在计入基本生产成本科目借方时，对应的贷方科目可能为（   ）。
  A. 原材料   B. 应付职工薪酬   C. 制造费用   D. 银行存款

10. 企业应根据（   ）等具体条件，采用适当方法将生产费用在完工产品与在产品之间进行分配。
  A. 在产品数量的多少
  B. 各月在产品的数量变化
  C. 各项费用比重的大小
  D. 定额管理基础的好坏和企业的管理要求

11. 产品的成本项目主要包括（   ）。
  A. 燃料和动力   B. 制造费用   C. 直接材料   D. 直接人工

12. 下列费用分配表中，可以直接作为基本生产成本明细账登记原始凭证的有（   ）。
  A. 原材料费用分配表   B. 薪酬费用分配表
  C. 折旧费用计算表   D. 制造费用分配表

13. 在辅助生产车间完工产品入库或劳务分配时，下列可能借记的科目有（   ）。
  A. 辅助生产成本   B. 原材料
  C. 周转材料——低值易耗品   D. 制造费用

14. 下列科目中可能借记"生产成本——基本生产成本"科目的是（   ）。
  A. 银行存款   B. 制造费用
  C. 应付职工薪酬   D. 单独核算的"废品损失"

15. 制造费用一般可以设置的费用项目有（   ）。
  A. 薪酬费用   B. 办公费   C. 其他
  D. 折旧费   E. 修理费

三、判断题（下列说法中正确的画√，错误的画×）

1. 从成本计算对象和成本计算程序看，品种法是最基本的成本计算方法。（   ）
2. 品种法不需要在各种产品之间分配费用，也不需要在完工产品和期末在产品之间分配费用，所以也称简单法。（   ）
3. 品种法的成本计算期与生产周期一致。（   ）
4. 废品损失与停工损失不形成产品价值，因此不列入产品成本。（   ）
5. 产品成本项目并不是一成不变的，企业可以根据内部管理要求适当加以调整，比如可以增加废品损失、停工损失等项目。（   ）
6. 产品制造成本包括财务费用、管理费用和销售费用，这是产品的全部成本。（   ）
7. 产品成本项目中的直接人工费用只包括生产该产品工人的工资及福利费两部分。（   ）
8. 企业的废品损失、季节性和固定资产大修期间的停工损失费用不应计入产品成本。（   ）
9. 当月报废的设备不用计提固定资产折旧。（   ）
10. 车间管理人员的工资为简化核算可以直接借计基本生产成本账户。（   ）
11. 生产车间的办公费，可以直接计入产品成本。（   ）

12. 在企业设置"燃料和动力"成本项目的情况下，生产车间发生的直接用于产品生产的燃料费用，应借计的账户是"基本生产成本"。（ ）

13. 按医务及福利部门人员的工资计提的职工福利费，应借计的账户是"应付福利费"。（ ）

14. 辅助生产车间发生的制造费用有两种核算方式：一种是单独核算，开设辅助车间制造费用明细账归集发生的制造费用，通过分配再转入辅助生产成本明细账；另一种是不单独核算，发生制造费用时直接计入辅助生产成本明细账中。（ ）

15. 辅助生产成本明细账中，若辅助生产车间制造费用单独核算，则辅助生产成本明细账按费用项目设置专栏。（ ）

项目实训

一、实训目的

根据企业的客观实际和成本管理要求，正确选用产品成本计算方法，并熟练运用品种法计算产品成本。

二、企业概况及成本管理要求

1. 企业概况

企业名称：哈尔滨果品生产有限责任公司。

生产经营范围：生产果冻。

生产部门组织机构：设有两个基本生产车间，一车间生产果汁果冻和乳酸果冻，二车间生产果肉果冻。设有机修一个辅助生产车间，为企业提供各种修理服务。

生产组织类型：大批量单步骤生产。

生产工艺流程：原料和辅料均在生产开始一次投入。每千克果汁果冻鱼胶粉消耗定额为 0.1 千克，每千克乳酸果冻鱼胶粉消耗定额为 0.12 千克，每千克果肉果冻鱼胶粉消耗定额为 0.1 千克。

2. 成本管理及核算要求

成本计算方法：品种法。

在产品成本的计算方法：月末在产品的完工程度为 50%，月末在产品成本采用定额成本法。

辅助生产费用的核算：辅助生产车间不设置制造费用账户，辅助生产费用采用直接分配法。

要素费用的分配方法：一车间共同领用的原料和辅料按鱼胶粉定额消耗比例分配，车间工人的薪酬费用和制造费用按生产工时比例分配。

水的增值税率为 13%，电和办公品的增值税率均为 17%，支付报刊费、保险费及动力费均计入"预付账款"账户。低值易耗品采用一次摊销法。

单位成本计算保留至分，生产总成本保留至元。

三、业务背景及相关资料

（1）2014 年 12 月，哈尔滨果品生产有限责任公司的生产情况和月初在产品成本等，如表 2-86 至表 2-89 所示。

表 2-86　2014 年 12 月产品投产及工时情况表　　　　　　　　　　　单位：千克

产品名称	月初在产品	本月投产	本月完工产品	月末在产品	生产工时（小时）
果汁果冻	400	6 000	6 200	200	2 500
乳酸果冻	800	5 000	5 200	600	1 500
果肉果冻	400	6 000	6 000	400	3 000

表 2-87　2014 年 12 月月初在产品成本表　　　　　　单位：元

产品名称	直接材料	直接人工	制造费用	合计
果汁果冻	1 200	800	1 000	3 000
乳酸果冻	1 600	800	800	3 200
果肉果冻	1 000	600	1 200	2 800

表 2-88　月末在产品单位定额成本表　　　　　　单位：元

产品名称	直接材料	直接人工	制造费用	合计
果汁果冻	5.00	3.00	2.00	10.00
乳酸果冻	3.00	2.50	2.50	8.00
果肉果冻	4.00	3.00	3.00	10.00

表 2-89　五险一金等职工薪酬计提比例表

项目	住房公积金		养老保险		医疗保险		失业保险		工伤保险	生育保险	工会经费	教育经费	职工福利
	企业	个人	企业	个人	企业	个人	企业	个人					
工资总额	8%	8%	10%	8%	7%	2%	2%	1%	1%	1%	2%	1.5%	2%

（2）生产情况表，如表 2-90 至表 2-96 所示。

表 2-90　2014 年 12 月发料凭证汇总表　　　　　　单位：元

领料部门	用　途	原料及辅料	燃　料	修理用配件	合计
一车间	生产果冻共同耗用	126 000			126 000
一车间	生产果汁果冻	15 000			15 000
一车间	生产乳酸果冻	5 000			5 000
一车间	车间机物料消耗			500	500
二车间	生产果肉果冻	10 000			10 000
机修车间	修理		2 000	800	2 800
合计		156 000	2 000	1 300	159 300

表 2-91　2014 年 12 月职工薪酬汇总表　　　　　　单位：元

部门	职工性质	工资总额
一车间	生产工人	40 000
	管理人员	8 000
二车间	生产工人	20 000
	管理人员	5 000
机修车间	修理工人	9 000
管理部门	管理人员	20 000
合计		102 000

表 2-92　2014 年 12 月固定资产折旧费用计算表　　　　　　单位：元

使用单位	原值	年折旧率	上月折旧额	上月增加固定资产原值	上月减少固定资产原值	本月应计折旧额
一车间	500 000	6%	2 500	100 000	80 000	
二车间	400 000	6%	2 000		60 000	
机修车间	300 000	6%	1 500	50 000		
管理部门	300 000	6%	1 500			
合计	1 500 000		7 500	150 000	140 000	

表 2-93　2014 年 12 月外购动力费用汇总表　　　　　　　　单位：元

部门	耗电量	单价	金额
一车间	4 000	1.00	4 000
二车间	2 000	1.00	2 000
机修车间	1 000	1.00	1 000
管理部门	2 000	1.00	2 000
合计	9 000		9 000

注：购电发票略

表 2-94　2014 年 12 月待摊费用分配表　　　　　　　　单位：元

部门	应摊报刊费	应摊保险费	低值易耗品摊销	合计
一车间	600	3 000	1 000	4 600
二车间	300	2 000	500	2 800
机修车间	500	2 600	1 300	4 400
管理部门	800	3 000	1 200	5 000
合计	2 200	10 600	4 000	16 800

表 2-95　2014 年 12 月办公费和水费汇总表（转账支付）　　　　单位：元

部门	办公费	水费	合计
一车间	4 000	3 000	7 000
二车间	4 000	2 000	6 000
机修车间	2 000	2 000	4 000
管理部门	6 000	2 000	8 000
合计	16 000	9 000	25 000

表 2-96　2014 年 12 月辅助生产产品和劳务供应量

受益单位	供电车间数量（度）	机修车间提供的劳务量（小时）
一车间		1 000
二车间		800
管理部门		400
合计		2 200

四、实训要求

（1）根据相关资料，开设基本生产成本明细账、辅助生产成本明细账和制造费用明细账。

（2）根据相关资料，编制要素费用分配表，填制记账凭证并登记相关的成本计算明细账。

（3）根据相关资料，进行辅助生产费用的归集与分配，并填制记账凭证登记相关的成本明细账。

（4）根据相关资料，进行制造费用的归集与分配，并填制记账凭证登记相关的成本明细账。

（5）根据相关资料，编制产品成本计算单，填制记账凭证并登记相关的成本明细账，完成生产费用在完工产品和在产品之间的分配。假定该项目实训的记账凭证号从第 100 号起。

（6）实训用账页见附录211—229页表（训）2-1至表（训）2-27。

六、实训建议

可采用小组方式进行实训。一人填制原始凭证（含编制各种费用分配表、成本计算单），另一人对原始凭证进行复核并编制记账凭证，再一人根据记账凭证登记明细账。

项目能力评价测试

能力评价表

项目序号：　　　　财务小组：　　　　姓名：　　　　学习时间：

<table>
<tr><td rowspan="11">专业能力自评</td><td>测试的要求</td><td>能/未能</td><td colspan="2">任务内容</td></tr>
<tr><td rowspan="5">通过学习本项目，你</td><td></td><td colspan="2">理解产品成本计算品种法的特点及适用范围</td></tr>
<tr><td></td><td colspan="2">理解品种法产品成本计算的程序</td></tr>
<tr><td></td><td colspan="2">理解辅助生产成本费用项目和成本项目的区别</td></tr>
<tr><td></td><td colspan="2">知道辅助生产费用和制造费用归集与分配谁前谁后</td></tr>
<tr><td></td><td colspan="2">理解综合费用的归集与分配的内容和方法</td></tr>
<tr><td rowspan="3">通过学习本项目，你还有除上述外"能"或"未能"了解、理解等的其他任务内容</td><td></td><td colspan="2"></td></tr>
<tr><td></td><td colspan="2"></td></tr>
<tr><td></td><td colspan="2"></td></tr>
</table>

<table>
<tr><td rowspan="12">职业能力自评</td><td rowspan="9">通过学习本项目，运用相关知识和技能，你能达到</td><td colspan="2">能力内容</td><td>是否提高</td></tr>
<tr><td colspan="2">根据企业的客观实际开设成本明细账（品种法）</td><td></td></tr>
<tr><td colspan="2">根据企业客观实际进行费用的归集与分配</td><td></td></tr>
<tr><td colspan="2">根据企业的客观实际编制各种费用计算分配表</td><td></td></tr>
<tr><td colspan="2">根据各种费用分配表编制记账凭证</td><td></td></tr>
<tr><td colspan="2">根据记账凭证登记会计账簿并计算完工产品成本</td><td></td></tr>
<tr><td colspan="2">解决问题的能力</td><td></td></tr>
<tr><td colspan="2">团队精神（团队互相帮助完成学习任务）</td><td></td></tr>
<tr><td colspan="2">职业态度（无旷工、认真、无抄袭）</td><td></td></tr>
<tr><td colspan="2">办事能力（准确表述需求，完成所办事务）</td><td></td></tr>
<tr><td colspan="2">敬业精神（工作有始有终，能正确面对困难曲折）</td><td></td></tr>
<tr><td rowspan="1">通过学习本项目，你还有除上述外的哪些能力得到"明显提高""有所提高""没有提高"</td><td colspan="3"></td></tr>
</table>

自评	小组评定	教师评定
签名： 　　年　　月　　日	签名： 　　年　　月　　日	签名： 　　年　　月　　日
总成绩：		

注：

1. "能/未能"栏填"能"或"未能"；"是否提高"栏填"明显提高""有所提高""没有提高"。

2. 最终的总成绩评定由三部分组成，即学生本人自评、小组评定、教师评定，其参考权重分别是25%、25%和50%。参考分值：每个"能"给5分，每个"有所提高"给7分，每个"明显提高"给10分，"没有提高"或"未能"没有分。加总后最高分值为100分。

3. 本项目总权重参考值为10%，即满分10分。

采用分批法计算产品成本

项目导言

海尔集团的产品越来越受广大消费者的青睐,在人们的生活中,已经达到了无所不在、人人皆知的程度。究其原因,除了产品物美价廉之外,还有一个更重要的原因,就是产品无论款式还是性能均能与时俱进,经常有新研发的产品打入市场。而这些新研发出来的产品,在其开发期间不可能大量生产,只能小批小量生产。对于小批小量生产的产品只能采用分批法计算产品成本。因而,什么是产品成本计算的分批法,如何采用分批法计算产品成本,正是本项目教学应解决的关键问题。

项目目标

1. 终极目标:能根据企业的生产类型、成本管理要求等具体情况,正确运用分批法开设成本明细账,进行费用的归集、分配,完成及完工产品和在产品成本的计算。

2. 促成目标:
(1) 正确理解产品成本计算分批法的适用范围、特点;
(2) 熟悉分批法成本计算程序,能采用分批法计算产品成本;
(3) 熟悉简化分批法产品成本计算的特点和成本计算程序,能运用简化分批法计算产品成本。

项目任务与框架

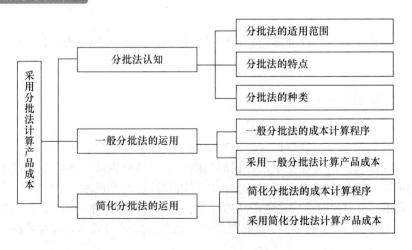

任务3.1 分批法认知

【任务导入 3-1】

赵敏在 2014 年年末应聘下一年度成本会计岗位工作时,财务主管提出了三个问题,作为成本会计上岗考核条件之一。财务主管提出的第一个问题是,该企业是生产精密工具的生产企业,本年度会发生如下生产业务:(1)小批生产精密仪器 A;(2)研发新产品精密仪器 B;(3)进行精密仪器和设备的修理;(4)对研制成功的精密仪器进行大批生产。请问对于上述这些业务,应采用哪种产品成本计算方法?并简单说明理由。

【任务知识与技能】

3.1.1 分批法的适用范围

产品成本计算的分批法,是指按照产品的批别或生产指令作为成本计算对象,归集生产费用,计算产品成本的一种方法。在这类企业中,由于生产多是根据客户的订单组织生产,因而按照产品批别计算产品成本往往就是按照订单组织生产,因而这种方法又称订单法。

分批法主要适用于小批单件产品生产及管理上不要求分步骤计算产品成本的多步骤生产的下列企业。

1. 根据客户的要求生产特殊规格、规定数量产品的企业

根据客户的要求生产特殊规格、规定数量产品的企业,可以根据客户委托加工产品款式、性能、用途等具体要求的订单组织生产。例如,特种仪器、专用设备的生产等。

2. 产品经常变动的小规模企业

产品种类经常变动的小规模企业,一般需要根据季节和市场的需求变化,不断调整产品品种和数量,企业只能按批别组织生产,会计人员只能按产品的批别进行成本计算。例如,小五金类和服装类企业。

3. 专门承揽修理业务的企业

由于修理业务的种类、内容不同,各种修理业务的修理成本也不尽相同。因此,专门承揽修理业务的企业需按承担的单项修理业务归集费用计算产品成本。

4. 承担新产品研发试制的企业

承担新产品研发试制的企业部门,在研发期间不可能大批生产试制的产品,只能小批生产,因此也应采用分批法计算产品成本。

3.1.2 分批法的特点

1. 以产品批别为成本计算对象

企业生产计划部门应根据订单或批别要求的产品品种、数量、投产日期、完工日期签发生产通知单。财会部门应根据生产计划部门确定的产品批别或生产指令为成本计算对象开设成本明细账,按规定的成本项目归集生产费用并计算产品成本。

在确定成本计算对象时,应注意产品的订单与组织生产的批别(生产指令)之间的关系。

(1)一份订单一个批号。订单和批别是同一概念,此时的成本计算对象即产品的批号或订单。

（2）几份订单一个批号。订单和批别不是同一概念，即当几个客户订购的产品相同，但批量都不多时，此时可将几个订单合并为一个生产批别组织生产。此时成本计算对象只能是批别不能是订单。

（3）一份订单几个批号。订单和批别不是同一概念，具体包括如下三种情况。

第一种情况，一份订单中有几种产品，按照产品的品种划分批号组织生产，计算产品成本，即一个订单分几个批别组织生产和核算。

第二种情况，一份订单中只规定一种产品，且属于大型复杂的产品，价值较大，生产周期较长（如大型船舶制造），也可按照产品的组成部分分批组织生产和核算。

第三种情况，一份订单数量较大，对方又要求分期交货，可以分成若干批别组织生产和进行会计核算。

因此，分批法的成本计算对象不是购货单位的订单，而是企业生产部门按照购货单位的订单，结合实际情况签发下达的生产任务通知单并加以编号，即形成的产品批别或生产令，设置成本明细账组织成本会计核算，并非根据客户的订单进行成本核算。

2. 以各批产品的生产周期为成本计算期

分批法是以每批产品的生产周期为成本计算期。在分批法下，由于各批产品的生产周期不一致，每批产品的实际成本必须等到该批产品全部完工后才能确定，这就决定产品成本计算不是定期的，导致成本计算期与产品生产周期基本一致，而与会计报告期不一致。

3. 一般期末不需要计算在产品成本

由于成本计算期与产品生产周期一致，就单件或小批生产来说，产品完工之前，基本生产明细账所归集的生产费用，都是在产品成本。产品完工时，生产成本明细账所归集的费用，就是完工产品的成本。因此无须将基本生产明细账所归集的费用在完工产品和在产品之间分配，一般期末不需要计算在产品成本。

需要注意的是，在批内产品跨月陆续完工的情况下，即月末计算成本时，一部分产品已经完工，另一部分产品尚未完工，则可采用定额成本法、计划成本法等简单方法计算完工产品成本，待产品全部完工时，再计算该批产品的总成本和单位成本。

3.1.3　分批法的种类

由于分批法下可能存在多个成本计算对象，间接计入费用较多，因此合理选择间接费用的计入方法很重要。分批法下因间接费用的计入方式和分配标准不同，间接费用的计入可分为一般分批法和简化分批法两种。

（1）一般分批法。对各批产品都分别按当月分配率来分配间接费用的方法，即所有成本项目均需分批计算月末在产品成本的方法。

（2）简化分批法。对各批完工产品采用累计分配率来分配间接费用的分批法，也称为不分批计算月末在产品成本的方法。

【测试与强化3-1】

企业采用分批法计算产品成本，有多少份订单就应开设多少个基本生产成本明细账，你认为正确吗？

任务3.2 一般分批法的运用

【任务导入3-2】

赵敏在2014年年末应聘下一年度成本会计工作岗位时,财务主管提出的第二个问题是,企业在成本核算时,其品种法和分批法的不同点是什么?相同点是什么?

【任务知识与技能】

3.2.1 一般分批法的成本计算程序

1. 开设成本明细账

根据生产部门签发的生产通知单中所规定的产品批号,为每批产品开设基本生产成本明细账,按成本项目开设专栏。在明细账上既要注明批号,又要列明产品名称。同时,根据企业的具体情况开设辅助生产明细账、制造费用明细账。

2. 归集与分配生产费用

(1)归集与分配要素费用。将月份内各批别产品领用材料费用、发生人工费用、办公费用、水电费用等原始凭证编制各种要素费用分配表,根据要素费用分配表编制记账凭证并记有关明细账,完成要素费用的归集与分配。

(2)归集与分配综合费用。将辅助生产成本明细账上归集的辅助生产费用按一定的方法,在各受益对象之间进行分配,然后再将制造费用成本明细账中归集的费用在受益产品之间进行分配。

3. 计算完工产品成本

月末根据完工批别成本明细账中所归集的生产费用,计算完工产品的实际总成本和单位成本;月末各批未完工产品成本明细账内归集的生产费用即为月末在产品成本;如果月末只有部分产品完工,则要采用适当的方法将生产费用在完工产品与在产品之间进行分配。

分批法下成本计算程序,如图3-1所示。

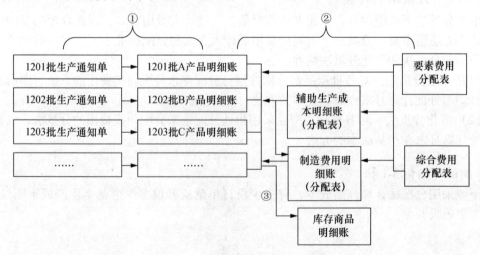

图3-1 分批法成本计算程序图

3.2.2 采用一般分批法计算产品成本

1. 企业概况及成本管理要求

（1）企业概况。哈尔滨冰城电子厂是一家以接受外来电子产品加工为主要业务的生产企业。该厂有三个基本生产车间，分别是贴片车间、插件车间和焊接车间，无辅助生产车间。从 2014 年 1 月份开始接受外单位的订单，目前已经批量加工生产的产品包括智能电源板、智能电路板和智能控制板。电源板和电路板的工艺流程是：贴片→插件→焊接。控制板的工艺流程是：插件→焊接。

（2）成本管理及核算要求。企业要求根据客户的订单及企业生产情况采用分批法计算产品成本。原材料采用实际成本法，且在生产过程陆续投入。记账凭证号从 81 号开始顺序排列。单位成本保留两位小数。月末部分完工产品成本按产成品定额成本结转。月末部分完工产成品的定额成本，如表 3-1 所示。

表 3-1 产成品定额成本法表 单位：元

产品批别	产品名称	成本项目			合计
		直接材料	直接人工	制造费用	
0101	智能电源板	145	13	10	168
0201	智能电路板	950	15	10	975

2. 业务背景及相关资料

（1）订单情况。2014 年 1 月，哈尔滨长城电子厂接到哈尔滨长城电子厂的一份订单，加工智能电源板 3 000 个；2014 年 2 月接到两份订单，一份是来自哈尔滨的订单，要求为其代加工智能电路板 3 000 个；另一份是来自齐齐哈尔的订单，要求加工智能控制板 1 000 个。

（2）各批产品的生产完工情况统计表，如表 3-2 所示。

表 3-2 各批产品的生产完工情况统计表

订单号	产品名称	开工日期（月）	批量（个）	完工产量（个）		本月耗用工时（小时）		
				1 月	2 月	贴片	插件	焊接
0101	智能电源板	1	3 000	500	2 000	150	6 000	750
0201	智能电路板	2	3 000		2 000	150	5 000	800
0202	智能控制板	2	1 000		1 000		3 750	1 250

（3）0101 批产品在产品期初余额，如表 3-3 所示。

表 3-3 0101 批产品 2014 年 1 月末在产品余额 单位：元

批号	产品名称	直接材料	直接人工	制造费用	合 计
0101	智能电源板	2 150	650	500	3 300

(4) 2014 年 2 月材料领用情况，如表 3-4 至表 3-12 所示。

表 3-4　领料单

领料车间：贴片车间
订单号：0101
用途：智能电源板　　　　　　　2014 年 2 月 2 日　　　　　　　领料 501 号

类别	编号	名称	规格	单位	数量 请领	数量 实发	单价（元）	金额（元）
主要材料		印制版	20×20	张	1 500	1 500	50	75 000
合计								￥75 000

第二联　会计联

领料核准：吴丹　　　　　领料人：李军　　　　　发料人：赵春

表 3-5　领料单

领料车间：插件车间
订单号：0101
用途：智能电源板　　　　　　　2014 年 2 月 2 日　　　　　　　领料 502 号

类别	编号	名称	规格	单位	数量 请领	数量 实发	单价（元）	金额（元）
主要材料		变压器	YR02	个	3 000	3 000	55.00	165 000
主要材料		铜柱	TZ05	个	6 000	6 000	5.00	30 000
主要材料		线圈	XQ08	个	3 000	3 000	6.00	18 000
主要材料		电容	UF10V	个	3 000	3 000	0.5	1 500
合计								￥214 500

第二联　会计联

领料核准：吴越　　　　　领料人：李海　　　　　发料人：赵春

表 3-6　领料单

领料车间：焊接车间
订单号：0101
用途：智能电源板　　　　　　　2014 年 2 月 2 日　　　　　　　领料 503 号

类别	编号	名称	规格	单位	数量 请领	数量 实发	单价（元）	金额（元）
辅助材料		锡丝	0.5 cm	圈	10	10	40.00	400
辅助材料		锡膏	100 g	盒	5	5	20.00	100
合计								￥500

第二联　会计联

领料核准：赵微　　　　　领料人：李立　　　　　发料人：赵春

表 3-7　领料单

领料车间：贴片车间
订单号：0201
用途：智能电路板　　　　　　　　2014 年 2 月 8 日　　　　　　　　领料 504 号

类别	编号	名称	规格	单位	数量		单价（元）	金额（元）
					请领	实发		
主要材料		印制版	30×30	张	2 000	2 000	60	120 000
合计								￥120 000

第二联　会计联

领料核准：吴丹　　　　领料人：李军　　　　发料人：赵春

表 3-8　领料单

领料车间：插件车间
订单号：0201
用途：智能电路板　　　　　　　　2014 年 2 月 8 日　　　　　　　　领料 505 号

类别	编号	名称	规格	单位	数量		单价（元）	金额（元）
					请领	实发		
主要材料		互感器	YR02	个	10 000	10 000	60.00	600 000
主要材料		变压器	YR03	个	10 000	10 000	55.00	550 000
主要材料		芯片		个	10 000	10 000	50.00	500 000
主要材料		电阻		个	30 000	30 000	6.00	180 000
合计								￥1 830 000

第二联　会计联

领料核准：吴越　　　　领料人：李海　　　　发料人：赵春

表 3-9　领料单

领料车间：焊接车间
订单号：0201
用途：智能电路板　　　　　　　　2014 年 2 月 8 日　　　　　　　　领料 506 号

类别	编号	名称	规格	单位	数量		单价（元）	金额（元）
					请领	实发		
辅助材料		锡丝	0.5cm	圈	20	20	40.00	800
辅助材料		锡膏	100g	个	20	20	20.00	400
合计								￥1 200

第二联　会计联

领料核准：赵微　　　　领料人：李立　　　　发料人：赵春

表 3-10　领料单

领料车间：插件车间
订单号：0202
用途：智能控制板　　　　　　2014 年 2 月 11 日　　　　　　领料 507 号

类别	编号	名称	规格	单位	数量 请领	数量 实发	单价（元）	金额（元）
主要材料		双排插座	40 芯	个	1 000	1 000	40.00	40 000
主要材料		电容	30uf/450v	个	1 000	1 000	1.00	1 000
主要材料		印制版	30×35	个	1 000	1 000	80.00	80 000
主要材料		双排插针	100 芯	个	1 000	1 000	20.00	20 000
合计								¥141 000

第二联 会计联

领料核准：吴越　　　　领料人：李海　　　　发料人：赵春

表 3-11　领料单

领料车间：插件车间
订单号：0202
用途：智能控制板　　　　　　2014 年 2 月 11 日　　　　　　领料 508 号

类别	编号	名称	规格	单位	数量 请领	数量 实发	单价（元）	金额（元）
主要材料		继电器	12S	个	8 000	8 000	15.00	120 000
主要材料		电容	220v	个	8 000	8 000	2.50	20 000
合计								¥140 000

第二联 会计联

领料核准：吴越　　　　领料人：李海　　　　发料人：赵春

表 3-12　领料单

领料车间：焊接车间
订单号：0202
用途：智能控制板　　　　　　2014 年 2 月 11 日　　　　　　领料 509 号

类别	编号	名称	规格	单位	数量 请领	数量 实发	单价（元）	金额（元）
辅助材料		锡丝	0.5cm	圈	15	15	40.00	600
辅助材料		锡膏	100g	盒	12	12	20.00	240
合计								¥840

第二联 会计联

领料核准：赵微　　　　领料人：李立　　　　发料人：赵春

（5）2014 年 2 月职工薪酬发放及五险一金等费用的计提比例如表 3-13 和表 3-14 所示。

表 3-13　2014 年 2 月职工薪酬发放表　　　　　　　　　　　　单位：元

人员性质	计件工资	管理人员工资	合计
0101 批产品	20 000		20 000
0201 批产品	24 000		24 000
0202 批产品	10 000		10 000
贴片车间		7 000	7 000
插件车间		6 000	6 000
焊接车间		5 000	5 000
管理部门		10 000	10 000
合计	54 000	28 000	82 000

表 3-14　五险一金等职工薪酬计提比例表

项目	住房公积金		养老保险		医疗保险		失业保险		工伤保险	生育保险	工会经费	教育经费	职工福利
	企业	个人	企业	个人	企业	个人	企业	个人					
工资总额	8%	8%	10%	8%	7%	2%	2%	1%	1%	1%	2%	1.5%	2%

（6）2 月电费用分配表如表 3-15 所示

表 3-15　2014 年 2 月电费分配表

耗用部门	单位	生产及照明用电		
		耗电数	单价（元）	金额（元）
贴片车间	度	8 000	1.00	8 000
插件车间	度	800	1.00	800
焊接车间	度	10 000	1.00	10 000
管理部门	度	500	1.00	500
合计		19 300		19 300

注：电费已注入"预付账款"账户。

（7）2014 年 2 月份固定资产折旧费用计算表如表 3-16 所示。

表 3-16　2014 年 2 月固定资产折旧费用计算表　　　　　　　　单位：元

使用单位	上月折旧额	年折旧率	上月增加固定资产原值	上月减少固定资产原值	本月应计折旧额
贴片车间	2 500	6%	100 000	80 000	
插件车间	4 000	6%		60 000	
焊接车间	4 000	6%			
管理部门	500	6%	50 000		
合计	11 000		150 000	140 000	

3．业务活动及成本核算

（1）2014 年 2 月初根据生产计划情况和表 3-3，按批别开设基本生产成本明细账及制造费用明细账（如表 3-17 至表 3-22 所示）。

表3-17 基本生产成本明细账

批别：0101　　　　　　　　　　　　　　　　　　　　　产品名称：智能电源板
开工日期：2014年1月　　　　　批量：3 000个　　　　完工日期：2014年3月

2014年		凭证编号	摘要	直接材料	直接人工	制造费用	合计
月	日						
2	1		期初余额	2 150	650	500	3 300
	28	81	材料费分配	290 000			290 000
	28	82	分配职工薪酬		26 900		26 900
	28	85	分配制造费用			20 670.50	20 670.50
			本月发生费用合计	290 000	26 900	20 670.50	337 570.50
			本月费用累计	292 150	27 550	21 170.50	340 870.50
	28	86	产成品入库	290 000	26 000	20 000	336 000
			月末在产品成本	2 150	1 550	1 170.5	4 870.50

表3-18 基本生产成本明细账

批别：0201　　　　　　　　　　　　　　　　　　　　　产品名称：智能电路板
开工日期：2014年2月　　　　　批量：3 000个　　　　完工日期：2014年3月

2014年		凭证编号	摘要	直接材料	直接人工	制造费用	合计
月	日						
2	28	81	材料费分配	1 951 200			1 951 200
	28	82	分配职工薪酬		32 280		32 280
	28	85	分配制造费用			20 188.50	20 188.50
			本月发生费用合计	1 951 200	32 280	20 188.50	2 003 668.50
	28	86	产成品入库	1 900 000	30 000	20 000	1 950 000
			月末在产品成本	51 200	2 280	188.50	53 668.50

表3-19 基本生产成本明细账

批别：0202　　　　　　　　　　　　　　　　　　　　　产品名称：智能控制板
开工日期：2014年2月　　　　　批量：1 000个　　　　完工日期：2014年2月

2014年		凭证编号	摘要	直接材料	直接人工	制造费用	合计
月	日						
2	28	81	材料费分配	281 840			281 840
	28	82	分配职工薪酬		13 450		13 450
	28	85	分配制造费用			12 451	12 451
			本月发生费用合计	281 840	13 450	12 451	307 741
	28	86	产成品入库	281 840	13 450	12 451	307 741

☞温馨提示

在表3-17至表3-19的成本明细账中，月结的双线中，其中一条是单红线，另一条是原账表线。

表3-20 制造费用明细账

车间名称：贴片车间　　　　　　　　　　　　　　　　　　　　　　　　单位：元

2014年		凭证编号	摘要	职工薪酬	办公费	折旧费	水电费	机物料消耗	保险费	其他	合计
月	日										
2	28	82	分配职工薪酬	9 415							9 415
	28	83	分配电费				8 000				8 000
	28	84	计提折旧			2 600					2 600
			本月合计	9 415		2 600	8 000				20 015
	28	85	分配转出	9 415		2 600	8 000				20 015

表3-21 制造费用明细账

车间名称：插件车间　　　　　　　　　　　　　　　　　　　　　　　　单位：元

2014年		凭证编号	摘要	职工薪酬	办公费	折旧费	水电费	机物料消耗	保险费	其他	合计
月	日										
2	28	82	分配职工薪酬	8 070							8 070
	28	83	分配电费				800				800
	28	84	计提折旧			3 700					3 700
			本月合计	8 070		3 700	800				12 570
	28	85	分配转出	8 070		3 700	800				12 570

表3-22 制造费用明细账

车间名称：焊接车间　　　　　　　　　　　　　　　　　　　　　　　　单位：元

2014年		凭证编号	摘要	职工薪酬	办公费	折旧费	水电费	机物料消耗	保险费	其他	合计
月	日										
2	28	82	分配职工薪酬	6 725							6 725
	28	83	分配电费				10 000				10 000
	28	84	计提折旧			4 000					4 000
			本月合计	6 725		4 000	10 000				20 725
	28	85	分配转出	6 725		4 000	10 000				20 725

☞ 温馨提示

①期初余额。期初建账时因0101批产品智能电源板是1月份投产现在没完工，其余均为2月投产无在产品。因此只有贴片车间有期初余额，其余均无期初余额。

②基本生产成本明细账的格式与品种法基本相似。所不同的是在账头部分除有产品名称外，还加上了批别、开工日期和完工日期。

（2）要素费用的归集与分配。

① 材料费用的归集与分配。

根据表3-4至表3-12，编制发料凭证汇总表3-23和材料费用分配表3-24，根据表3-23

和表 3-24 编制记账凭证（如表 3-25 所示，记账凭证号为 81）并登记相应的成本明细账（如表 3-17 至表 3-19 所示）。

表 3-23　2014 年 2 月发料凭证汇总表　　　　　　　　　　　　　单位：元

领用部门	用途	主要材料	辅料	合计
贴片车间	智能电源板（0101）	75 000		75 000
	智能电路板（0201）	120 000		120 000
插件车间	智能电源板（0101）	214 500		214 500
	智能电路板（0201）	1 830 000		1 830 000
	智能控制板（0202）	281 000		281 000
焊接车间	智能电源板（0101）		500	500
	智能电路板（0201）		1 200	1 200
	智能控制板（0202）		840	840
合计		2 520 500	2 540	2 523 040

表 3-24　2014 年 2 月材料费用分配汇总表　　　　　　　　　　　单位：元

应借账户	成本项目	金额
生产成本——基本生产成本（0101）	直接材料	290 000
生产成本——基本生产成本（0201）	直接材料	1 951 200
生产成本——基本生产成本（0202）	直接材料	281 840
合计		2 523 040

表 3-25　记账凭证
2014 年 2 月 28 日　　　　　　　　　　　　　　　　　　　　　　第 81 号

摘要	借方科目			贷方科目			金额									
	总账科目	明细科目	记账	总账科目	明细科目	记账	千	百	十	万	千	百	十	元	角	分
分配材料费	生产成本	基本生产成本（0101）	√					2	9	0	0	0	0	0	0
	生产成本	基本生产成本（0201）	√				1	9	5	1	2	0	0	0	0
	生产成本	基本生产成本（0202）	√					2	8	1	8	4	0	0	0
				原材料	主料	√		2	5	2	0	5	0	0	0	0
				原材料	辅料	√					2	5	4	0	0	0
合计							¥	2	5	2	3	0	4	0	0	0

附单据 11 张

会计主管：张强　　　记账：杨可　　　复核：李伟　　　制单：杨可

② 薪酬费用的归集与分配。

根据表 3-13 和表 3-14，编制职工薪酬计算表 3-26，根据表 3-26 编制记账凭证（如表 3-27 所示）并登记相应的成本明细账（如表 3-17 至表 3-22）。

表 3-26 2014 年 12 月职工薪酬计算表   单位：元

账户	成本项目	分配工资总额	养老企业 10%	医疗企业 7%	失业企业 2%	工伤企业 1%	生育企业 1%
基本生产成本（0101）	直接人工	20 000	2 000	1 400	400	200	200
基本生产成本（0201）	直接人工	24 000	2 400	1 680	480	240	240
基本生产成本（0202）	直接人工	10 000	1 000	700	200	100	100
制造费用（贴片车间）	职工薪酬	7 000	700	490	140	70	70
制造费用（插件车间）	职工薪酬	6 000	600	420	120	60	60
制造费用（焊接车间）	职工薪酬	5 000	50	350	100	50	50
管理费用	职工薪酬	10 000	1 000	700	200	100	100
合计		82 000	8 200	5 740	1 640	820	820

账户	公积金企业 8%	工会经费 2%	教育经费 1.5%	职工福利费 2%	个负担部分 19%	合计	其中计入成本部分
基本生产成本（0101）	1 600	400	300	400	3 800	30 700	26 900
基本生产成本（0201）	1 920	480	360	480	4 560	36 840	32 280
基本生产成本（0202）	800	200	150	200	1 900	15 350	13 450
制造费用（贴片车间）	560	140	105	140	1 330	10 745	9 415
制造费用（插件车间）	480	120	90	120	1 140	9 210	8 070
制造费用（焊接车间）	400	100	75	100	950	7 675	6 725
管理费用	800	200	150	200	1 900	15 350	13 450
合计	6 560	1 640	1 230	1 640	15 580	125 870	110 290

表 3-27 记账凭证

2014 年 12 月 31 日   第 82 号

摘要	借方科目			贷方科目			金额										附单据3张
	总账科目	明细科目	记账	总账科目	明细科目	记账	千	百	十	万	千	百	十	元	角	分	
分配职工薪酬	生产成本	基本生产本成（0101）	√						2	6	9	0	0	0	0		
	生产成本	基本生产本成（0201）	√						3	2	2	8	0	0	0		
	生产成本	基本生产本成（0202）	√							1	3	4	5	0	0	0	
	制造费用	贴片车间	√							9	4	1	5	0	0	0	
	制造费用	插件车间	√							8	0	7	0	0	0	0	
	制造费用	焊接车间	√							6	7	2	5	0	0	0	
	管理费用	职工薪酬								1	3	4	5	0	0	0	
				应付职工薪酬	短期薪酬等	√		1	1	0	2	9	0	0	0		
合计							¥	1	1	0	2	9	0	0	0		

会计主管：李强   记账：杨晓可   复核：刘梅   制单：杨晓可

③ 电费的归集与分配。

根据表 3-15，编制电费分配表 3-28，根据表 3-28 编制记账凭证（如表 3-29 所示，记账凭证号为 83）并登记相应的成本明细账（如表 3-20 至表 3-22 所示）。

表 3-28　2014 年 2 月外购电费分配表　　　　　　　　　　单位：元

应借账户	成本项目	金额
制造费用（贴片车间）	水电费	8 000
制造费用（插件车间）	水电费	800
制造费用（焊接车间）	水电费	10 000
管理费用	水电费	500
合计		19 300

表 3-29　记账凭证

2014 年 2 月 31 日　　　　　　　　　　　　　　　　　第 83 号

摘要	借方科目			贷方科目			金额									附单据2张
	总账科目	明细科目	记账	总账科目	明细科目	记账	千	百	十	万	千	百	十	元	角	分
分配电费	制造费用	贴片车间	√								8	0	0	0	0	0
	制造费用	插件车间	√									8	0	0	0	0
	制造费用	焊接车间	√							1	0	0	0	0	0	0
	管理费用	职工薪酬	√									5	0	0	0	0
				预付账款	电费											
合计							¥	1	9	3	0	0	0	0	0	

会计主管：李强　　　　记账：杨晓可　　　　复核：刘梅　　　　制单：杨晓可

④ 计提折旧费用。

根据表 3-16，编制折旧费分配表 3-30，根据表 3-30 编制记账凭证表 3-31，并登记相应的成本明细账（如表 3-20 至表 3-22 所示）。

表 3-30　2014 年 2 月折旧费分配表　　　　　　　　　　单位：元

应借账户	成本项目	金额
制造费用（贴片车间）	折旧费	2 600
制造费用（插件车间）	折旧费	3 700
制造费用（焊接车间）	折旧费	4 000
管理费用	折旧费	750
合计		11 050

表 3-31　记账凭证

2014 年 12 月 31 日　　　　　　　　　　　　　　　　　第 84 号

摘要	借方科目			贷方科目			金额									附单据2张
	总账科目	明细科目	记账	总账科目	明细科目	记账	千	百	十	万	千	百	十	元	角	分
计提折旧费	制造费用	贴片车间	√								2	6	0	0	0	0
	制造费用	插件车间	√								3	7	0	0	0	0
	制造费用	焊接车间	√								4	0	0	0	0	0
	管理费用	职工薪酬										7	5	0	0	0
				累计折旧		√										
合计							¥	1	1	0	5	0	0	0		

会计主管：李强　　　　记账：杨晓可　　　　复核：刘梅　　　　制单：杨晓可

（3）归集与分配制造费用。经过上述要素费用的归集与分配，制造费用借方的发生额合计即为归集的制造费用。然后根据表 3-2 的生产工时在各受益产品之间进行分配，形成制造费用分配表 3-32，根据表 3-32 编制记账凭证（如表 3-33 所示，记账凭证号为 85 号）并登记相应的成本明细账（如表 3-17 至表 3-19 所示）。

表 3-32　2014 年 2 月制造费用分配表　　　　　　　　　　　　单位：元

批别	产品名称	贴片车间			插件车间			焊接车间			合计
		生产工时/小时	分配率	分配金额	生产工时/小时	分配率	分配金额	生产工时/小时	分配率	分配金额	
0101	智能电源板	150		10 007.50	6 000		5 113	750		5 550	20 670.50
0201	智能电路板	150		10 007.50	5 000		4 261	800		5 920	20 188.50
0202	智能控制板				3 750		3 196	1 250		9 255	12 451
	合计	300		20 015	14 750	0.852 2	12 570	2 800	7.40	20 725	53 310

表 3-33　记账凭证
2014 年 12 月 31 日　　　　　　　　　　第 85 号

摘要	借方科目			贷方科目			金额										附单据2张
	总账科目	明细科目	记账	总账科目	明细科目	记账	千	百	十	万	千	百	十	元	角	分	
分配制造费用	生产成本	0101	√						2	0	6	7	0	5	0		
	生产成本	0201	√						2	0	1	8	8	5	0		
	生产成本	0202	√						1	2	4	5	1	0	0		
				制造费用	贴片车间	√			2	0	0	1	5	0	0		
				制造费用	插件车间	√			1	2	5	7	0	0	0		
				制造费用	焊接车间	√			2	0	7	2	5	0	0		
合计								¥	5	3	3	1	0	0	0		

会计主管：李强　　记账：杨晓可　　复核：刘梅　　制单：杨晓可

（4）计算完工产品成本。表 3-17 至表 3-19 所属成本明细账本月费用累计（或合计）即为所生产产品生产成本合计，0202 批智能控制板因全部完工，因此本月发生的生产费用合计即为完工产品成本，0101 批智能电源板和 0201 批智能电路板因部分完工，因此完工产品按表 3-1 给定的完工产品的定额成本，计算出完工产品的总成本，形成产品成本计算单和汇总表 3-34 至表 3-37。编制记账凭证如表 3-38 所示。

表 3-34　2014 年 2 月产品成本计算单

批别：0101　　产品名称：智能电源板　　开工日期：2014 年 1 月　　　　单位：元

摘要	产品数量	直接材料	直接人工	制造费用	合计
月初余额	2 500	2 150	650	500	3 300
本月发生费用合计		290 000	26 900	20 670.50	337 570.50
本月费用累计		292 150	27 550	21 170.50	340 870.50
完工产品数量及单位定额成本	2 000	145	13	10	168
产成品总成本		290 000	26 000	20 000	336 000
在产品数量及成本	500	2 150	1 550	1 170.50	4 870.50

表 3-35　2014 年 2 月产品成本计算单

批别：0201　　产品名称：智能电路板　　开工日期：2014 年 2 月　　　　　　　　单位：元

摘要	产品数量（个）	直接材料	直接人工	制造费用	合计
本月投产及发生费用合计	3 000	1 951 200	32 280	20 188.50	2 003 668.50
本月完工产品数量及单位定额成本	2 000	950	15	10	975
本月完工产品总成本		1 900 000	30 000	20 000	1 950 000
在产品数量及在产品成本	1 000	51 200	2 280	188.50	53 668.50

表 3-36　2014 年 2 月产品成本计算单

批别：0202　　产品名称：智能控制板　　开工日期：2014 年 2 月　　　　　　　　单位：元

摘要	产品数量（个）	直接材料	直接人工	制造费用	合计
本月投产及发生费用合计	1 000	281 840	13 450	12 451	307 741
本月完工产品数量及完工产品总成本	1 000	281 840	13 450	12 451	307 741
完工产品单位成本		281.84	13.45	12.451	307.74

表 3-37　2014 年 2 月完工产品成本汇总表　　　　　　　　　　　　　　　　　单位：元

产品名称	批别	完工产品数量（个）	直接材料	直接人工	制造费用	总成本	单位成本
智能电源板	0101	2 000	290 000	26 000	20 000	336 000	168
智能电路板	0201	2 000	1 900 000	30 000	20 000	1 950 000	975
智能控制板	0202	1 000	281 840	13 450	12 451	307 741	307.74
合计			2 471 840	69 450	52 451	2 593 741	

表 3-38　记账凭证

2014 年 12 月 31 日　　　　　　　　　　　　　　　　　　　　　　　　　第 86 号

摘要	借方科目			贷方科目			金额										
	总账科目	明细科目	记账	总账科目	明细科目	记账	千	百	十	万	千	百	十	元	角	分	
产成品入库	库存商品	智能电源板	√						3	3	6	0	0	0	0	0	附单据4张
	库存商品	智能电路板	√					1	9	5	0	0	0	0	0	0	
	库存商品	智能控制板	√						3	0	7	7	4	1	0	0	
				生产成本	基本0101	√			3	3	6	0	0	0	0	0	
				生产成本	基本0201	√		1	9	5	0	0	0	0	0	0	
				生产成本	基本0202	√			3	0	7	7	4	1	0	0	
合计							¥	2	5	9	3	7	4	1	0	0	

会计主管：李强　　　记账：杨晓可　　　复核：刘梅　　　制单：杨晓可

【测试与强化 3-2】

仍以哈尔滨冰城电子厂接受订单生产的 0101 批智能电源板、0201 批智能电路板、0202 批智能控制板为例,假定成本核算有如下变化:

(1)成本项目的构成。成本项目由直接材料、燃料和动力、直接人工、制造费用四个项目构成。0101 批智能电源板期初余额直接材料中含燃料和动力费用 950 元。

(2)产品生产及完工情况。0101 批产品上月投产本月全部完工;0201 批产品完工 50%,产成品成本定额中直接材料中含燃料和动力费 0.2 元;0202 批产品全部未完工,其他成本资料相同。所有未完工产品均在 2014 年 3 月份完成。

(3)外购动力费用的情况如表 3-39 所示。

表 3-39 电费分配表　　　　　　　　　　　　　　　　　单位:元

耗用部门或用途	生产及照明用电		
	耗电数(度)	单价	金额
智能电源板	4 000	1.00	4 000
智能电路板	400	1.00	400
智能控制板	5 000	1.00	5 000
贴片车间	4 000	1.00	4 000
插件车间	400	1.00	400
焊接车间	5 000	1.00	5 000
管理部门	500	1.00	500
合计	19 300		19 300

假定凭证起始号为 87 号。请完成上述 0101、0201 和 0202 批产品的成本计算任务。测试用相关凭证及账页见附录 229—241 页表(测)3-1 至表(测)3-22。

任务 3.3　简化分批法的运用

【任务导入 3-3】

赵敏在 2014 年年末应聘下一年度成本会计工作岗位时,财务主管提出的第三个问题是,简化分批法的特点是什么?哪些企业适合采用简化分批法计算产品成本?

【任务知识与技能】

3.3.1　简化分批法的成本计算程序

在生产小批单件的企业,当同一月份内投产的产品批别很多(几十批甚至上百批),且月末未完工的产品批别也很多,如果将各种间接费用在各批产品之间按月分配,则工作量会很大,此时可采用简化分批法计算产品成本。

1. 简化分批法的概念

简化分批法是对间接费用采用累计间接费用分配率进行分配,以减少成本计算工作量的分批法。即是将每月发生的燃料和动力、直接人工和制造费用等间接费用,不再按月在各批产品之间进行分配,而是将这些费用累加起来,等到某批产品完工时,根据完工产品的工时占累计总工时的比例,确认完工产品应负担的间接费用,据此计算完工产品成本的方法。简化分批方法也称为累计间接费用分配法,或不计算在产品成本法。

2. 简化分批法的特点

(1) 增设基本生产成本二级账并且增加"生产工时"专栏。企业在按批别设置基本生产成本明细账的同时,还要增设基本生产成本二级明细账,每个基本生产明细账均需增加"生产工时"专栏。前者只登记直接计入的原材料和生产工时,后者归集企业投产的所有批别产品的各项费用和累计的全部生产工时。

(2) 计算间接费用分配表。在有完工产品的月份计算累计间接费用分配率,在没有完工产品的月份不分配发生的间接费用。

$$全部产品累计间接费用分配率 = \frac{全部产品累计间接费用}{全部产品累计工时}$$

$$某批完工产品应负担的间接费用 = 该批完工产品累计工时 \times 全部产品累计间接费用分配率$$

(3) 分配间接费用。对当月完工的不同批别的产品均按同一累计间接费用分配率进行分配,简化了成本核算工作。

3. 简化分批法的成本计算程序

(1) 开设生产成本明细账。根据订单开设基本生产成本明细账和基本生产成本二级账,均增加"生产工时"专栏,并登记期初数。格式如表 3-42 和表 3-44 所示。

(2) 归集生产费用和工时。基本生产成本明细账,平时只登记直接材料和生产工时,不登记间接费用。在二级账中登记累计直接费用、累计间接费用和累计工时。

(3) 计算完工产品成本。

①月末如果有完工产品,根据基本生产成本二级账数据资料计算燃料和动力、直接人工、制造费用的累计间接费用分配率及完工产品应分摊的间接费用(燃料和动力、直接人工、制造费用)。

②完工产品直接材料费用的分配可采用约当产量等方法分配。

③最后编制产成品成本汇总表,并编制记账凭证登记相应的成本明细账。

4. 适用范围及优缺点

适用范围:投产批别较多,且每月完工批别较少、各个月份间接费用消耗水平一致的企业。

优点:月末未完工产品批别越多,核算工作越简化。

缺点:一是不能反映月末在产品的真实成本,不利于在产品成本的管理;二是当各月间接费用水平相差较大时,会影响成本计算的真实性。

3.3.2 采用简化分批法计算产品成本

1. 企业概况及成本管理要求

哈尔滨服装厂接受商家订单小批生产多种女士服装。为简化产品成本核算工作,采用简化分批法核算产品成本。

2. 业务背景及相关资料

（1）订单情况。该企业2014年4—6月份各批产品的投产及生产情况如下：

4月份投产140401批真丝长袖女衬衣80件，6月份全部完工，原材料陆续投入。

5月份投产140501批真丝短袖女衬衣90件，6月份完工50件，原材料在生产开始一次性投入，在产品的完工程度为50%；

5月份投产140502批真丝裤子120件，6月份全部未完工，原材料陆续投入。

6月份投产140601批真丝连衣裙100件，6月份全部未完工。原材料陆续投入。

（2）2014年4—6月份各批产品的投产及生产情况如表3-40、表3-41所示。

表3-40　2014年4—5月份成本项目及工时资料　　　　　　　　单位：元

批别	产品名称	耗用直接材料		耗用工时（小时）		5月末直接人工	5月末制造费用
		4月	5月	4月	5月		
140401	真丝长袖女衬衣	31 000	18 900	11 200	7 600		
140501	真丝短袖女衬衣		38 480		8 600		
140502	真丝裤子		34 620		12 400		
合计		31 000	92 000	11 200	28 600	35 498	31 100

表3-41　2014年6月份生产情况及发生的间接费用　　　　　　　单位：元

批别	产品名称	批量（件）	投产日期	完工日期	工时（小时）	直接材料	直接人工	制造费用
130401	真丝长袖女衬衣	80	4月	6月	14 000	12 900		
130501	真丝短袖女衬衣	90	5月	6月（完工50件）	15 900			
130502	真丝裤子	120	5月	7月	15 000	15 500		
130601	真丝连衣裙	100	6月	7月	13 520	12 350		
合计					58 420	40 750	52 900	63 500

3. 业务活动及成本核算

（1）根据表3-40和表3-41，开设基本生产成本二级明细账和基本生产成本明细账（如表3-42至表3-46所示）并登记4—6月份的发生额。

表3-42　基本生产成本二级账。

2014年		凭证编号	摘要	直接材料	生产工时（小时）	直接人工	制造费用	合计
月	日							
4	30	略	本月发生	31 000	11 200			31 000
5	31		本月发生	92 000	28 600	35 498	31 100	158 598
6	30		本月发生	40 750	58 420	52 900	63 500	157 150
	30		本月累计	163 750	98 220	88 398	94 600	346 748
	30		间接费用分配率			0.90	0.96	
	30		本月完工转出	84 178	50 300	45 270	48 288	177 736
	30		在产品成本	79 572	47 920	43 128	46 312	169 012

表 3-43　基本生产成本明细账

批别：140401　　　　　　　　　　　　　　　　　　产品名称：真丝长袖女衬衣
开工日期：2014 年 4 月　　　　　批量：80 件　　　完工日期：2014 年 6 月

| 2014 年 | | 凭证编号 | 摘要 | 直接材料 | 生产工时（小时） | 直接人工 | 制造费用 | 合计 |
月	日							
4	30	略	本月发生	31 000	11 200			31 000
5	30		本月发生	18 900	7 600			18 900
6	30		本月发生	12 900	14 000			12 900
	30		本月累计	62 800	32 800			62 800
	30		间接费用分配率			0.9	0.96	
	30	93	本月完工转出	62 800	32 800	29 520	31 488	123 808

表 3-44　基本生产成本明细账

批别：140501　　　　　　　　　　　　　　　　　　产品名称：真丝短袖女衬衣投产
开工日期：2014 年 5 月　　　　　批量：90 件　　　完工日期：2014 年 6 月

| 2014 年 | | 凭证编号 | 摘要 | 直接材料 | 生产工时（小时） | 直接人工 | 制造费用 | 合计 |
月	日							
5	30	略	本月发生	38 480	8 600			38 480
6	30		本月发生		15 900			
	30		本月累计	38 480	24 500			38 480
	30		间接费用分配率			0.9	0.96	
	30	93	本月完工转出	21 378	17 500	15 750	16 800	53 928
	30		月末在产品成本	17 102	7 000			17 102

表 3-45　基本生产成本明细账

批别：140502　　　　　　　　　　　　　　　　　　产品名称：真丝裤子
开工日期：2014 年 5 月　　　　　批量：120 件　　完工日期：2014 年 7 月

| 2013 年 | | 凭证编号 | 摘要 | 直接材料 | 生产工时（小时） | 直接人工 | 制造费用 | 合计 |
月	日							
5	30	略	本月发生	34 620	12 400			34 620
6	30		本月发生	15 500	15 000			15 500
			本月累计	50 120	27 400			50 120

表 3-46　基本生产成本明细账

批别：140601　　　　　　　　　　　　　　　　　　产品名称：真丝连衣裙
开工日期：2014 年 6 月　　　　　批量：100 件　　完工日期：2014 年 7 月

| 2014 年 | | 凭证编号 | 摘要 | 直接材料 | 生产工时（小时） | 直接人工 | 制造费用 | 合计 |
月	日							
6	30	略	本月发生	12 350	13 520			12 350
6	30		本月累计	12 350	13 520			13 520

☞ **温馨提示**

①因为 130601 批真丝连衣裙 6 月份才投产，因此没有期初余额。

②某月末基本生产成本二级账生产工时等于该月末各基本生产成本明细账生产工时之和；某月末基本生产成本二级账直接材料等于该月末各基本生产成本明细账直接材料发生额之和。

（2）计算各成本明细账 6 月末累计发生额，计算间接费用分配率并填表 3-42 至表 3-46。

其计算过程如下：

直接人工费用分配率 = 88 398 ÷ 98 220 = 0.90

制造费用分配率 = 94 600 ÷ 98 220 = 0.96

（3）计算完工产品应负担的间接费用和完工产品的成本。产品成本计算单及产成品汇总表如表 3-47 至表 3-49 所示，依据产品成本计算单及产成品汇总表编制的记账凭证（如表 3-50 所示记账凭证号为 93 号）并登记有关成本明细账（如表 3-42 至 3-44 所示）。

表 3-47　130401 批完工产品成本计算单

批别：140401　　产品名称：真丝长袖女衬衣　　开工日期：2014 年 4 月　　单位：元/件

摘要	产品数量	直接材料	生产工时	直接人工	制造费用	合计
4 月份投产费用及工时	80	31 000	11 200			31 000
5 月份生产费用及工时		18 900	7 600			18 900
6 月份生产费用及工时		12 900	14 000			12 900
费用及工时累计		62 800	32 800			62 800
间接费用分配率				0.9	0.96	
完工产品总成本	80	62 800	32 800	29 520	31 488	123 808
完工产品单位成本		785		369	393.6	1 547.6

表 3-48　130501 批完工产品成本计算单

批别：140501　　产品名称：真丝短袖女衬衣　　开工日期：2014 年 5 月　　单位：元/件

摘要	产品数量	直接材料	生产工时	直接人工	制造费用	合计
5 月份生产费用及工时	90	38 480	8 600			38 480
6 月份生产费用及工时			15 900			
费用及工时累计		38 480	24 500			38 480
间接费用分配率				0.9	0.96	
完工产品总成本	50	21 378	17 500	15 750	16 800	53 928
完工产品单位成本		427.56		315	336	1 078.56
在产品成本及工时	40	17 102	7 000			

☞ **温馨提示**

①完工产品的直接材料费用 =（38 480 ÷ 90）× 50 = 21 378（元）。

②完工产品的工时 = 24 500 ÷（50 + 40 × 50%）× 50 = 17 500（小时）。

表 3-49　2014 年 6 月完工产品成本汇总表　　　　单位：元/件

产品名称	批号	完工产品数量	直接材料	直接人工	制造费用	总成本	单位成本
真丝长袖女衬衣	140401	80	62 800	29 520	31 488	123 808	1 547.6
真丝短袖女衬衣	140501	50	21 378	15 750	16 800	53 928	1 078.56
合计			84 178	45 270	48 288	177 736	

表 3-50　记账凭证

2014 年 12 月 31 日　　　　　　　　　　　　　　第 93 号

摘要	借方科目			贷方科目			金额									
	总账科目	明细科目	记账	总账科目	明细科目	记账	千	百	十	万	千	百	十	元	角	分
产成品入库	库存商品	真丝长袖女衬衣	√					1	2	3	8	0	8	0	0	
	库存商品	真丝短袖女衬衣	√						5	3	9	2	8	0	0	
				生产成本	基本生产成本 130401	√		1	2	3	8	0	8	0	0	
				生产成本	基本生产成本 130501	√			5	3	9	2	8	0	0	
合计							¥	1	7	7	7	3	6	0	0	

附单据 3 张

会计主管：李强　　　　记账：杨晓可　　　　复核：刘梅　　　　制单：杨晓可

【测试与强化 3-3】

仍以哈尔滨服装厂接受商家小批订单生产多种女士服装为例，假设该企业成本核算业务背景及相关资料除下列情况外，其余均相同。

（1）成本项目的构成不同。成本项目由个项目组成，即增加燃料和动力成本项目。其成本项目数额，直接材料、直接人工和工时项目数额不变，制造费用项目数额均为原数额的 60%，另 40% 为燃料和动力数额。

（2）5 月份投产 40502 批真丝裤子 120 件，原材料陆续投入，月末完工 80 件，原材料投入及完工程度均为 80%。

请采用简化分批法完成产品成本核算测试用相关凭证及账页见附录 241—245 页表（测）3-23 至表（测）3-32。

项目总结

分批法是以产品批别或生产指令作为成本计算对象，开设生产成本明细账，归集生产费用，计算产品成本的一种方法。

分批法主要适用于小批单件产品生产及管理上不要求分步骤计算产品成本的多步骤生产企业。例如，根据客户的要求生产特殊规格、规定数量产品的企业；产品经常变动的小规模企业；专门承揽修理业务的企业；承担新产品开发试制的企业。分批法的会计核算流程与品种法相同。

但分批法又有其独自的特点。例如，以产品批别为成本计算对象，这里的批别可以是一份订单，也可以是几份订单，一份订单也可以有几个批别，由订单和生产的具体情况而定；以各批产品的生产周期为成本计算期；一般期末不需要计算在产品成本等。

在小批单件生产的企业中，例如，同一月份内投产的产品批别很多（如几十批甚至上百批），且月末未完工的产品批别也很多，间接费用的发生比较平衡，可采用简化分批法计算产品成本。与一般分批法相比，简化分批法特点有如下几个不同。

（1）开设的成本明细账不同。在按产品投产批别开设基本生产成本明细账的基础上，增设基本生产成本二级账，并且在每个产品成本明细账中均增加"生产工时"专栏。

（2）成本明细账的登记不同。基本生产成本二级明细账发生所有成本耗费和工时全部进行登记；而按产品批别开设的基本生产成本明细账只登记直接材料和生产工时两个项目。

（3）产品成本的计算不同。只有当生产的产品有完工产品时，才将发生费用在完工产品和在产品之间进行分配，并且所有完工产品均按同一累计间接费用分配率分配间接费用。如果某批产品本月没有完工产品，则不参与间接费用的分配，直到有完工产品时再进行成本的计算和结转。

课证对接测试

一、单项选择题（下列各题的备选答案中，只有一个是正确的，请将正确答案的字母填在括号内）

1. 简化分批法与分批法的主要区别是（　　）。
   A. 不分批计算完工产品成本　　　　B. 不分批计算在产品成本
   C. 分批核算原材料费用　　　　　　D. 不分批核算间接费用

2. 在简化分批法下，累计间接费用分配率是（　　）。
   A. 只是在各种产品之间分配间接费用的依据
   B. 只是在各批产品之间分配间接费用的依据
   C. 既在各批产品之间，也在完工产品和在产品之间分配间接费用的依据
   D. 只在完工产品和在产品之间分配间接费用的依据

3. 分批法适用于（　　）。
   A. 小批生产　　　B. 大批生产　　　C. 大量生产　　　D. 多步骤生产

4. 采用简化分批法，在产品完工之前，按生产批别开设的基本生产明细账登记的内容是（　　）。
   A. 不登记任何费用　　　　　　　　B. 只登记直接材料费用和生产工时
   C. 只登记原材料费用　　　　　　　D. 登记间接费用，不登记直接费用

5. 产品成本计算的分批法，应以（　　）。
   A. 每种产品设置成本计算单　　　　B. 每批产品设置成本计算单
   C. 产品类别设置成本计算单　　　　D. 产品生产步骤设置成本计算单

6. 简化的分批法是（　　）。
   A. 分批计算在产品成本的分批法　　B. 不分批计算在产品成本的分批法
   C. 不计算在产品成本的分批法　　　D. 不分批计算完工产品成本的分批法

7. 在各种产品成本计算方法中，必须设置基本生产成本二级账的是（　　）
   A. 分类法　　　　B. 定额法　　　　C. 简化的分批法　　　D. 平行结转分步法

8. 采用简化分批法，产品完工时各批别产品成本明细账（　　）
   A. 只登记各种材料费用
   B. 登记间接计入费用，不登记直接计入费用
   C. 登记直接计入费用和生产工时，不登记间接计入费用
   D. 登记生产工时和发生的所有成本费用
9. 下列情况中，不适宜采用简化分批法的是（　　）
   A. 产品的批数较多　　　　　　　B. 月末未完工产品批数较多
   C. 各月间接计入费用水平相差不多　D. 各月间接计入费用水平相差较多
10. 产品成本计算的分批法，适用的生产组织是（　　）
    A. 大量大批生产　B. 大量小批生产　C. 单件成批生产　D. 小批单件生产
11. 采用简化分批法，累计间接费用分配率（　　）
    A. 只是各批产品之间分配间接计入费用依据
    B. 只是各批在产品之间分配间接计入费用依据
    C. 既是各批别完工产品之间又是完工批别与未完工批别之间，也是批内完工产品与月末在产品之间分配间接费用的依据
    D. 是完工产品与月末在产品之间分配间接计入费用的依据
12. 采用简化分批法，各批别产品、批内完工产品与在产品之间分配间接计入费用，都是利用（　　）。
    A. 累计间接计入费用分配率　　　B. 累计生产工时
    C. 累计原材料费用分配率　　　　D. 间接计入费用分配率
13. 对于成本计算的分批法，下列说法正确的有（　　）
    A. 不存在完工产品与在产品之间的费用分配问题
    B. 成本计算期与会计报告期一致
    C. 适用小批单件、管理上不要求分步骤计算成本的多步骤生产
    D. 以上说法全正确
14. 下列各项中，属于简化分批法特点的是（　　）。
    A. 分批计算完工产品成本
    B. 分批计算月末在产品成本
    C. 生产费用横向与纵向分配合并一起进行
    D. 各项生产费用均不必在各批产品间进行分配
15. 在简化的分批法下，（　　）的成本是不分批计算的。
    A. 在产品　　　B. 各批别在产品　　　C. 自制半成品　　　D. 完工产品

二、多项选择题（下列各题的备选答案中，有两个或两个以上的答案是正确的，请将正确答案的字母填在括号内）

1. 简化分批法适用的范围是（　　）。
   A. 同一月份投产的产品批数很多　　B. 月末完工产品批数较少
   C. 各月间接费用水平相差不多　　　D. 各月生产费用水平相差不多
2. 分批法和品种法的主要区别是（　　）。
   A. 成本计算对象不同　　　　　　　B. 成本计算期不同
   C. 生产周期不同　　　　　　　　　D. 会计核算流程相同
3. 采用简化分批法，各月（　　）。

A. 只计算完工产品成本　　　　　　B. 只对完工产品分配间接费用
C. 不分批计算在产品成本　　　　　D. 不在完工产品与在产品之间分配费用

4. 采用简化分批法（　　）。
A. 必须设立生产成本二级账
B. 在生产成本二级账中只登记费用
C. 在产品完工之前，按产品批别开设的产品成本明细账只登记原材料费用和生产工时
D. 产品完工之前不分批计算产品成本

5. 采用简化分批法，在某批产品完工以前，按批别开设的生产成本明细账只需按月登记（　　）
A. 直接费用　　B. 间接费用　　C. 工时数　　D. 生产成本　　E. 制造费用

6. 分批法成本计算的特点是（　　）。
A. 以生产批别作为成本计算对象
B. 产品成本计算期不固定
C. 按月计算产品成本
D. 一般不需要进行完工产品和在产品成本分配
E. 以生产批别设置生产成本明细账

7. 采用简化分批法，基本生产成本二级账需按月登记（　　）。
A. 直接费用　　　B. 间接费用　　　C. 生产工时　　　D. 制造费用

8. 采用简化分批法，基本生产成本二级账结转完工产品成本后，在产品成本反映的内容有（　　）。
A. 生产工时　　　　　　　　　　　B. 直接材料
C. 只登记直接计入费用和生产工时　　D. 间接费用

9. 分批法具有的特点是（　　）。
A. 成本计算对象是产品的批别
B. 成本计算期与产品的生产周期一致
C. 生产费用需要定期在完工产品与在产品之间进行分配
D. 一般不存在生产费用在完工产品与在产品之间的分配

10. 采用分批法，如果批内产品跨月陆续完工情况不多，而且完工产品数量占全部批量的比重很小，月末计算完工产品成本时，为简化核算，可以采用（　　）计算完工产品成本。
A. 按计划单位成本　　　　　　　　B. 按定额单位成本
C. 按近期相同产品的实际单位成本　　D. 按产品的实际成本

11. 采用简化的分批法，必须具备的条件有（　　）。
A. 月末未完工的批数较少　　　　　B. 月末未完工的批数较多
C. 各月间接计入费用水平相差不多　　D. 各月直接计入费用水平相差不多

12. 累计间接费用分配率是（　　）。
A. 在完工产品批别与在产品批别之间分配间接费用的依据
B. 某批完工产品与在产品之间分配间接费用的依据
C. 在各批完工产品之间分配间接费用的依据
D. 各批月末在产品之间分配间接费用的依据

13. 简化的分批法下设立的基本生产成本二级账，可以按月提供（　　）。
A. 企业或车间全部产品的累计生产费用和生产工时资料

B. 计算和登记全部产品累计间接计入费用分配率
C. 计算和登记完工产品应负担的累计间接计入费用
D. 计算所有完工产品总成本

14. 采用分批法计算产品成本时，成本计算对象可以按（　　）。
A. 一份订单中的不同品种产品分别确定　　B. 一份订单中的同种产品分批确定
C. 一份订单中的单件产品的组成部分分别确定　D. 多份订单中的同种产品汇总确定

15. 在分批法下，不需要将生产费用在各批完工产品和在产品之间分配的有（　　）。
A. 批量为单件产品
B. 批内产品能够同时完工的小批生产
C. 批内产品全部未完工的小批生产
D. 跨月陆续完工的小批生产，采用简化的分配方法

三、判断题（下列说法中正确的画√，错误的画×）

1. 分批法应以产品的批别或生产指令作为成本计算对象，开设基本生产成本明细账。（　　）

2. 简化分批法，是指既不需要在各批产品之间分配费用，又不需要在完工产品和在产品之间分配费用。（　　）

3. 采用简化分批法，运用间接费用累计分配法，未完工批别产品不分配结转间接计入成本的费用。（　　）

4. 无论采用何种成本计算方法，月末都需要将本月归集的生产费用在完工产品和在产品之间进行分配。（　　）

5. 分批法是以产品的批别作为成本计算对象，若一批产品的数量只有一件，则成本计算对象就是该产品。（　　）

6. 分批法的成本计算期与产品的生产周期一致，与企业的会计报告期不一致。（　　）

7. 采用分批法计算产品成本的企业，因为产品生产往往是成批投入成批产出，因而月末不需要计算在产品成本。（　　）

8. 分批法与简化分批法的主要区别在于，成本核算时是否设置基本生产成本二级账。（　　）

9. 采用简化分批法，在各批产品完工之前，各批产品成本明细账只登记该批产品的直接材料和生产工时，不登记直接人工、燃料和动力、制造费用。（　　）

10. 累计间接费用分配率既是在完工产品批别与未完工产品批别之间、在各批完工产品之间，也是各批完工产品与在产品之间分配间接费用的依据。（　　）

项目实训 1

一、实训目的

根据企业的客观实际和成本管理要求，正确选用产品成本计算方法，并熟练运用分批法计算产品成本。

二、企业概况及成本管理要求

1. 企业概况

哈尔滨冰城服装有限责任公司是一家根据客户需求接受订单生产的服装企业。设有两个基本生产车间，分别是裁剪加工车间和平整包装车间。裁剪加工车间主要完成服装的设

计和缝纫加工，平整包装车间主要负责服装的锁眼、钉扣、安装拉锁及包装工作。目前无辅助生产车间。

2. 成本管理及核算要求

企业要求根据客户的订单及企业生产情况采用分批法计算产品成本。成本项目由三个项目构成，即直接材料、直接人工和制造费用，燃料和动力不单设成本项目，将其计入制造费用。

140901 批完工产品按定额成本结转。其定额成本为：直接材料为 206.66 元，直接人工费用为 105.02 元，制造费用为 119.11 元。

141001 批产品部分完工，归集的生产费用采用约当产量法在完工产品和在产品之间进行分配。该产品的完工率为 20%，原材料一次投入。

计入产品成本的生产工人工资和制造费用按生产工时比例分配。企业为职工支付五险一金。单位成本保留两位小数，总成本等保留整数。记账凭证号从 94 号开始顺序排列，假设未完工产品均在 11 月份完工。

三、业务背景及相关资料

（1）该企业 2014 年 10 月份的生产情况和成本计算资料如表 3-51 至表 3-53 所示。

表 3-51　生产情况　　　　　　　　　　单位：件

批号	产品名称	投产批量	本月完工	在产品	开工日期
140901	短款羽绒服	400	100	300	9 月份
140902	薄羽绒裤	200	200	—	9 月份
141001	长款羽绒服	200	150	50	10 月份
141002	厚羽绒裤	300		300	10 月份

表 3-52　产品生产情况

批号	产品名称	生产工时（小时）	
		第一车间	第二车间
140901	短款羽绒服	3 000	1 600
140902	薄羽绒裤	1 500	2 000
141001	长款羽绒服	1 000	1 500
141002	厚羽绒裤	950	1 000
合计		6 450	6 100

表 3-53　月初在产品成本资料　　　　　　　　单位：元

批号	产品名称	直接材料	直接人工	制造费用	合计
140901	短款羽绒服	37 638	27 914	14 200	79 752
140902	薄羽绒裤	43 558	9 624	4 264	57 446

（2）本月各要素费用发生情况如表 3-54 至表 3-56 所示。

表 3-54　材料耗用汇总表　　　　　　　　单位：元

批号	产品名称	主要材料	辅助材料	合计
140901	短款羽绒服	19 414	4 474	23 888
140902	薄羽绒裤	2 662	1 544	4 206
141001	长款羽绒服	2 808	9 587	12 395
141002	厚羽绒裤	2 002	8 438	10 440
合计		26 886	24 043	50 929

表3-55 生产工人工资及制造费用   单位：元

车间	生产工人工资	制造费用
一车间	25 800	13 545
二车间	18 300	16 470
合计	44 100	30 015

表3-56 五险一金等职工薪酬计提比例表

项目	住房公积金		养老保险		医疗保险		失业保险		工伤保险	生育保险	工会经费	教育经费	职工福利
	企业	个人	企业	个人	企业	个人	企业	个人					
工资总额	8%	8%	10%	8%	7%	2%	2%	1%	1%	1%	2%	1.5%	2%

四、实训要求

(1) 根据相关资料，开设基本生产成本明细账。

(2) 根据相关资料，编制费用分配表，填制记账凭证并登记相关的成本明细账。

(3) 根据相关资料，编制产品成本计算单，填制记账凭证并登记相关的成本明细账，完成生产费用在完工产品和在产品之间的分配。

五、实训建议

可采用小组方式进行实训。一人填制原始凭证（含编制各种费用分配表、成本计算单），一人对原始凭证进行复核并编制记账凭证，一人开设成本明细账并根据记账凭证登记明细账。实训用相关凭证及账页见附录247—255页表（训）3-1至表（训）3-15。

项目实训2

一、实训目的

根据企业的客观实际和成本管理要求，正确选用产品成本计算方法，并熟练运用简化分批法计算产品成本。

二、企业概况及成本管理要求

哈尔滨冰城制鞋有限责任公司是一家根据客户需求接受订单生产的制鞋企业。为简化产品成本核算工作，采用简化分批法核算产品成本。

三、业务背景及相关资料

(1) 订单情况。2014年9月该企业的投产情况如表3-57所示。

表3-57 订单投产情况   单位：双

批号	产品名称	投产批量	本月完工	在产品	开工日期
140701	真皮女童鞋	2 500	2 500	—	7月份
140801	牛皮亲子鞋	4 000	—	4 000	8月份
140802	PU时尚女童鞋	10 000	2 500	7 500	8月份
140803	休闲男童鞋	4 000	4 000	—	8月份
140901	真皮公主鞋	4 000	—	4 000	9月份

(2) 2014年7月至9月企业发生相关业务后登记的部分成本明细账如表3-58至表3-63所示。

表3-58　基本生产成本二级账

单位：元

| 2014年 | | 凭证编号 | 摘要 | 直接材料 | 生产工时 | 直接人工 | 制造费用 | 合计 |
月	日							
7	30	略	本月发生			310 000	300 000	
8	30		本月发生			190 000	170 000	
9	30		本月发生			660 000	400 000	

表3-59　基本生产成本明细账

批别：140701　　　　　　　　　　　　　　　　　　　　　　　　产品名称：真皮女童鞋
开工日期：2014年7月　　　　　　　　批量：2 500双　　　　　　完工日期：2014年9月

| 2014年 | | 凭证编号 | 摘　要 | 直接材料 | 生产工时 | 直接人工 | 制造费用 | 合计 |
月	日							
7	30	略	本月发生	13 000	1 500			
8	30		本月发生	75 000	3 000			
9	30		本月发生	122 000	3 500			
			本月累计					
			间接费用分配率					
			本月完工转出					
			完工产品单位成本					

表3-60　基本生产成本明细账

批别：140801　　　　　　　　　　　　　　　　　　　　　　　　产品名称：牛皮亲子鞋
开工日期：2014年8月　　　　　　　　批量：4 000双　　　　　　完工日期：2014年10月

| 2014年 | | 凭证编号 | 摘　要 | 直接材料 | 生产工时 | 直接人工 | 制造费用 | 合计 |
月	日							
8	30	略	本月发生	140 000	2 000			
9	30		本月发生	90 000	4 000			
			本月累计					
			间接费用分配率					
			本月完工转出					
			完工产品单位成本					

表 3-61　基本生产成本明细账

批别：140802　　　　　　　　　　　　　　　　　　　　　产品名称：PU 时尚女童鞋
开工日期：2014 年 8 月　　　　　　　批量：10 000 双　　　　完工日期：2014 年 10 月

2014 年		凭证编号	摘　要	直接材料	生产工时	直接人工	制造费用	合计
月	日							
8	30	略	本月发生	50 000	2 500			
9	30		本月发生	110 000	4 500			
			本月累计					
			间接费用分配率					
			本月完工转出					
			完工产品单位成本					

表 3-62　基本生产成本明细账

批别：140803　　　　　　　　　　　　　　　　　　　　　产品名称：休闲男童鞋
开工日期：2014 年 8 月　　　　　　　批量：4 000 双　　　　完工日期：2014 年 9 月

2014 年		凭证编号	摘　要	直接材料	生产工时	直接人工	制造费用	合计
月	日							
8	30		本月发生	60 000	2 000			
9	30		本月发生	120 000	3 000			
			本月累计					
			间接费用分配率					
			本月完工转出					
			完工产品单位成本					

表 3-63　基本生产成本明细账

批别：140901　　　　　　　　　　　　　　　　　　　　　产品名称：真皮公主鞋
开工日期：2014 年 9 月　　　　　　　批量：4 000 双　　　　完工日期：2014 年 10 月

2014 年		凭证编号	摘　要	直接材料	生产工时	直接人工	制造费用	合计
月	日							
9	30		本月发生	10 000	3 000			

四、实训要求

（1）140802 批 PU 时尚女童鞋完工产品按定额转出，其中产成品材料消耗定额为 50 元，每双产成品生产工时定额为 2.4 小时。

（2）依据给定的资料，采用简化分批法完成上述成本计算任务，并填列在相关的成本明细账。

五、实训建议

可采用小组方式进行实训。一人负责二级成本明细账的登记，一人负责成本明细账的登记，一人负责审核和试算平衡。实训用相关凭证及账页见附录 255—259 页表（训）3-16 至表（训）3-21。

项目能力评价测试

能力评价表

项目序号：　　　　　财务小组：　　　　　姓名：　　　　　学习时间：

	测试的要求	能/未能	任务内容	
专业能力自评	通过学习本项目，你		理解产品成本计算分批法的特点及适用范围	
			理解分批法与品种法的区别	
			理解简化分批法成本计算的特点及适用范围	
			理解分批法与简化分批法的成本计算区别	
			正确计算产品间接费用分配率	
	通过学习本项目，你还有除上述外"能"或"未能"了解、理解等的其他任务内容			
			能力内容	是否提高
职业能力自评	通过学习本项目，运用相关知识和技能，你能达到		根据企业的客观实际开设成本明细账（分批法、简化分批法）	
			根据企业客观实际采用分批法计算产品成本	
			根据企业的客观实际采用简化分批法计算产品成本	
			根据企业的客观实际编制成本计算单	
			根据企业核算的客观实际登记会计账簿并计算完工产品成本	
			解决问题的能力（查错、纠错）	
			团队精神（团队互相帮助完成学习任务）	
			职业态度（无旷工、认真、无抄袭）	
			办事能力（准确表述需求，完成所办事务）	
			敬业精神（工作有始有终，能正确面对困难曲折）	
	通过学习本项目，你还有除上述外的哪些能力得到"明显提高""有所提高""没有提高"			

自评	小组评定	教师评定
签名： 　　年　　月　　日	签名： 　　年　　月　　日	签名： 　　年　　月　　日
总成绩：		

注：

1. "能/未能"栏填"能"或"未能"；"是否提高"栏填"明显提高""有所提高""没有提高"。

2. 最终的总成绩评定由三部分组成，即学生本人自评、小组评定、教师评定，其参考权重分别是25%、25%和50%。参考分值：每个"能"给5分，每个"有所提高"给7分，每个"明显提高"给10分，"没有提高"或"未能"没有分。加总后最高分值为100分。

3. 本项目总权重参考值为10%，即满分10分。

项目 ④ 采用分步法计算产品成本

项目导言

在制造企业的产品生产过程中,按其生产工艺流程和组织特点,分为大量大批单步骤生产、小批单件生产、大量大批多步骤生产。大量大批多步骤生产出的半成品,即可用于下步骤的生产,也可用于对外出售。为满足管理需要,不仅要计算产成品成本,还要按步骤归集生产费用计算半成品成本,以便考核产成品和半成品成本计划的执行情况。如何运用分步法计算各步骤半成品和产成品成本,是本项目教学应解决的关键问题。

项目目标

1. 终极目标:能根据企业的生产类型、成本管理要求等具体情况,正确运用分步法开设成本明细账,进行费用的归集、分配及计算完工产品和在产品成本。

2. 促成目标:

(1) 正确理解产品成本计算分步法的适用范围、特点;

(2) 熟悉逐步结转分步法产品成本计算的特点和程序,能运用逐步结转分步法计算产品成本;

(3) 熟悉平行结转分步法产品成本计算的特点和程序,能运用平行结转分步法计算产品成本。

项目任务与框架

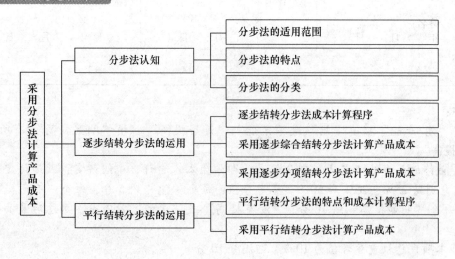

任务4.1 分步法认知

【任务导入 4-1】

会计专业毕业生李伟到一家纺织厂做成本会计员，财务部徐总向李伟介绍了企业的基本情况：该纺织厂规模不大，共有两个纺纱车间，一个织布车间。另外，还有为生产车间服务的辅助生产车间。该厂第一纺纱车间的纺纱全部对外销售，第二纺纱车间的纺纱供织布车间使用，纺纱和织布的工序均包括清花、粗纺、并条、粗纱、捻线、织布等工序。各工序生产的半成品直接供下一工序使用，不经过半成品库。

该厂现行的成本计算模式是，第一纺纱车间采用品种法计算成本；第二纺纱车间和织布车间采用逐步结转分步法计算产品成本。为了加强企业的成本管理，厂财务部对各车间生产的半成品均要进行考核。另外，主管部门还要对半成品成本情况进行评比和检查。

徐总问李伟：该厂成本计算方法的选择是否合理？如果不合理，应如何改进？

【任务知识与技能】

4.1.1 分步法的适用范围

分步法是按照产品的品种及其生产步骤归集生产费用来计算产品成本的一种方法。它适用于大量大批多步骤需要计算各步骤产品成本的生产企业。在多步骤生产的企业中，每个步骤都生产出半成品，最终生产出产成品，这些半成品既可以对外出售，也可以继续用于下步骤的产品生产。为了做好各生产步骤的成本核算和半成品定价，不仅要按照品种计算产品成本，而且还要按生产步骤计算半成品成本，以便更好地考核成本计划执行情况。

4.1.2 分步法的特点

1. 成本计算对象

分步法按生产步骤及产品品种开设成本明细账，按成本项目开设专栏进行产品成本核算。如果企业只生产一种产品，则其成本计算对象就是该种产品及其所经过的生产步骤；如果企业生产多种产品，则其成本计算对象就是各种产品及其所经过的各生产步骤。

应当注意的是：产品成本计算的步骤与实际工作的步骤不一定完全一致。为了简化成本计算工作，可以只对管理上有必要分步计算生产成本的生产步骤单独设立成本明细账，单独计算成本。而对管理上不要求单独计算成本的生产步骤，则可与其他生产步骤合并，设立基本生产成本明细账计算产品成本。

2. 成本计算期

由于分步法适用于大量大批多步骤生产企业，其生产组织的特点决定了产品生产周期较长，而且往往都是跨月连续不断进行的，产品陆续完工。因此，成本计算期一般都按月定期进行，这样就出现了成本计算期与会计报告期一致，与生产周期不一致的情况。

3. 生产费用在完工产品和在产品之间的分配

由于分步法主要适用于大量大批多步骤生产，原材料不断投入，完工产品不断产出，在每月月末计算产品成本时，各生产步骤一般或多或少总会有在产品存在。因此，将按最终产品和各步骤归集的生产费用采用适当的方法,在完工产品和在产品之间进行分配,计算出产成品、各步骤完工半成品和在产品成本。

4. 各步骤之间半成品或完工产品成本的结转

由于分步法是按产品的生产步骤进行的,上一步骤生产的半成品就成为下一步骤生产加工的对象。为了计算各种产品的生产成本,还需要按照产品品种,在各生产步骤间结转半成品成本。如果将上步骤的半成品成本结转到下一步骤半成品成本项目中,就会形成不同的分步法,即逐步结转分步法和平行结转分步法。

4.1.3 分步法的分类

1. 逐步结转分步法

逐步结转分步法是按产品加工步骤的先后顺序,逐步计算并结转各步骤半成品成本,直至最后计算出产成品成本的一种方法。即前一步骤完工半成品实物转入下一生产步骤继续加工时,半成品的成本也一并转入下一步骤,即实物和成本一起转移。

逐步结转分步法按半成品成本在下一步骤成本明细账中列示的项目不同,分为综合结转分步法和分项结转分步法。

逐步结转分步法也称计算半成品成本法,它主要适用于半成品对外出售,要求计算半成品成本;半成品可继续加工为不同产品,需要考核半成品成本;管理上要求提供各生产步骤半成品成本资料的大量大批多步骤生产企业。

2. 平行结转分步法

对于多步骤生产的企业,当只计算最终完工产品成本,不需计算各步骤半成品成本时,可采用平行结转分步法。采用平行结转分步法,当实物转入下一步骤继续加工时,成本并不转移,只是到产品完工时,计算出各生产步骤应计入产成品成本的份额,然后加总计算出完工产品的总成本。平行结转分步法,也称不计算半成品成本分步法。

【测试与强化4-1】

下列说法是否正确?

(1)多步骤生产企业一律采用分步法。
(2)平行结转分步法适用于不需要计算各步骤半成品成本的企业。
(3)逐步结转分步法,随实物的转移成本也转移。
(4)平行结转分步法适用于需要计算各步骤半成品成本的企业,该方法又分为综合结转分步法和分项结转分步法。

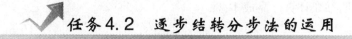

任务4.2 逐步结转分步法的运用

【任务导入4-2】

哈尔滨冰城造纸厂分步骤大量生产办公用白纸,需要经过制浆和制纸两个基本生产车间连续加工。第一车间生产的纸浆加工完成后,直接交第二车间继续加工成白纸。两个车间的在产品采用定额成本法。第一车间的在产品定额总成本 40 000 元,其中,直接材料为 20 000 元,直接人工 16 000 元,制造费用 4 000 元。第二车间的在产品定额总成本为 30 000 元,其中,直接材料(自制半成品)5 000 元,直接人工 12 000 元,制造费用13 000

元。本月纸浆成本合计：直接材料 160 000 元，直接人工 116 000 元，制造费用 108 000 元；白纸成本合计：直接人工 45 000 元，制造费用 74 000 元。第一车间完工产品 20 吨，在产品 5 吨；第二车间完工产品 16 吨，在产品 3 吨。原材料在生产开始时一次投入。

请分别采用综合结转分步法和分项结转分步法，计算白纸的总成本和单位成本。相关凭证明细账见附录 269 页表（测）4-20—表（测）4-23。

【任务知识与技能】

4.2.1 逐步结转分步法成本计算程序

逐步结转分步法因实物流转方式和成本项目列示方式不同，产品成本的计算程序也不同。

1. 逐步结转分步法半成品的实物流转方式

逐步结转分步法半成品的实物流转方式有两种：一是不通过半成品仓库收发，二是通过半成品仓库收发。

（1）半成品不通过仓库收发的成本计算程序。首先，上一个步骤的半成品成本，要随半成品实物的转移，从上一个步骤的成本明细账（或成本计算单）转入本步骤同一产品的成本明细账（或成本计算单）中；其次，加上本步骤所发生的费用，计算出本步骤半成品成本，依次逐步累计结转；最后，步骤计算出产成品成本为止。具体产品成本计算程序如图 4-1 所示。

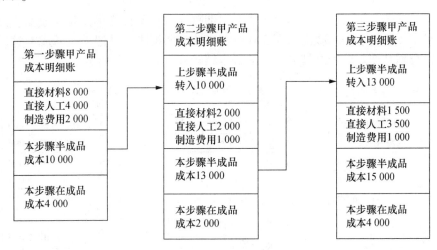

图 4-1　半成品不通过仓库收发逐步结转分步法成本计算程序图

（2）半成品通过仓库收发成本计算程序。在这种情况下，成本核算的基本步骤与上述半成品不通过仓库收发基本相同。唯一的差别在于，在各步骤之间设立"自制半成品"明细账，核算各步骤半成品的收发、结存情况。具体程序如图 4-2 所示。

2. 逐步结转分步法半成品成本项目列示方式

（1）综合结转分步法成本计算程序。综合结转分步法是将各生产步骤所耗上一步骤的半成品成本，以其合计数综合记入下一步骤的产品成本计算单中的"原材料"（或自制半成品）成本项目中去，而不按成本项目分别结转。图 4-1 和图 4-2 均属于综合结转分步法。

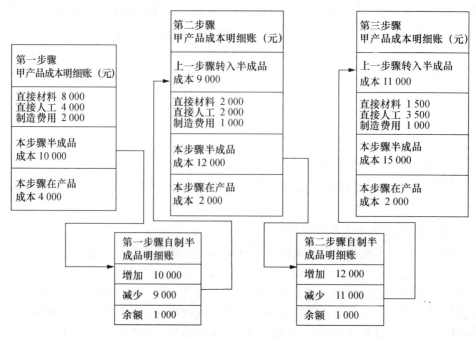

图 4-2 半成品通过仓库收发逐步结转分步法成本计算程序

（2）分项结转分步法成本计算程序。分项结转分步法是按照成本项目，将上一步骤的半成品成本分项转入下一步骤基本生产成本明细账（或成本计算单）相应成本项目的一种方法。如果半成品通过仓库收发，那么在自制半成品明细账中登记半成品成本时，也要按照成本项目分别登记。分项结转分步法的成本结转程序如图 4-3 所示。

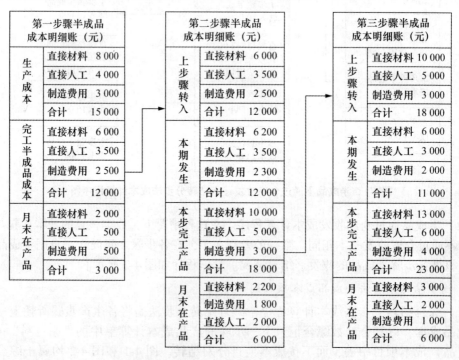

图 4-3 分项结转分步法成本计算程序

4.2.2 采用逐步综合结转分步法计算产品成本

1. 企业概况及成本管理要求

哈尔滨冰城制服生产企业生产制服需经过三个生产步骤。第一步骤是在纺纱车间完成纺纱，第二步骤是将第一步骤转来的纺纱完成织布，第三步骤是将第二步骤转来的织布加工成制服。该企业采用逐步综合结转分步法计算产品成本，自制半成品通过半成品库收发，发出自制半成品的计价采用加权平均法（全月一次加权平均），自制半成品入库单略。

原材料在第一步骤开始时一次投入，加工费用随加工程序陆续发生，月末在产品完工程度为50%。记账凭证从15号起。各步骤均省略成本计算单，成本明细账和成本计算单合二为一。采用约当产量法将生产费用在完工产品和在产品之间分配，采用综合结转分步法计算产品成本，领料单从701开始。

2. 业务背景及相关资料

（1）2014年7月份产量和月初在产品成本资料如表4-1和表4-2所示。

表4-1 产量资料

项目	第一步骤（匹）	第二步骤（匹）	第三步骤（套）
月初结存	90	40	120
本月投入	430	320	280
本月完工	360	240	360
月末结存	160	120	40

表4-2 月初在产品成本　　　　　　　　　　　　　　　　单位：元

成本项目	直接材料	自制半成品	直接人工	制造费用	合计
第一步骤	10 400		2 000	4 200	16 600
第二步骤		11 456	1 200	3 000	15 656
第三步骤		52 800	22 000	12 000	86 800
合计	10 400	64 256	25 200	19 200	119 056

（2）期初自制半成品库存成本资料：月初纺纱结存140匹，实际成本为45 500元。月初织布结存150匹，实际成本为79 500元。

（3）本月发生的生产费用资料如表4-3所示。

表4-3 本月发生的生产费用　　　　　　　　　　　　　　单位：元

成本项目	直接材料	直接人工	制造费用	合计
第一步骤	83 200	17 360	29 240	129 800
第二步骤	—	32 400	32 000	64 400
第三步骤	—	64 640	22 960	87 600
合计	83 200	114 400	84 200	281 800

3. 业务活动及成本计算

（1）根据表4-1至4-3相关资料，开设成本明细账并登记期初和本月发生额，形成表4-4、表4-6、表4-9、表4-11、表4-14。

（2）第一步骤。根据表4-4，计算纺纱产成品成本和在产品成本，形成表4-5，并登记表4-4和表4-6。

表 4-4 基本生产成本明细账

生产步骤：第一步骤
产品名称：纺纱半成品   单位：元

2014年		凭证编号	成本项目	直接材料	直接人工	制造费用	合计
月	日						
7	1		月初在产品成本	10 400	2 000	4 200	16 600
	30	略	本月生产费用	83 200	17 360	29 240	129 800
	30		本月合计	93 600	19 360	33 440	146 400
	30		约当产量	360+160	360+80	360+80	
	30		分配率	180	44	76	300
	30	15	完工纺纱半成品成本	64 800	15 840	27 360	108 000
	30		月末在产品成本	28 800	3 520	6 080	38 400

表 4-5 记账凭证

2014年7月30日   第15号

摘要	借方科目			贷方科目			金额									附单据1张
	总账科目	明细科目	记账	总账科目	明细科目	记账	千	百	十	万	千	百	十	元	角	分
纺纱半成品入库	自制半成品	纺纱	√					1	0	8	0	0	0	0	0	
			√	生产成本	基本生产成本（第一步骤）			1	0	8	0	0	0	0	0	
合计							¥	1	0	8	0	0	0	0	0	

会计主管：张军   记账：杨可   复核：李林   制单：杨可

表 4-6 自制半成品明细账

产品名称：纺纱   单位：元

2014年		凭证编号	摘要	收入			发出			结存		
月	日			数量	单价	金额	数量	单价	金额	数量	单价	金额
7	1		月初余额							140	325	45 500
	30	15	入库	360	300	108 000				500	307	153 500
	30	16	生产领用				320	307	98 240	180	307	55 260

☞ 温馨提示

用加权平均法计算发出纺纱成本 =（45 500 + 108 000）÷（140 + 360）= 307（元）

（3）第二步骤。织布车间填写领料单如表 4-7 所示，根据领料单编制记账凭证表（如表 4-8 所示），并登记相应的成本明细账，如表 4-6 和表 4-9 所示，并计算第二步骤产成品和半成品成本，编制记账凭证表 4-10，并登记制表 4-9 和表 4-11。

表 4-7　领料单

领料车间：织布车间
用途：生产　　　　　　　　2014 年 7 月 13 日　　　　　　　领料 701 号

类别	编号	名称	规格	单位	数量 请领	数量 实发	单价	金额
自制半成品		纺纱		匹	320	320	307	98 240
合计								98 240

第二联　会计联

领料核准：吴丹　　　　　领料人：赵军　　　　　发料人：赵春

表 4-8　记账凭证

2014 年 7 月 30 日　　　　　　　　　　　　　　第 16 号

摘要	借方科目 总账科目	借方科目 明细科目	记账	贷方科目 总账科目	贷方科目 明细科目	记账	金额 千	百	十	万	千	百	十	元	角	分
领用纺纱	生产成本	基本生产成本（第二步骤）	√						9	8	2	4	0	0	0	
				自制半成品	纺纱	√			9	8	2	4	0	0	0	
合计							¥		9	8	2	4	0	0	0	

附单据 1 张

会计主管：张军　　　记账：杨可　　　复核：李林　　　制单：杨可

表 4-9　基本生产成本明细账

生产步骤：第二步骤
产品名称：织布半成品　　　　　　　　　　　　　　　　　　单位：元

2014 年 月	日	凭证编号	成本项目	自制半成品	直接人工	制造费用	合计
7	1		月初在产品成本	11 456	1 200	3 000	15 656
	30		本月生产费用	98 240	32 400	32 000	162 640
7	30		合计	109 696	33 600	35 000	178 296
	30		约当产量	240＋120	240＋60	240＋60	
	30		分配率	304.71	112	116.67	533.38
	30	17	完工织布半成品成本	73 130.4	26 880	28 000.8	128 011.2
	30		月末在产品成本	36 565.6	6 720	6 999.2	50 284.8

表 4-10　记账凭证

2014 年 7 月 30 日　　　　　　　　　　　　　　第 17 号

摘要	借方科目 总账科目	借方科目 明细科目	记账	贷方科目 总账科目	贷方科目 明细科目	记账	金额 千	百	十	万	千	百	十	元	角	分
织布半成品入库	自制半成品	织布	√					1	2	8	0	1	1	2	0
				生产成本	基本（第二步骤）	√		1	2	8	0	1	1	2	0
合计							¥	1	2	8	0	1	1	2	0

附单据 1 张

会计主管：张军　　　记账：杨可　　　复核：李林　　　制单：杨可

表 4-11　自制半成品明细账

产品名称：织布半成品

2014年		凭证编号	摘要	收入			发出			结存		
月	日			数量	单价	金额	数量	单价	金额	数量	单价	金额
7	1		期初余额							150	530	79 500
	30	17	半成品入库	240	533.38	128 011.2						
	30	18	生产领用				280	532.08	148 982.4	110	532.08	58 528.8

👉 温馨提示

> 织布半成品的单位成本 =（79 500 + 128 011.2）÷（150 + 240）= 532.08（元）。

（4）第三步骤。制服加工车间填写领料单（如表 4-12 所示），根据领料单编制记账凭证（如表 4-13 所示），并登记相应成本明细账及形成表 4-14 至表 4-16。

表 4-12　领料单

领料车间：加工车间

用途：生产　　　　　　　　　　　2014 年 7 月 13 日　　　　　　　　　领料 702 号

类别	编号	名称	规格	单位	数　量		单价	金额
					请领	实发		
自制半成品		织布		匹	280	280	532.08	148 982.4
合计								148 982.4

第二联　会计联

领料核准：吴丹　　　　领料人：李军　　　　发料人：赵春

表 4-13　记账凭证

2014 年 7 月 30 日　　　　　　　　　　　　　　　　　　　第 18 号

摘要	借方科目			贷方科目			金额									
	总账科目	明细科目	记账	总账科目	明细科目	记账	千	百	十	万	千	百	十	元	角	分
领用织布	生产成本	基本（三步骤）	√					1	4	8	9	8	2	4	0
				自制半成品	织布	√			1	4	8	9	8	2	4	0
合　计							¥		1	4	8	9	8	2	4	0

附单据 1 张

会计主管：张军　　　记账：杨可　　　复核：李林　　　制单：杨可

表 4-14　基本生产成本明细账（产成品成本计算单）

生产步骤：第三步骤
产品名称：制服

2014年		凭证编号	成本项目	自制半成品	直接人工	制造费用	合计
月	日						
7	1	略	月初在产品成本	52 800	22 000	12 000	86 800
	30		本月发生的生产费用	148 982.4	64 640	22 960	236 582.4
	30		合计	201 782.4	86 640	34 960	323 382.4
	30		约当产量	360+40	360+20	360+20	
	30		分配率	504.46	228	92	824.46
	30	19	结转完工产品成本	181 605.6	82 080	33 120	296 805.6
	30		月末在产品成本	20 176.8	4 560	1 840	26 576.8

表 4-15　记账凭证

2014 年 7 月 30 日　　　　　　　　　　　第 19 号

摘要	借方科目			贷方科目			金额								
	总账科目	明细科目	记账	总账科目	明细科目	记账	千	百	十	万	千	百	十	元	角 分
制服入库	库存商品	制服	√						2	9	6	8	0	5	6 0
				生产成本	基本（第三步骤）	√			2	9	6	8	0	5	6 0
合计							¥		2	9	6	8	0	5	6 0

附单据 1 张

会计主管：张军　　　记账：杨可　　　复核：李林　　　制单：杨可

表 4-16　2014 年 7 月份自制半成品和产成品成本资料　　　单位：元

产品名称	自制半成品	直接材料	直接人工	制造费用	合计
纺纱半成品	—	64 800	15 840	27 360	108 000
织布半成品	73 130.4	—	26 880	28 000.8	128 011.2
制服产成品	181 605.6	—	82 080	33 120	296 805.6

（5）成本的还原。在综合逐步结转分步法下，上一步骤的自制半成品转到下一步骤时，是将包括直接材料、直接人工和制造费用的全部成本结转到自制半成品项目栏。这样，除了第一步骤的自制半成品成本可按照成本项目考核成本外，其他步骤则不能，这不便于成本管理。为了满足成本管理的需要，应当采用适当的方法将最后步骤完工产品的总成本还原为"直接材料""直接人工""制造费用"，还原时从最后步骤起往前逐一计算。

$$成本还原率 = \frac{最后步骤完工产品"自制半成品"成本项目金额}{上一步骤半成品成本合计}$$

还原为上步聚某成本项目金额＝上一步骤半成品某成本项目成本金额×成本还原率

为此该企业的成本还原过程如表 4-17 所示。

表 4-17　产成品成本还原计算表　　　　　　　　　　　　　　　　　单位：元

还原过程＼项目	还原分配率	织布半成品成本	纺纱半成品成本	直接材料	直接人工	制造费用	合计
还原完工产品成本（制服）①		181 605.6			82 080	33 120	296 805.6
织布半成品成本②			73 130.4	26 880	28 000.8	128 011.2
第一次还原③	1.418 67	-181 605.6	103 747.9		38 133.85	39 723.85	0
纺纱半成品成本④				64 800	15 840	27 360	108 000
第二次还原⑤	0.960 63		-103 747.9	62 248.82	15 216.38	26 282.7	0
还原后产成品成本⑥				62 248.82	135 430.23	99 126.55	296 805.6
还原后产成品单位成本⑦				172.91	376.20	275.35	824.46

☞温馨提示

第一次还原分配率：181 605.6÷128 011.2 = 1.418 67（元）
制服所耗织布半成品费用中纺纱半成品成本 = 1.418 67×73 130.4 = 103 747.90（元）
制服所耗织布半成品费用中直接人工费用 = 1.418 67×26 880 = 38 133.85（元）
制服所耗织布半成品费用中制造费用 = 181 605.6 - 103 747.9 - 38 133.85 = 39 723.85（元）
第二次还原分配率：103 747.9÷108 000 = 0.960 63
织布半成品所耗纺纱半成品费用中的直接材料费用 = 0.960 63×64 800 = 62 248.82（元）
织布半成品所耗纺纱半成品费用中的直接人工费用 = 0.960 63×15 840 = 15 216.38（元）
织布半成品所耗纺纱半成品费用中的制造费用 = 103 747.9 - 62 248.82 - 15 216.38
　　　　　　　　　　　　　　　　　　　　 = 26 282.7（元）
⑥ = ① + ③ + ⑤，⑦ = ⑥÷360。

【测试与强化 4-2】

仍以哈尔滨冰城制服生产企业为例，假定该企业相关业务背景及业务背景资料发生如下变化。

（1）成本项目的变化。成本项目由四部分构成，即直接材料、直接人工、燃料和动力、制造费用四部分构成。制造费用的数据为原数据的80%，其余的20%构成燃料和动力项目成本数据。其余的成本项目数据不发生变化。

（2）第一、第二步骤完工的自制半成品不通过半成品仓库，各步骤已完工半成品均转入下一生产步骤生产。

（3）各生产步骤的投产情况的变化如表4-18所示。

表 4-18　产量资料

项目	第一步骤（匹）	第二步骤（匹）	第三步骤（套）
月初结存	90	40	160
本月投入	430	360	240
本月完工	360	240	360
月末结存	160	160	40

该企业除上述变化外，无其他变化。记账凭证号从 20 号开始。请采用综合结转分步法计算各步骤半成品成本和最终完工产品的成本并进行成本还原。相关凭证及账页见附录 259—263 页表（测）4-1 至表（测）4-7。

4.2.3 采用逐步分项结转分步法计算产品成本

1. 企业概况及成本管理要求

哈尔滨冰城亚麻制品有限公司，生产亚麻床上套装用品要经过三个生产步骤，其生产的半成品和产成品分别是亚麻纱线、亚麻布和亚麻成套床上用品。企业要求按分项结转分步法计算各生产步骤半成品成本和最终产成品成本，假如半成品不通过半成品仓库，其半成品全部转入下一生产步骤。原材料在第一步骤开始时一次投入，各步骤加工费用随加工程序陆续发生，月末在产品完工程度为 50%。记账凭证号从 28 号开始。各步骤均省略成本计算单，成本明细账和成本计算单合二为一。

2. 业务背景及相关业务资料

该企业 2014 年 1 月亚麻床上用品有关成本计算的期初资料如表 4-19 至表 4-21 所示。

表 4-19 亚麻床上用品产量资料

项目	第一步骤（匹）	第二步骤（匹）	第三步骤（套）
月初结存	90	40	120
本月投入	430	360	240
本月完工	360	240	360
月末结存	160	160	

表 4-20 2014 年 1 月亚麻床上用品各步骤月初在产品成本　　　　单位：元

成本项目	直接材料	直接人工	制造费用	合计
第一步骤	10 400	2 000	4 200	16 600
第二步骤	8 456	3 200	4 000	15 656
第三步骤	36 800	34 000	16 000	86 800
合计	55 656	39 200	24 200	119 056

表 4-21 2014 年 1 月发生的生产费用　　　　单位：元

成本项目	直接材料	直接人工	制造费用	合计
第一步骤	83 200	17 360	29 240	129 800
第二步骤	—	32 400	32 000	64 400
第三步骤	—	64 640	22 960	87 600
合计	83 200	114 400	84 200	281 800

3. 业务活动及成本计算

（1）根据表 4-20 和表 4-21，开设成本明细账并登记期初余额和本月发生额，形成表 4-22、表 2-24 和表 2-26。

（2）根据表 4-19 和表 4-22 及有关成本计算结果，计算第一步骤亚麻纱线半成品的总成本和单位成本，形成表 4-23，并登记成本明细账表 4-22 和表 4-24。

表 4-22　基本生产成本明细账（成本计算单）

生产步骤：第一步骤
产品名称：亚麻纱线
单位：元

2014 年		凭证编号	成本项目	直接材料	直接人工	制造费用	合计
月	日						
1	30		月初在产品成本	10 400	2 000	4 200	16 600
	30	略	本月发生生产费用	83 200	17 360	29 240	129 800
	30		合计	93 600	19 360	33 440	146 400
	30		约当产量	360 + 160	360 + 80	360 + 80	
	30		分配率	180	44	76	300
	30	28	转入下一步骤亚麻纱线半成品成本	64 800	15 840	27 360	108 000
	30		月末在产品成本	28 800	3 520	6 080	38 400

☞ **温馨提示**

亚麻纱线半成品结转下一生产步骤的账务处理如表 4-23 所示，登记第一步骤、第二步骤的基本生产成本明细账表。

表 4-23　记账凭证

2014 年 1 月 30 日　　　　　　　　　　　　　　　　　　第 28 号

摘要	借方科目			贷方科目			金额										
	总账科目	明细科目	记账	总账科目	明细科目	记账	千	百	十	万	千	百	十	元	角	分	
亚麻纱线转下一步骤	生产成本	基本（第二步骤）	√					1	0	8	0	0	0	0	0		附单据1张
				生产成本	基本（第一步骤）	√		1	0	8	0	0	0	0	0		
合　　计							¥	1	0	8	0	0	0	0	0		

会计主管：张军　　　记账：杨可　　　复核：李林　　　制单：杨可

（3）根据表 4-19 和表 4-24 的计算结果，计算第二步骤半成品和产成品成本，形成表 4-25，并登记成本明细账表 4-24 和表 4-26。

表 4-24　基本生产成本明细账（成本计算单）

生产步骤：第二步骤
产品名称：亚麻布
单位：元

2014 年		凭证编号	成本项目	直接材料	直接人工	制造费用	合计
月	日						
1	1		月初在产品成本	8 456	3 200	4 000	15 656
	30	28	本月上步骤转入	64 800	15 840	27 360	108 000
	30		本月生产费用		32 400	32 000	64 400
	30		合计	73 256	51 440	63 360	188 056
	30		约当产量	240 + 160	240 + 80	240 + 80	
	30		分配率	183.14	160.75	198	
	30		转入下一步骤亚麻布半成品成本	43 953.6	38 580	47 520	130 053.6
	30		月末在产品成本	29 302.4	12 860	15 840	58 002.4

☞ 温馨提示

亚麻布半成品结转下一生产步骤的账务处理如表 4-25 所示，登记第二步骤基本生产成本明细账表 4-24、表 4-26。

表 4-25　记账凭证

2014 年 1 月 30 日　　　　　　　　　　　　　　　　第 29 号

摘要	借方科目			贷方科目			金额 (千百十万千百十元角分)	附单据1张
	总账科目	明细科目	记账	总账科目	明细科目	记账		
亚麻布转下一步骤	生产成本	基本（第三步骤）	√				13005360	
				生产成本	基本（第二步骤）	√	13005360	
合　　计							¥13005360	

会计主管：张军　　记账：杨可　　复核：李林　　制单：杨可

（4）根据表 4-19 和表 4-26 的计算结果，计算第三步骤半成品和产成品成本，形成表 4-27，并登记成本明细账 4-26。

表 4-26　基本生产成本明细账（产品成本计算单）

生产步骤：第三步骤
产品名称：床上用品　　　　　　　　　　　　　　　　　　　　　单位：元

2014 年		凭证编号	成本项目	直接材料	直接人工	制造费用	合计
月	日						
1	1		月初在产品成本	36 800	34 000	16 000	86 800
	30	29	本月上步骤转入	43 953.6	38 580	47 520	130 053.6
	30	略	本月发生的生产费用		64 640	22 960	87 600
	30		合计	80 753.6	137 220	86 480	304 453.6
	30	30	完工产品成本	80 753.6	137 220	86 480	304 453.6
	30		产成品单位成本	224.32	381.16	240.22	845.70

表 4-27　记账凭证

2014 年 1 月 30 日　　　　　　　　　　　　　　　　第 30 号

摘要	借方科目			贷方科目			金额 (千百十万千百十元角分)	附单据1张
	总账科目	明细科目	记账	总账科目	明细科目	记账		
产成品入库	库存商品	床上用品	√				30445360	
				生产成本	基本（第三步骤）	√	30445360	
合　　计							¥30445360	

会计主管：张军　　记账：杨可　　复核：李林　　制单：杨可

【测试与强化 4-3】

仍以哈尔滨冰城亚麻制品有限公司生产亚麻床上用品为例，假定该企业相关业务背景及资料发生如下变化。

（1）成本项目的变化。成本项目由四部分构成，即直接材料、直接人工、燃料和动力、制造费用。制造费用的数据为原数据的80%，其余的20%构成燃料和动力项目的数据。剩下的成本项目数据不发生变化，完工程度分别为40%、60%、50%。

（2）第一、第二步骤完工的自制半成品通过半成品仓库，其产量投产情况如表4-28所示，领料单从101开始。

表4-28 亚麻床上用品产量资料

项目	第一步骤（匹）	第二步骤（匹）	第三步骤（套）
月初结存	90	40	120
本月投入	430	300	240
本月完工	360	240	360
月末结存	160	100	

（3）期初半成品的成本资料：亚麻纱线160匹，实际成本是52 000元；亚麻布160匹，实际成本是88 000元。自制半成品的成本构成比例是：直接材料、直接人工、燃料和动力、制造费用分别为60%、5%、20%、15%。

要求：做出在其他业务数据资料不变，自制半成品经过半成品仓库收发的情况下采用分项结转分步法计算产品成本。记账凭证号从40号开始，相关凭证及账页见附录263—269页表（测）4-8至表（测）4-19。

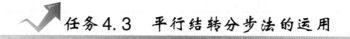

任务4.3 平行结转分步法的运用

【任务导入4-3】

会计专业毕业生何伟到宏达机械制造有限公司应聘成本会计工作岗位，财务主管向何伟提出了一个问题，即逐步结转分步法和平行结转分步法有哪些不同？请问何伟应如何回答。

【任务知识与技能】

4.3.1 平行结转分步法的特点和成本计算程序

1. 平行结转分步法的特点

平行结转分步法是指在计算产品成本时，即不计算本步骤所产半成品成本，也不计算本步骤耗用上一步骤半成品成本，只计算本步骤发生的费用和这些费用中应计入产成品成本的"份额"，且将相同产品各步骤成本计算单中产成品应负担的"份额"平行结转、汇总来计算产品成本的一种分步法。

平行结转分步法一般适用于大量大批多步骤生产的企业。该企业各生产步骤半成品的种类很多，又很少对外出售，因而管理上并不需要计算半成品成本。其特点有如下几项。

（1）各步骤之间只进行实物转移，而不进行成本结转，各步骤只汇集本步骤发生的生产费用。

(2) 半成品之间在各步骤之间的转移，无论是否通过半成品库收发，均不通过"自制半成品"账户。

(3) 将各生产步骤所归集的本步骤所发生的生产费用在完工产成品与广义在产品之间进行分配，计算各步骤应计入产成品成本的"份额"。这里的广义在产品既包括本步骤加工中的在产品，又包括本步骤已经完工、转入以后各步骤继续加工和入库半成品库但尚未最后完工的半成品。

(4) 将各生产步骤确定的应计入产成品成本的"份额"平行汇总后，计算产成品的总成本。

2. 平行结转分步法成本计算程序

由于平行结转分步法不同于逐步结转分步法，其成本计算程序也不同于逐步结转分步法，具体成本计算程序如图4-4所示。

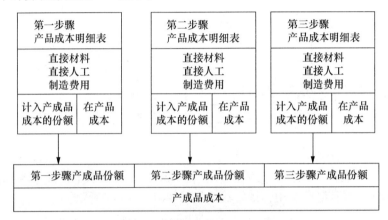

图4-4　平行结转分步法计算程序

3. 平行结转分步法各步骤应计入产成品成本"份额"的计算

某步骤应计入产成品成本的份额 = 产成品数量 × 单位产成品耗用该步骤半成品的数量 × 该步骤半成品单位成本

$$该步骤半成品单位成本 = \frac{该步骤期初在产品成本 + 该步骤本月发生的生产费用}{该步骤产品的约当量}$$

某步骤产品的约当量 = 本月最终产成品数量 + 本步骤加工的在产品数量 × 完工程度 + 本步骤完工转入以后各步骤尚未最终完成的在产品数量 + 本步骤完工转入半成品库的半成品数量

4.3.2　采用平行结转分步法计算产品成本

1. 企业概况及成本管理要求

胜利机械有限责任公司生产永收牌小型收割机。该企业的生产经过三个生产步骤，设有三个生产车间，分别是铸造车间、机加工车间和装配车间。该企业未设置半成品仓库，采用平行结转分步法计算产品成本，上一车间生产的半成品直接交下一车间继续生产，最终生产出小型收割机。原材料在加工时一次投入，各加工步骤狭义在产品完工程度均为50%，采用约当产量分配生产费用。记账凭证号从55号开始。

2. 业务背景及相关业务资料

企业 2014 年 1 月份有关的产量和成本资料如表 4-29 和表 4-30 所示。

表 4-29　产量记录

项目	第一步骤	第二步骤	第三步骤
月初在产品	6	4	2
本月投入	28	30	28
本月完工	30	28	26
月末在产品	4	6	4

表 4-30　2014 年 1 月份期初在产品成本及本月生产费用　　　单位：元

成本项目	生产步骤	直接材料	直接人工	制造费用	合计
月初在产品成本	第一步骤	14 000	8 100	16 300	38 400
	第二步骤		18 950	7 700	26 650
	第三步骤		7 500	4 300	11 800
本月生产费用	第一步骤	62 000	28 000	35 000	125 000
	第二步骤		19 000	5 500	24 500
	第三步骤		27 500	12 500	40 000

3. 业务活动及成本计算

（1）根据企业成本管理要求及表 4-29、表 4-30，开设基本生产成本明细账并登记期初、本期发生额和本月生产费用合计。具体如表 4-31 至 4-33 所示。

表 4-31　基本生产成本明细账

生产步骤：第一步骤
产品名称：铸件　　　　　　　　　　　　　　　　　　　　　　　　　　　　单位：元

2014 年		凭证编号	成本项目	直接材料	直接人工	制造费用	合计
月	日						
1	1		月初产品成本	14 000	8 100	16 300	38 400
	30	略	本月生产费用	62 000	28 000	35 000	125 000
	30		合计	76 000	36 100	51 300	163 400
	30	55	计入产成品成本份额	49 400	24 700	35 100	109 200
	30		月末在产品	26 600	11 400	16 200	54 200

表 4-32　第二步骤基本生产明细账

生产步骤：第二步骤
产品名称：加工件　　　　　　　　　　　　　　　　　　　　　　　　　　　单位：元

2014 年		凭证编号	成本项目	直接材料	直接人工	制造费用	合计
月	日						
1	1	略	月初产品成本		18 950	7 700	26 650
	30		本月生产费用		19 000	5 500	24 500
	30		合计		37 950	13 200	51 150
	30	55	计入产成品成本份额		29 900	10 400	40 300
	30		在产品成本		8 050	2 800	10 850

表 4-33　基本生产成本明细账

生产步骤：第三步骤
产品名称：产成品　　　　　　　　　　　　　　　　　　　　　　　　　　单位：元

2014 年		凭证编号	成本项目	直接材料	直接人工	制造费用	合计
月	日						
1	1		月初产品成本		7 500	4 300	11 800
	30		本月生产费用		27 500	12 500	40 000
	30		合计		35 000	16 800	51 800
	30	55	计入产成品的份额		32 500	15 600	48 100
	30		月末在产品		2 500	1 200	3 700

（2）根据企业成本管理要求及表 4-29 和表 4-30，编制成本计算单及产成品成本汇总表 4-34 至表 4-37，编制记账凭证表 4-38 并登记相应的成本明细账表 4-31 至表 4-34。

表 4-34　第一步骤（铸件）成本计算单

2014 年 1 月 30 日　　　　　　　　　　　　　　　　　　　　　　　　　　单位：元

成本项目	数量	直接材料	直接人工	制造费用	合计
月初产品成本	6	14 000	8 100	16 300	38 400
本月生产费用	28	62 000	28 000	35 000	125 000
合计	34	76 000	36 100	51 300	163 400
约当产量		26 + 4 + 6 + 4	26 + 4 × 50% + 6 + 4	38	
分配率		1 900	950	1 350	
计入产成品成本份额	26	49 400	24 700	35 100	109 200
在产品成本份额		14	12	12	
月末在产品成本		26 600	11 400	16 200	54 200

表 4-35　第二步骤（加工件）成本计算单

2014 年 1 月 30 日　　　　　　　　　　　　　　　　　　　　　　　　　　单位：元

摘要	数量	直接材料	直接人工	制造费用	合计
月初产品成本	4		18 950	7 700	26 650
本月生产费用	30		19 000	5 500	24 500
合计	34		37 950	13 200	51 150
约当产量			26 + 6 × 50% + 4	33	
分配率			1 150	400	
计入产成品成本份额	26		29 900	10 400	40 300
在产品成本	7		8 050	2 800	10 850

表 4-36　第三步骤（产成品）成本计算单

2014 年 1 月 30 日　　　　　　　　　　　　　　　　　　　　　　　　　　单位：元

摘要	数量	直接人工	直接人工	制造费用	合计
月初产品成本	2		7 500	4 300	11 800
本月生产费用	28		27 500	12 500	40 000
合计	30		35 000	16 800	51 800
约当产量	28		26 + 2	26 + 2	
分配率			1 250	600	
计入产成品成本份额	26		32 500	15 600	48 100
月末在产品	2		2 500	1 200	3 700

表4-37 产成品成本汇总表

产成品名称：小型收割机　　　　2014年1月30日　　　　　　　　　　单位：元

成本项目	直接材料	直接人工	制造费用	合计
第一步骤	49 400	24 700	35 100	109 200
第二步骤		29 900	10 400	40 300
第三步骤		32 500	15 600	48 100
完工产品总成本	49 400	87 100	61 100	197 600
完工产品单位成本	1 900	3 350	2 350	7 600

表4-38 记账凭证

2014年1月30日　　　　　　　　　　　　　　　　第55号

摘要	借方科目			贷方科目			金额
	总账科目	明细科目	记账	总账科目	明细科目	记账	千百十万千百十元角分
产成品完工	库存商品	小收割机	√				1 9 7 6 0 0 0 0
				生产成本	基本（第一步骤）	√	1 0 9 2 0 0 0 0
				生产成本	基本（第二步骤）	√	4 0 3 0 0 0 0
				生产成本	基本（第三步骤）		4 8 1 0 0 0 0
合计							¥1 9 7 6 0 0 0 0

附单据1张

会计主管：张军　　　记账：杨可　　　复核：李林　　　制单：杨可

【测试与强化4-4】

1. 企业概况及成本管理要求

长峰机械有限责任公司生产大型联合收割机。该企业的生产经过三个生产步骤，设有三个生产车间，分别是铸造车间、机加工车间和装配车间。该企业未设置半成品仓库，上一车间生产的半成品直接交下一车间继续生产，最终生产出联合收割机。原材料加工一开始一次性投入，各加工步骤狭义在产品的完工程度均为50%，采用约当产量分配生产费用。记账凭证从56号开始。

2. 业务背景及相关业务资料

该企业2014年1月份有关的产量和成本资料如表4-39和表4-40所示。

表4-39 产量记录

项目	第一步骤	第二步骤	第三步骤
月初在产品	10	5	5
本月投入	15	20	15
本月完工	20	15	15
月末在产品	5	10	5

表 4-40　期初在产品成本及本月生产费用　　　　　　　　　单位：元

成本项目	生产步骤	直接材料	燃料和动力	直接人工	制造费用	合计
月初在产品成本	第一步骤	61 792	4 000	33 600	12 800	112 192
	第二步骤		6 560	60 000	26 240	92 800
	第三步骤		1 536	24 000	6 144	31 680
本月生产费用	第一步骤	166 344	4 777	50 413	19 108	240 642
	第二步骤		10 944	99 781	43 775	154 500
	第三步骤		2 300	45 808	9 198	57 306

3. 成本核算要求

采用平行结转分步法计算联合收割机成本，相关凭证及账页见附录 271—273 页表（测）4-24 至表（测）4-31。

项目总结

对于大量大批多步骤生产出的半成品，如果既可用于下步骤的生产，也可用于对外出售，不仅要计算产成品成本，还要按步骤归集生产费用计算半成品成本，以便考核产成品和半成品成本计划的执行情况。分步法成本计算步骤及特点如下。

1. 确定成本对象，开设成本明细账并登记期初余额

按生产步骤及最终生产的产成品为对象开设成本明细账，按成本项目（直接材料、燃料和动力、直接人工、制造费用）设专栏进行成本核算。应注意的是，并不是所有的生产步骤都要设成本明细账，而是根据成本管理的需要来定。如果该步骤半成品单独核算成本没有实质性的经济意义，为简化成本核算工作可不设成本明细账，与其他步骤合并开设成本明细账。按生产步骤和最终产品开设成本明细账，是分步法与其他两种成本计算基本方法的根本区别。

2. 进行费用的归集与分配

首先，进行要素费用的归集与分配。其次，进行综合费用的归集与分配。这一项与其他两种成本计算基本方法相同，无本质区别。

3. 生产费用在完工产品和在产品之间的分配，计算完工产品成本

生产费用在完工产品和在产品之间的分配（在产品是广义在产品还是狭义在产品）以及各生产步骤完工半成品是否通过半成品库，形成了不同的分步法，是分步法的实质所在。具体体现在如下两个方面。

（1）逐步结转分步法。如果半产品成本随实物的转移而转移，此时生产费用在完工产品和在产品之间的分配，采用的是狭义在产品。即本步骤发生的生产费用合计是在本步骤完工半成品和本步骤在产品之间进行分配，其方法与其他成本计算方法相同。但应注意的是：成本随实物转移到下一生产步骤时，各生产步骤所耗上一步骤的半成品成本，以其合计数综合记入下一步骤产品成本计算单的"原材料"（或自制半成品）成本项目中去，还是按成本项目分别计入各自对应的成本项目。逐步结转分步法又分为分项结转分步法和综合结转分步法。

分项结转分步法由于可以直接提供原始成本项目数据，因此便于成本分析和考核，但工作量大。综合结转分步法能够减少成本结转的工作量，但不能反映产品成本的构成。因

此需要对自制半成品成本进行还原。还原时从最后步骤开始，将产成品成本项目中的"自制半成品"成本项目还原成最初的成本项目。其方法是以上步骤产品成本的构成比例为基数进行还原。

逐步结转分步法主要适用于半成品对外出售，要求计算半成品成本；半成品可继续加工为不同产品，需要考核半成品成本；或管理上要求提供各生产步骤半成品成本资料的大量、大批多步骤生产企业。逐步结转分步法也称为计算半成品成本法。

（2）平行结转分步法。采用平行结转分步法，当实物转入下一步骤继续加工时，成本并不转移，只是到产品完工时，计算出各生产步骤应计入产成品成本的份额，然后加总计算出完工产成品的总成本。这里的产成品是指最后步骤完工的产成品，即完成所有步骤可以对外销售的产成品，是狭义的产成品。而在产品则是广义的在产品，不仅包括本步骤未完工的在产品，还包括以后步骤未完工的在产品，也包括进入自制半成品仓库尚未加工的自制半成品。平行结转分步法，只计算最终完工产品成本，不需计算各步骤半成品成本，也称为不计算半成品成本分步法。平行结转分步法适用于管理上要求分步骤控制生产费用，半成品不对外出售，不要求计算半成品成本的企业，如大量大批装配式多步骤生产企业。

分步法操作如图4-5所示。

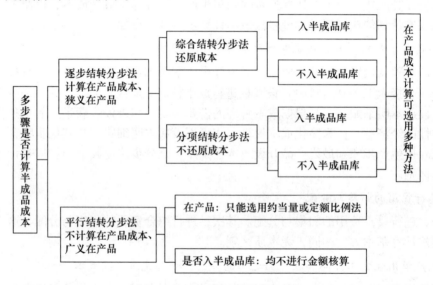

图4-5　分步法成本计算程序

课证对接测试

一、单项选择题（下列各题的备选答案中，只有一个是正确的，请将正确答案的字母填在括号内）

1. 平行结转分步法在产品的含义是指（　　）。
   A. 本步骤在产品　　　　B. 最终产成品　　　　C. 最后步骤在产品
   D. 本步骤在产品和以后步骤在产品及入半成品库尚未最后生产的半成品

2. 在采用综合逐步结转分步法的情况下，下步骤耗用的上步骤半成品的成本应转入下步骤产品成本明细账中的（　　）项目。
   A. 直接材料　　　　　　　　　　　B. 直接人工

C. 制造费用项目　　　　　　　　D. 原材料或自制半成品项目

3. 采用分步法时，为反映原始成本项目，必须进行成本还原的是（　　）。
   A. 逐步综合结转分步法　　　　B. 逐步分项结转分步法
   C. 逐步结转　　　　　　　　　D. 平行结转

4. 成本还原是将（　　）耗用各步骤半成品的综合成本，逐步分解还原为原始成本项目的成本。
   A. 广义在产品　　B. 自制半成品　　C. 狭义在产品　　D. 产成品

5. 分步法中，半成品已经转移，但成本不结转的成本结转方式是（　　）。
   A. 逐步结转分步法　B. 平行结转分步法　C. 综合结转分步法　D. 分项结转分步法

6. 产品成本计算的分步法是（　　）。
   A. 分车间计算产品成本的方法
   B. 计算各步骤半成品和最后步骤产品成本的方法
   C. 按生产步骤计算产品成本的方法
   D. 计算产品成本中各步骤"份额"的方法

7. 逐步结转分步法中在产品含义是指（　　）。
   A. 自制半成品　　B. 狭义在产品　　C. 广义在产品　　D. 半成品和产成品

8. 分步法适用于（　　）。
   A. 单件生产　　　　　　　　　B. 大量生产
   C. 大量大批生产　　　　　　　D. 大量大批多步骤生产

9. 将上一步骤转入的半成品成本全部计入下一步骤成本计算单中的"自制半成品"或"原材料"成本项目，这种成本结转方式称为（　　）。
   A. 成本还原　　B. 平行结转　　C. 分项结转　　D. 综合结转

10. 成本还原是从（　　）生产步骤的前一个生产步骤开始，将其耗用的上一步骤自制半成品综合成本，按照上一步骤完工半成品的成本构成，还原成原始成本项目的做法。
    A. 最前　　　　B. 最后　　　　C. 中间　　　　D. 任意

11. 下列方法中，不计算半成品成本的分步法是（　　）。
    A. 平行结转分步法　B. 分项结转分步法　C. 综合结转分步法　D. 逐步结转分步法

12. 采用逐步结转分步法时，下步骤领用自制半成品借记的会计科目是（　　）。
    A. 库存商品　　B. 自制半成品　　C. 生产成本　　D. 制造费用

13. 某产品生产由三个生产步骤组成，采用平行结转分步法计算产品成本，需要进行成本还原的次数是（　　）。
    A. 2次　　　　B. 3次　　　　C. 0次　　　　D. 4次

14. 某产品生产分两个步骤，采用逐步结转分步法计算成本。本月第一步骤完工入库的半成品为10 000元，本月第二步骤领用的半成品成本为8 000元，本月发生的其他生产费用为12 000元，月初、月末在产品成本分别为2 000元和1 600元。据此计算的该产品产成品成本为（　　）元。
    A. 22 400　　　B. 21 800　　　C. 20 400　　　D. 19 600

15. 平行结转分步法的特点是（　　）。
    A. 各生产步骤所产半成品的种类很少
    B. 各步骤只计算本步骤的各种费用及这些费用中应计入产成品成本的"份额"
    C. 各步骤只计算本步骤发生的各种费用
    D. 各步骤所产半成品的种类很少，因而不需计算半成品成本

二、多项选择题（下列各题的备选答案中，有两个或两个以上的答案是正确的，请将正确答案的字母填在括号内）

1. 下列方法中，成本计算期与会计报告期一致的有（　　）。
   A. 品种法　　　　B. 逐步结转分步法　C. 平行结转分步法　D. 分批法

2. 采用逐步结转分步法，按半成品成本在下一步骤成本计算单中反映方法的不同，可以分为（　　）。
   A. 平行结转法　　B. 综合结转法　　C. 分项结转法　　D. 汇总结转法

3. 逐步结转分步法的特点是（　　）。
   A. 计算各步骤半成品成本　　　　　　B. 半成品成本随实物的转移而转移
   C. 在产品是指广义的在产品　　　　　D. 在产品是指狭义的在产品

4. 平行结转分步法的特点是（　　）。
   A. 不计算各步骤半成品成本　　　　　B. 半成品实物转移但成本不结转
   C. 在产品是指广义在产品　　　　　　D. 在产品是指狭义在产品

5. 采用平行结转分步法，各步骤产品成本明细账中费用的分配方法可以采用（　　）。
   A. 定额成本法　　　　　　　　　　　B. 约当产量法
   C. 定额比例法　　　　　　　　　　　D. 不计算在产品成本法

6. 采用平行结转分步法计算产品成本，各生产步骤的月末在产品成本包括（　　）。
   A. 本步骤月末在产品成本
   B. 已转入以后步骤尚未最终完工的半成品成本
   C. 最终产成品成本
   D. 上一步骤月末在产品成本

7. 采用平行结转分步法不能提供（　　）。
   A. 按原始成本项目反映的产成品成本资料　B. 所耗上一步骤半成品成本的资料
   C. 各步骤完工半成品成本的资料　　　　　D. 本步骤应计入产成品成本份额的资料

8. 采用逐步结转分步法结转半成品成本，半成品成本的计算可采用（　　）。
   A. 移动平均法　　B. 加权平均法　　C. 先进先出法　　D. 后进先出法

9. 成本计算分步法的特点有（　　）。
   A. 分步计算产品成本　　　　　　　　B. 成本计算期是企业的会计报告期
   C. 只计算最终产成品成本　　　　　　D. 成本计算对象是产品的生产步骤

10. 平行结转分步法与逐步结转分步法相比较，优点有（　　）。
    A. 可以简化和加速成本计算工作
    B. 为在产品的实物管理和资金管理提供资料
    C. 能直接提供按原始成本项目反映的产成品成本资料
    D. 不必进行成本还原
    E. 必逐步结转半成品成本

11. 多步骤连续式加工在采用平行结转分步法时，第二生产步骤的广义在产品包括（　　）。
    A. 第一生产步骤完工入库的半成品　　B. 第二生产步骤正在加工的在产品
    C. 第二生产步骤完工入库的半成品　　D. 第三生产步骤正在加工的在产品

12. 平行结转分步法是指（　　）。
    A. 各步骤将发生的生产费用平行结转，汇总计入产成品成本的方法
    B. 各步骤计算产品耗用的各种半成品成本，然后转入产成品成本的方法

C. 各步骤只计算本步骤发生的生产费用
D. 各步骤将应计入产成品成本的"份额"平行结转
E. 各步骤不结转半成品成本，半成品实物转移与成本转移相分离

13. 计算成本还原分配率时所用的指标是（　　）。
A. 本月产成品所耗上一步骤半成品成本合计
B. 本月所产该种半成品成本合计
C. 本月产成品所耗本步骤半成品成本合计
D. 上月所产该种半成品成本合计
E. 上月产成品所耗本步骤半成品成本合计

14. 平行结转分步法下，只计算（　　）。
A. 各步骤半成品成本
B. 各步骤发生的费用及上步骤转入的费用
C. 上一步骤转入的费用
D. 本步骤发生的各项其他费用
E. 本步骤发生的费用应计入产成品成本的份额

15. 在下列企业中，一般采用分步法进行成本计算的企业是（　　）。
A. 冶金企业　　B. 纺织企业　　C. 造纸企业　　D. 化工企业　　E. 发电企业

三、判断题（下列说法中正确的画√，错误的画✗）

1. 成本还原，就是将各生产步骤停留在以后步骤的半成品综合成本项目，分别还原为原来的成本项目。（　　）
2. 采用平行结转分步法，产成品是指最后一个步骤的产成品。（　　）
3. 采用逐步结转分步法，每月末各步骤成本计算单中归集的生产费用，应采用适当的方法在完工产品与狭义在产品之间分配。（　　）
4. 无论采用何种成本计算方法，月末都需要将本月归集的生产费用在完工产品和在产品之间进行分配。（　　）
5. 在大量大批多步骤生产的企业里，产品成本的计算可以选择品种法，也可以选择分步法，主要取决于企业管理是否要求提供各步骤的成本信息。（　　）
6. 企业为了分步计算半成品成本，其成本计算可采用平行结转分步法。（　　）
7. 平行结转分步法下，产成品成本在各步骤的"份额"的计算始终是在产成品数量的基础上进行的。（　　）
8. 在平行结转分步法下，如果采用约当产量法计算分配生产费用，那么各步骤的在产品约当量相等。（　　）
9. 按半成品成本在下步骤成本明细账中的反映方式不同，分步法可分为综合结转分步法和平行结转分步法。（　　）
10. 成本还原是指将完工产品中的半成品成本还原为按原始成本项目所反映的成本，从而计算还原后完工产品的总成本和单位成本。（　　）
11. 运用分步法计算产品成本的实质是品种法在各步骤的多次连续运用。（　　）
12. 某产品的生产分5个步骤，采用综合逐步结转分步法计算产品成本，需要进行成本还原的次数是5步。（　　）
13. 在品种法下，在产品是指狭义在产品；在分步法下，各步骤期末在产品都是广义在产品。（　　）
14. 在平行结转分步法下，各步骤应计入产成品的"份额"应以各步骤本月完工的半成品成本计算。（　　）

15. 在连续式加工生产方式下应用平行结转分步法时,如果原材料在生产开始时一次投入,则除第一步骤外,以后各步骤只归集本步骤除材料费用以外的其他加工费用即可。
( )

项目实训

一、实训目的

根据企业的客观实际和成本管理要求,正确选用产品成本计算方法,并熟练运用分步法完成产品成本核算。

二、企业概况及成本管理要求

1. 企业概况

长胜农机制造有限责任公司是一个生产农用机械的制造企业,主要生产农业机械化作业用的开沟施肥播种起垅四合一作业机。企业生产部门的设置如图4-6所示。其工艺流程和成本核算流程如图4-7所示。无半成品仓库,辅助生产车间不对外提供服务。

2. 成本管理及核算要求

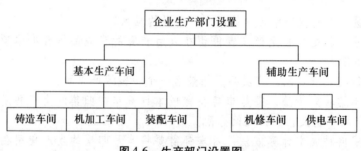

图4-6 生产部门设置图

图4-7 工艺流程和成本核算流程图

(1) 成本项目的构成。企业产品成本核算成本项目由四个项目构成,即直接材料、燃料和动力、直接人工和制造费用。

(2) 辅助生产费用的核算。辅助生产车间不设置制造费用账户核算,辅助生产费用采用直接分配法在受益对象间进行分配。

(3) 制造费用的核算。基本生产车间只生产一种产品,上一车间生产的半成品直接交付下一基本生产车间,不通过半成品仓库核算。

(4) 原材料核算方法。原材料在生产的开始一次性投入。其他费用随着工序的进行陆续投入,各工序半成品完工程度均为50%。

(5) 记账凭证从45号开始顺序排列

三、业务背景及相关资料

(1) 2014年1月该企业月初在产品成本及产量记录如表4-41至表4-43所示。

表 4-41　月初在产品成本

产品名称：四合一作业机　　　　　2014 年 1 月　　　　　　　　　　　　　　单位：元

成本项目	生产步骤	直接材料（自制半成品）	直接人工	燃料和动力	制造费用	合计
月初在产品成本	第一步骤	38 620	21 000	2 000	8 000	69 620
	第二步骤	64 000	37 500	4 100	16 400	122 000
	第三步骤	2 200	15 000	560	4 240	22 000

表 4-42　产量记录

2014 年 1 月

项目	第一步骤	第二步骤	第三步骤
月初在产品	20	10	10
本月投入	30	40	30
本月完工	40	30	30
月末在产品	10	20	10

表 4-43　辅助生产车间对外服务情况统计表

2014 年 1 月

受益单位	机修工时（小时）	供电度数（度）
机修车间	—	2 000
供电车间	20	
小计	20	2 000
铸造车间	110	12 000
机加工车间	120	6 000
装配车间	130	4 000
管理部门	30	7 000
销售部门	10	1 000
小计	400	30 000
劳务供应量合计	420	32 000

（2）各项要素费用汇总表如表 4-44 至表 4-46 所示。

表 4-44　发料凭证汇总表

2014 年 1 月 30 日　　　　　　　　　　　　　　　　　　　　　　　　　　单位：元

领用部门	用途	原料及主要材料	燃料	外购半成品	辅助材料	动力	合计
铸造车间	生产四合一	47 930	10 000	42 740	3 295		103 965
供电车间	发电		4 080			20 000	24 080
机修车间	修理设备				1 000		1 000
合计		47 930	14 080	42 740	4 295	20 000	129 045

注：外购动力已记入"预付账款"账户，为简化核算，在此一并分配。

表 4-45　职工薪酬分配汇总表

2014 年 1 月 30 日　　　　　　　　　　　　　　　　　　　　单位：元

人员部门	人员类别	应付职工薪酬合计	社会保险等计提比例共30%	合计
铸造车间	生产工人	50 000		
	车间管理人员	10 000		
机加工车间	生产工人	40 000		
	车间管理人员	12 000		
装配车间	生产工人	45 000		
	车间管理人员	9 000		
供电车间	生产工人	10 000		
机修车间	生产工人	6 000		
厂部	管理人员	20 000		
销售机构	销售人员	18 000		
合计		220 000		

表 4-46　固定资产折旧计算表

2014 年 1 月 30 日　　　　　　　　　　　　　　　　　　　　单位：元

使用部门	资产类别	月初固定资产原值	月折旧率	小计	合计
铸造车间	房屋	500 000	0.4%		
	机器设备	200 000	0.5%		
机加工车间	房屋	400 000	0.4%		
	机器设备	100 000	0.5%		
装配车间	房屋	500 000	0.4%		
	机器设备	100 000	0.5%		
供电车间	房屋	300 000	0.4%		
	机器设备	400 000	0.5%		
机修车间	房屋	600 000	0.4%		
厂部	房屋	1 000 000	0.4%		
	机器设备	600 000	0.5%		
销售机构	机器设备	200 000	0.5%		
合计		4 900 000			

四、实训要求

（1）采用综合结转分步法计算完工产品和在产品的成本。

（2）采用分项结转分步法计算完工产品和在产品的成本。

（3）假定第二步骤和第三步骤月初直接材料的成本为 0，采用平行结转分步法计算完工产品和在产品的成本。

（4）在同一企业的同一业务背景下，采用不同的成本计算方法，最终成本计算结果一样吗？是什么原因造成的？

五、实训建议

可采用小组方式进行实训。一人填制原始凭证（含编制各种费用分配表、成本计算单），一人对原始凭证进行复核并编制记账凭证，一人根据记账凭证登记明细账，三人共同对计算结果进行复核。实训用相反凭证及账页见附录 275—293 页表（训）4-1 至表（训）4-33。

项目能力评价测试

能力评价表

项目序号：　　　　财务小组：　　　　姓名：　　　　学习时间：

专业能力自评	测试的要求	能/未能	任务内容
	通过学习本项目，你		理解产品成本计算分步法的特点及适用范围
			理解逐步结转分步法与平行结转分步法的区别
			理解逐步综合结转分步法和逐步分项结转分步法的区别
			理解广义在产品和狭义在产品的区别
			能否将自制半成品成本进行成本还原
			能否区分"自制半成品"账户对逐步结转分步法和平行结转分步法会计处理的不同
	通过学习本项目，你还有除上述外"能"或"未能"了解、理解等的其他任务内容		

职业能力自评		能力内容	是否提高
	通过学习本项目，运用相关知识和技能，你能达到	根据企业的客观实际开设成本明细账（逐步综合结转、逐步分项结转和平行结转）	
		根据企业客观实际采用综合结转分步法计算产品成本	
		根据企业客观实际采用平行结转分步法计算产品成本	
		根据企业的客观实际编制成本计算单	
		根据企业客观实际采用分项结转分步法计算产品成本	
		解决问题的能力（操作、查错、纠错）	
		团队精神（团队互相帮助完成学习任务）	
		职业态度（无旷工、认真、无抄袭）	
		办事能力（准确表述需求，完成所办事务）	
		敬业精神（工作有始有终，能正确面对困难和曲折）	
	通过学习本项目，你还有除上述外的哪些能力得到"明显提高""有所提高""没有提高"		

自评	小组评定	教师评定
签名： 　年　月　日	签名： 　年　月　日	签名： 　年　月　日

总成绩：

注：

1. "能/未能"栏填"能"或"未能"；"是否提高"栏填"明显提高""有所提高""没有提高"。

2. 最终的总成绩评定由三部分组成，即学生本人自评、小组评定、教师评定，其参考权重分别是25%、25%和50%。参考分值：每个"能"给5分，每个"有所提高"给7分，每个"明显提高"给10分，"没有提高"或"未能"没有分。加总后最高分值为100分。

3. 本项目总权重参考值为10%，即满分10分。

采用辅助方法计算产品成本

项目导言

通过前面的学习,我们知道了产品成本计算的品种法、分批法和分步法是产品成本计算的基本方法,它们与企业生产类型的特点有着直接的联系,不同生产类型的企业要根据自身的特点选用品种法、分批法或分步法来计算产品成本。但是,除了这三种基本的成本计算方法之外,还存在两种成本计算方法——定额法和分类法,它们是产品成本计算的辅助方法,它们与企业生产类型没有直接联系,在各种类型的生产企业中都可以应用。如在定额管理制度健全,定额基础工作扎实,消耗定额准确、稳定的企业,可采用定额法计算产品成本;在产品品种、规格繁多的企业,为了简化成本计算,可采用分类法计算产品成本。但是,定额法和分类法不能单独使用,必须和产品成本计算的基本方法结合起来使用。因而什么是产品成本计算的定额法和分类法,如何采用定额法和分类法计算产品成本,是本项目教学应解决的关键问题。

项目目标

1. 终极目标:能根据企业生产的特点、成本管理要求等具体情况,正确运用分类法、定额法开设成本明细账,进行费用的归集、分配及完工产品和在产品成本的计算;能正确进行联产品、副产品和等级产品的成本计算。

2. 促成目标:
(1)熟悉产品成本计算分类法及定额法的适用范围、特点;
(2)熟悉分类法、定额法成本计算程序,能采用分类法、定额法计算产品成本;
(3)熟悉联产品、副产品及等级产品的特点,能正确计算联产品、副产品及等级产品的成本。

项目任务与框架

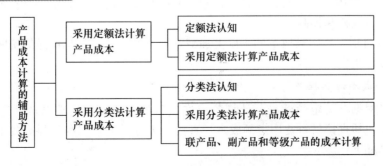

任务5.1 采用定额法计算产品成本

【任务导入 5-1】

蓝天实业有限公司采用分批法计算产品成本。该公司在 2014 年年末召开产品成本分析会议,通过年内成本数据分析发现,本年多个月份的生产费用和产品成本均脱离定额成本,但由于公司一直采用分批法计算产品成本,这个差异只有在月末通过实际成本与定额成本的对比、分析才能得到反映,2014 年公司想采取一定的措施改变这种局面,力争及时对产品成本进行控制和管理。如果你是该公司的一名成本会计,你有什么好的建议?

【任务知识与技能】

5.1.1 定额法认知

前面介绍的成本计算方法,如品种法、分批法和分步法,其生产费用的日常核算和产品成本计算都是根据实际发生额进行归集和分配的。因此,生产费用和产品成本脱离定额的差异及其发生的原因,只有在月末通过实际资料与定额资料的对比、分析才能得到反映,而不能在月份内生产费用发生的当时就得到反映。这不利于更好地加强定额管理,及时对产品成本进行控制和管理,不能更有效地发挥成本核算对于节约费用、降低成本的作用。产品成本计算的定额法,就是为了克服上述几种成本计算方法的弱点,及时反映和监督生产费用和产品成本脱离定额的差异,把产品成本的计划、控制、核算和分析结合在一起,以便加强成本管理而采用的一种成本计算方法。

1. 定额法的适用范围

定额法是指在基本成本计算方法的基础上以产品为对象,用现行定额乘以计划单价计算的定额成本,再加或者减脱离定额的差异,求出实际成本的一种方法。定额法以产品的定额作为计算产品实际成本的基础,因此定额法的运用与企业产品的生产类型没有直接关系,主要适用于定额管理基础比较好,定额管理制度比较健全,产品的生产已经定型,各项消耗定额比较准确、稳定的企业。

2. 定额法的特点

定额法不是产品成本计算的基本方法,它必须与前面的品种法、分批法、分步法等基本成本计算方法结合起来运用,是为了加强成本控制与管理而采用的一种成本计算与管理相结合的方法。其特点有如下几个。

(1) 事先制定产品的消耗定额、费用定额和定额成本作为降低成本的目标,对产品成本进行事前控制。

(2) 在生产费用发生当时,将符合定额的费用和发生的差异分别核算,加强对成本差异的日常核算、分析和控制。

(3) 每月月末,在定额成本的基础上加减各种成本差异,计算产品的实际成本,为成本定期考核和分析提供资料。

3. 定额法成本计算程序

第一步:根据有关定额标准,计算各成本项目的定额费用,编制产品定额成本计算表。定额成本包括直接材料费用定额成本、直接人工费用定额成本和制造费用定额成本三个项目,计算如下:

直接材料费用定额成本 = 直接材料定额耗用量 × 直接材料计划单价
直接人工费用定额成本 = 产品生产工时定额 × 计划小时工资率
制造费用定额成本 = 产品生产工时定额 × 计划小时制造费用率

第二步：分别计算直接材料费用、直接人工费用和制造费用脱离定额的差异，并编制记账凭证。脱离定额差异是指产品生产过程中各项费用（实际费用）脱离现行定额的差异，计算如下：

直接材料费用脱离定额差异 = 实际耗用量 × 计划单价 − 直接材料定额成本
直接人工费用脱离定额差异 = 实际人工费用 − 直接人工费用定额成本
制造费用脱离定额差异 = 实际制造费用 − 制造费用定额成本

第三步：计算产品应负担的材料成本差异。在定额法下，材料的日常核算往往是按计划成本进行的。因此计算实际成本时，还应计算分配材料成本差异，计算公式如下：

某产品应分配的材料成本差异 =（该产品直接材料费用定额成本 ± 直接材料费用脱离定额差异）× 材料成本差异率

第四步：计算定额变动差异。在定额的执行过程中，由于生产技术和劳动生产率的提高，原来制定的消耗定额或费用定额经过一定时期后需要进行重新修订，修订后的新定额与修订前的旧定额之间的差异就形成了定额变动差异。定额变动差异只有存在月初在产品的情况下才会存在，如果没有月初在产品，定额变动差异就不可能存在。定额变动差异计算公式如下：

月初在产品定额变动差异 = 月初在产品按原定额计算的定额成本 − 月初在产品按调整后定额计算的定额成本

第五步：将产品定额成本加减所分得的差异，求得产品实际成本。将产品的定额成本加减所分得的各项差异，即可求出产品的实际成本，计算公式如下：

产品实际成本 = 定额成本 + 脱离定额差异 + 材料成本差异 + 定额变动差异

5.1.2 采用定额法计算产品成本

1. 企业概况及成本管理要求

驴友户外用品有限公司是一家大批大量生产帐篷的厂家，设置直接材料、直接人工和制造费用三个成本项目，生产工人工资和制造费用均按计划生产工时计算。目前该公司采用品种法计算产品成本。由于该公司定额管理制度比较健全、稳定，为了能够及时反映和监督产品成本脱离定额成本的差异情况，该公司决定2014年在采用品种法进行产品成本计算的同时，采用定额法进行成本计算。记账凭证号从78号开始。

2. 业务背景及相关资料

（1）2014年2月初在产品20件，本月投入90件，本月完工产品80件，月末在产品30件，在产品的完工率按50%计算。在生产帐篷过程中所耗的主要材料是尼龙布，尼龙布在生产开始时一次投入，材料单位消耗定额为10米，计划单价为7.2元，单位产品工时定额为10小时，计划小时工资率为5元，计划小时制造费用率为3元。

（2）本月实际领用尼龙布950米，单位产品实际工时为9.5小时，实际小时工资率为5.2元，实际发生制造费用2 677元。

（3）驴友户外用品有限公司的材料成本差异率为 -2%。

（4）2014 年 1 月 1 日起修订原材料消耗定额，单位产品旧定额为 80 元，新的定额为 72 元（7.2×10），1 月末在产品成本表如表 5-1 所示。

表 5-1 2014 年 1 月末在产品成本表   单位：元

成本项目	直接材料	直接人工	制造费用
月初在产品定额成本	1 600	500	300
脱离定额差异	36	-20.25	15.5

（5）材料成本差异和定额变动差异全部由完工产品负担，脱离定额差异按完工产品定额成本和在产品定额成本比例分配。

3. 业务活动及成本核算

（1）根据业务背景及相关资料，编制帐篷直接材料费用、直接人工费用和制造费用定额成本计算表如表 5-2 至表 5-4 所示，并汇总编制帐篷定额成本汇总表 5-5 及记账凭证表 5-6 和登记相关的成本明细账。

产品定额成本是根据企业现行的该产品材料消耗定额、工时定额、费用定额及其他相关资料计算的一种目标成本，主要包括：直接材料费用定额成本、直接人工费用定额成本和制造费用定额成本，其计算公式分别为：

直接材料费用定额成本 = 直接材料定额耗用量 × 直接材料计划单价

直接人工费用定额成本 = 产品生产工时定额 × 计划工资率（元/小时）

制造费用定额成本 = 产品生产工时定额 × 计划制造费用率（元/小时）

表 5-2 直接材料费用定额成本计算表

材料名称	计量单位	计划单价（元）	定额耗用		金额（元）
			单位定额消耗量	定额耗用总量	
尼龙布	米	7.2	10	900	6 480

表 5-3 直接人工费用定额成本计算表

产品名称	单位产品工时定额（小时）	本期投入的约当产量	生产工时定额（小时）	计划工资率（元/小时）	金额（元）
帐篷	10	85	850	5	4 250

☞ 温馨提示

> 本期投入的约当产量 = 本期完工数量 + 期末在产品的约当产量 - 期初在产品的约当产量
> = 80 + 30×50% - 20×50% = 85（件）

表 5-4 制造费用定额成本计算表

产品名称	单位产品工时定额（小时）	本期投入的约当产量	生产工时定额（小时）	计划制造费用率（元/小时）	金额（元）
帐篷	10	85	850	3	2 550

表 5-5　产品定额成本汇总表　　　　　　　　　　　　　　　　　单位：元

产品名称	直接材料定额成本	直接人工定额成本	制造费用定额成本	合计
帐篷	6 480	4 250	2 550	13 280

表 5-6　记账凭证

2014 年 2 月 16 日　　　　　　　　　　　　　　　　　　　　第 78 号

摘要	借方科目			贷方科目			金额									附单据1张
	总账科目	明细科目	记账	总账科目	明细科目	记账	千	百	十	万	千	百	十	元	角	分
材料费用定额成本	生产成本	直接材料	√	原材料	原材料等	√				6	4	8	0	0	0	
人工费用定额成本	生产成本	直接人工	√	应付职工薪酬	工资等	√				4	2	5	0	0	0	
制造费用定额成本	生产成本	制造费用	√	累计折旧等		√				2	5	5	0	0	0	
	合　计								¥	1	3	2	8	0	0	

会计主管：王明　　　　记账：宋立　　　　复核：张芳　　　　制单：宋立

（2）根据业务背景、相关资料及表 5-2 至表 5-4，计算帐篷的直接材料费用、直接人工费用和制造费用脱离定额的差异，填入表 5-7 至表 5-9 中，同时填制相关业务的记账凭证表 5-10 至表 5-12。

表 5-7　直接材料费用脱离定额差异计算表

材料名称	计量单位	计划单价（元）	实际耗用		定额耗用		脱离定额差异（元）
			耗用量	金额（元）	耗用量	金额（元）	
尼龙布	米	7.2	950	6 840	900	6 480	360

在计件工资形式下，生产工人工资脱离定额的差异的核算与原材料脱离定额的差异的核算类似，这里不做详细说明。表 5-8 是计时工资形式下，直接人工费用脱离定额差异的计算过程。

表 5-8　直接人工费用脱离定额差异计算表

产品名称	实际人工费用			定额人工费用			脱离定额差异（元）
	实际工时（小时）	实际小时工资率	实际工资（元）	定额工时（小时）	计划小时工资率（元/小时）	定额工资（元）	
帐篷	807.5	5.2	4 199	850	5	4 250	-51

☞ 温馨提示

85 × 9.5 = 807.5（小时）

表 5-9　制造费用脱离定额差异计算表

产品名称	实际制造费用	定额制造费用			脱离定额差异（元）
		定额工时（小时）	计划小时制造费用率（元/小时）	定额工资（元）	
帐篷	2 677	850	3	2 550	127

表 5-10　记账凭证

2014 年 2 月 16 日　　　　　　　　　　　　　　　　　　第 79 号

摘要	借方科目			贷方科目			金额										附单据1张
	总账科目	明细科目	记账	总账科目	明细科目	记账	千	百	十	万	千	百	十	元	角	分	
材料费用脱离定额差异	生产成本	直接材料	√							3	6	0	0	0			
				材料成本差异	原材料	√				3	6	0	0	0			
合　　计										¥	3	6	0	0	0		

会计主管：王明　　　记账：宋立　　　复核：张芳　　　制单：宋立

表 5-11　记账凭证

2014 年 2 月 16 日　　　　　　　　　　　　　　　　　　第 80 号

摘要	借方科目			贷方科目			金额										附单据1张
	总账科目	明细科目	记账	总账科目	明细科目	记账	千	百	十	万	千	百	十	元	角	分	
人工费用脱离定额差异	应付职工薪酬	人工费用差异	√									5	1	0	0		
				生产成本	直接人工	√						5	1	0	0		
合　　计											¥	5	1	0	0		

会计主管：王明　　　记账：宋立　　　复核：张芳　　　制单：宋立

表 5-12　记账凭证

2014 年 2 月 16 日　　　　　　　　　　　　　　　　　　第 81 号

摘要	借方科目			贷方科目			金额										附单据1张
	总账科目	明细科目	记账	总账科目	明细科目	记账	千	百	十	万	千	百	十	元	角	分	
制造费用脱离定额差异	生产成本	制造费用	√								1	2	7	0	0		
				制造费用	制造费用差异	√					1	2	7	0	0		
合　　计											¥	1	2	7	0	0	

会计主管：王明　　　记账：宋立　　　复核：张芳　　　制单：宋立

（3）根据业务背景、相关资料和前面计算结果，计算帐篷应分配的材料成本差异，编制"材料成本差异分配表"，如表 5-13 所示，并编制记账凭证，如表 5-14 所示。

某产品应分配的材料成本差异 =（该产品直接材料费用定额成本 ± 直接材料费用脱离定额差异）× 材料成本差异率

表 5-13 材料成本差异分配表   单位：元

材料名称	直接材料定额成本	直接材料费用脱离定额差异	材料成本差异率	材料成本差异分配
尼龙布	6 480	360	-2%	-136.8

表 5-14 记账凭证

2014 年 2 月 16 日   第 82 号

摘要	借方科目			贷方科目			金额	
	总账科目	明细科目	记账	总账科目	明细科目	记账	千百十万千百十元角分	
分配材料成本差异	材料成本差异	原材料	√				1 3 6 8 0	
				生产成本	直接材料	√	1 3 6 8 0	
合计							¥ 1 3 6 8 0	

附单据 2 张

会计主管：王明   记账：宋立   复核：张芳   制单：宋立

（4）根据业务背景、相关资料和前面的计算结果，计算月初在产品定额变动差异。

定额变动差异，是指由于修订消耗定额而产生的新旧定额之间的差额，其计算公式如下：

月初在产品定额变动差异 = 月初在产品按原定额计算的定额成本 - 月初在产品按调整后定额计算的定额成本

所以，驴友户外用品有限公司月初在产品定额变动差异 = 1 600 - 72 × 20 = 160（元）

（5）根据业务背景、相关资料和前述计算结果，完成驴友户外用品有限公司产品成本计算单，如表 5-15 所示。

表 5-15 产品成本计算单

产品名称：帐篷   2014 年 2 月   单位：元

项目	直接材料					直接人工				制造费用				合计（实际成本）14
	定额成本 1	脱离定额差异 2	定额变动差异 3	材料成本差异 4	小计 5	定额成本 6	脱离定额差异 7	定额变动差异 8	小计 9	定额成本 10	脱离定额差异 11	定额变动差异 12	小计 13	
月初在产品成本	1 600	36			1 636	500	-20.25		479.75	300	15.5		315.5	2 431.25
月初在产品定额调整	-160		160											
本月生产费用	6 480	360		-136.8	6 703.2	4 250	-51		4 199	2 550	127		2 677	13 579.2
生产费用合计	7 920	396	160	-136.8	8 339.2	4 750	-71.25		4 678.75	2 850	142.5		2 992.5	16 010.45
脱离定额差异率（脱离定额差异/定额成本）		0.05					0.015				0.05			
完工产品成本	5 760	288	160	-136.8	6 071.2	4 000	-60		3 940	2 400	120		2 520	12 531.2
月末在产品成本	2 160	108			2 268	750	-11.25		738.75	450	22.5		472.5	3 479.25

☞ **温馨提示**

① 定额成本计算如下：

完工产品定额成本 = 完工产品数量 × 单位产品定额消耗量 × 计划单价

直接材料定额成本 = 80 × 10 × 7.2 = 5 760（元）

直接人工定额成本 = 80 × 10 × 5 = 4 000（元）

制造费用定额成本 = 80 × 10 × 3 = 2 400（元）

定额成本合计 12 160 元。

② "材料成本差异"和"定额变动差异"全部由完工产品负担，所以这两项的数据与本期发生数相等，不需要在完工产品和在产品之间进行分配。

从以上计算结果可以看出，本月完工产品的定额成本 12 160 元，实际成本为 12 531.2 元，成本超支 371.2 元。这部分超支主要是由于直接材料费用和制造费用的超支造成的，应分析原因，采取措施加以控制和管理。

【测试与强化 5-1】

仍以驴友户外用品有限公司的资料为例，相关业务发生变化的资料如下。

（1）2014 年 2 月初在产品 20 件，本月投入 100 件，本月完工产品 90 件，月末在产品 30 件。

（2）材料消耗定额仍为 10 米，计划单价为 7 元，单位产品工时定额为 10 小时，计划工资率为 6 元/小时，计划制造费用率为 4 元/小时。

（3）本月实际领用尼龙布 950 米，单位产品实际工时为 9.5 小时，实际工资率为 5 元/小时，实际发生制造费用 3 900 元。

除以上资料发生变化外，其他资料如前所述。

要求：采用定额法完成产品成本计算任务。

任务 5.2 采用分类法计算产品成本

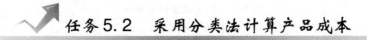

【任务导入 5-2】

刘刚到哈尔滨市龙人食品厂应聘成本会计岗位。该厂主要生产面包、饼干及蛋糕等产品，生产产品所需的原材料都按配料比例耗用，同时该厂为各种食品制定了精确的消耗定额和费用定额。针对该厂生产的实际情况，财务主管提出的问题是：本厂应选用哪种成本计算方法？其成本核算程序是什么？

【任务知识与技能】

5.2.1 分类法认知

在一些制造企业中，生产的产品品种、规格繁多，若按成本计算的基本方法（即品种法、分批法、分步法）来归集生产费用，计算产品成本，则成本计算工作极为繁重，在这种情况下，为了简化成本计算与核算工作，可以将不同品种、规格的产品按一定的标准进行分类，按类归集生产费用，先计算出一类产品的总成本，再计算出此类产品中各种产品的成本，即采用分类法计算产品成本。分类法是将企业生产的产品分为若干类别，以产品的类别作为成本计算对象，设置成本明细账，归集生产费用，计算出各类产品成本，然后在此基础上按一定的方法在类内各种产品之间进行分配，以计算各种产品成本的一种方法。

1. 分类法的适用范围

分类法与企业产品的生产类型无关，主要适用于使用相同的原材料、经过相似的加工工艺过程，所生产的产品品种繁多、规格不一，并且可以按照一定标准进行分类的生产企业。具体包括以下几点。

（1）使用同种原材料、同样的工艺过程而生产出不同规格产品的企业。例如，服装厂生产出来的同一款式但不同尺寸的服装。

（2）使用同种原材料进行加工，同时生产出来几种主要产品（即联产品）的企业。例如，炼油厂投入原油，经过冶炼，同时生产出汽油、煤油、柴油等。

（3）使用同种原材料，在生产出来主要产品的同时，附带生产出非主要产品的企业。例如，肥皂生产企业在生产肥皂的过程中附带生产出来的甘油。

2. 分类法的特点

分类法有如下几个特点。

（1）以产品的类别为成本计算对象，归集各类产品的生产费用。企业应按产品的结构、所用原料和工艺过程，将产品划分为若干类，以每类产品作为一个成本计算对象，为每类产品开设成本明细账，按规定的成本项目归集生产费用。

（2）成本计算期应视产品生产类型及管理要求而定。分类法要与成本计算的基本方法相结合。如果大量大批生产，应结合品种法或分步法进行成本计算，每月月末定期计算产品成本；如果小批量生产，可与分批法结合运用，成本计算期与生产周期一致。所以，分类法并不是独立的成本计算方法，而是在与前三种基本成本计算方法相结合的基础上计算多规格产品而采用的一种简化成本计算方法。

（3）月末一般要将各类产品生产费用总额在完工产品和月末在产品之间进行分配。分类法实质是在成本计算的品种法、分批法和分步法的基础上演变而来的。因此，分类法的成本计算程序与三种基本的成本计算方法大致相同。不同的是，分类法首先将产品按类别来归集和分配生产费用，计算出各类完工产品的总成本和在产品的总成本，然后选用恰当的标准，将完工产品的总成本在类内各种产品之间进行分配，以确定类内各种产品的成本。

3. 分类法的成本计算程序

分类法的计算过程有如下几个步骤。

（1）按产品类别开设基本生产成本明细账。采用分类法计算产品成本，首先将产品按照性质、结构、用途、生产工艺过程、耗用原材料的不同标准，划为若干类别。按类别开设基本生产成本明细账或成本计算单。

（2）归集生产费用。按照规定的成本项目归集生产费用，计算各类产品的总成本。

（3）计算各类完工产品的总成本。会计期末采用适当的方法将归集的生产费用在完工产品与月末在产品之间进行分配，计算出各类完工产品的总成本。

（4）计算类内各种产品成本。在每类完工产品的内部，采用适当的标准，计算类内各产品的总成本和单位成本。

具体成本计算程序如图5-1所示。

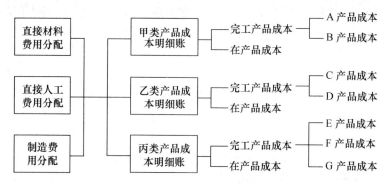

图 5-1　分类法成本计算程序图

5.2.2　采用分类法计算产品成本

1. 企业概况及成本管理要求

（1）企业概况。哈尔滨冰城电子厂生产各类小型电机，该企业生产的风扇类电机中，包括电风扇电动机、暖风电动机和空调电动机三种规格的产品，三种产品的结构、使用的原材料和产品的工艺过程基本相似，以电风扇电动机为标准产品。记账凭证号从 90 号开始。

（2）成本管理及核算要求。企业要求采用分类法计算产品成本。原材料费用系数按照原材料费用定额标准确定，其他费用按照工时定额标准确定。

2. 业务背景及相关资料

2013 年 11 月份该企业家电类电机产品成本明细账及相关定额资料如表 5-16、表 5-17 所示。

表 5-16　生产成本明细账

产品类型：风扇类　　　　　　　　　　　　　　　　　　　　　　　　　　　　　　单位：元

2013 年		凭证编号	摘要	直接材料	直接人工	制造费用	合计
月	日						
11	1		月初在产品成本	30 000	16 500	13 500	60 000
	30		本月生产费用	350 000	145 000	105 000	600 000
	30		合计	380 000	161 500	118 500	660 000
	30		完工产品成本	360 000	1 400 00	110 000	610 000
	30		月末在产品成本	20 000	21 500	8 500	50 000

表 5-17　产量及单位产品定额资料

产品名称	产量（台）	单位产品定额	
		原材料（元/台）	工时定额（小时/台）
电风扇电动机	1 200	250	10
暖风电动机	800	200	6
空调电动机	1 800	300	6

3. 业务活动及成本核算

根据表 5-16 和表 5-17，计算类内各产品的成本。

从以上资料可知，应选择合理的分配标准，将完工的风扇类产品成本在电风扇电动机、暖风电动机和空调电动机之间进行分配,分别计算出三种产品的成本。一般采用系数法进行分配,具体步骤如下。

(1)确定标准产品。一般选择一种产量较大、生产稳定或规格适中的产品作为标准产品,将其系数定为1。该企业采用电风扇类产品为标准产品。

(2)计算类内各产品的系数及标准总产量。

$$原材料费用系数 = \frac{其他产品材料费用定额}{标准产品材料费用定额}$$

$$其他费用系数 = \frac{其他产品工时定额}{标准产品工时定额}$$

某种产品的标准产量 = 该产品的实际产量 × 费用系数

根据表 5-17 和规定的标准产品进行标准产量折合,如表 5-18 所示。

表 5-18　产品分配标准计算表　　　　　　　　　　　单位:元

产品名称	单位产品				实际产量(台)	标准总产量	
	材料费用定额	系数	定额工时(小时)	系数		材料费用	其他费用
电风扇	250	1	10	1	1 200	1 200	1 200
暖风	200	0.8	6	0.6	800	640	480
空调	300	1.2	6	0.6	1 800	2 160	1 080
合计						4 000	2 760

(3)将每类产品的完工产品总成本按照类内各种产品的标准产量进行分配,计算出每种产品的生产成本,如表 5-19 所示。

表 5-19　每种产品成本计算单　　　　　　　　　　　单位:元

产品	原材料费用标准产量(台)	材料费用分配率	直接材料	其他费用标准产量(台)	直接人工分配率	直接人工	制造费用分配率	制造费用	合计
电风扇	1 200		108 000	1 200		60 864		47 832	216 696
暖风	640		57 600	480		24 345.6		19 132.8	101 078.4
空调	2 160		194 400	1 080		54 790.4		43 035.2	292 225.6
合计	4 000	90	360 000	2 760	50.72	140 000	39.86	110 000	610 000

(4)根据表 5-18、表 5-19,编制记账凭证如表 5-20 所示。

表 5-20　记账凭证

2014 年 11 月 30 日　　　　　　　　　　　　　　　第 90 号

摘要	借方科目			贷方科目			金额										附单据3张
	总账科目	明细科目	记账	总账科目	明细科目	记账	千	百	十	万	千	百	十	元	角	分	
结转完工产品成本	库存商品	电风扇	√	生产成本	风扇类	√		2	1	6	6	9	6	0	0	
	库存商品	暖风	√	生产成本	风扇类	√			1	0	1	0	7	8	4	0	
	库存商品	空调	√	生产成本	风扇类	√		2	9	2	2	2	5	6	0	
合计							¥	6	1	0	0	0	0	0	0	

会计主管:王明　　　记账:宋立　　　复核:张芳　　　制单:宋立

☞ 温馨提示

表中数据计算如下：
① 材料费用分配率 = 360 000 ÷ 4 000 = 90（元/台）
电风扇应分配的直接材料费用 = 90 × 1 200 = 108 000（元）
暖风应分配的直接材料费用 = 90 × 640 = 57 600（元）
空调应分配的直接材料费用 = 90 × 2 160 = 194 400（元）
② 直接人工分配率 = 140 000 ÷ 2 760 = 50.72（元/台）
电风扇应分配的直接人工费用 = 50.72 × 1 200 = 60 864（元）
暖风应分配的直接人工费用 = 50.72 × 480 = 24 345.6（元）
空调应分配的直接人工费用 = 50.72 × 1 080 = 54 790.4（元）
③ 制造费用分配率 = 110 000 ÷ 2 760 = 39.86（元/台）
电风扇应分配的制造费用 = 39.86 × 1 200 = 47 832（元）
暖风应分配的制造费用 = 39.86 × 480 = 19 132.8（元）
空调应分配的制造费用 = 39.86 × 1 080 = 43 035.2（元）

【测试与强化 5-2】

1. 企业概况及成本管理要求

哈尔滨冰城电子厂在生产风扇类电机的同时，也生产洗衣机电机，包括小型半自动洗衣机、小型全自动洗衣机、标准型半自动洗衣机和标准型全自动洗衣机四种类型的电机产品，产品简称小半、小自、标半和标自。四种产品的结构、使用的原材料和产品的工艺过程基本相似，以小型自动洗衣机电机为标准产品。企业要求采用分类法计算产品成本；原材料费用系数按照原材料费用定额标准确定，其他费用按照工时定额标准确定。

2. 业务背景及相关资料

2013 年 11 月份洗衣机类电机产品的产量和成本明细账资料如表 5-21、5-22 所示。

表 5-21 产量及单位产品定额资料

产品名称	产量（个）	单位产品定额	
		原材料（元/台）	工时定额（小时/台）
标自	500	600	150
标半	400	450	145
小自	700	400	120
小半	800	300	100

表 5-22 生产成本明细账

产品类型：洗衣机类电机　　　　　　　　　　　　　　　　　　　　　单位：元

2013 年		凭证编号	摘要	直接材料	直接人工	制造费用	合计
月	日						
11	1		月初在产品成本	24 000	16 000	8 000	48 000
	30		本月生产费用	800 000	240 000	180 000	1 220 000
	30		合计	824 000	256 000	188 000	1 268 000
	30		完工产品成本	780 000	248 000	178 000	1 206 000
	30		月末在产品成本	44 000	8 000	10 000	62 000

要求：请根据以上资料完成洗衣机类电机产品的成本计算任务。

任务5.3 联产品、副产品和等级产品的成本计算

【任务导入5-3】

哈尔滨职业技术学院会计专业的应届毕业生李梅，到一企业应聘成本会计岗位，财务主管提出了有关联产品和副产品成本计算方面的问题：企业生产甲、乙、丙三个产品，如果乙、丙产品价值较高，属于甲产品的联产品，应如何分配联合成本？如果乙、丙产品价值较低，属于甲产品的副产品，又如何分配联合成本？

【任务知识与技能】

5.3.1 联产品成本计算

联产品是指在同一生产过程中，利用同一原材料进行加工而同时生产出两种以上的主要产品。例如，炼油厂，经过同一加工过程，从原油中同时提炼出汽油、煤油和柴油等各种联产品。

1. 联产品的生产特点

在生产开始时，各产品尚未分离，同一加工过程中对联产品进行联合加工。当生产过程进行到一定生产步骤，产品才会分离。在分离点以前发生的生产成本，称为联合成本。分离后的联产品，有的可以直接销售，有的还需进一步加工才可以销售。联产品的成本计算通常分为两个阶段进行。

（1）联产品分离前成本的计算。联产品分离前发生的生产成本即联合成本，可按一个成本核算对象设置一个成本明细账进行归集，然后将其总额按一定的分配方法，在各联产品之间进行分配。

（2）联产品分离后成本的计算。联产品分离后按各种产品分别设置明细账，归集分离后所发生的加工成本。

2. 联产品的成本核算程序

联产品的成本核算程序有如下几个步骤。

第一步，将联产品作为成本核算对象，设置成本明细账。联产品的特点决定了联产品在分离之前，不可能按各种产品分别计算成本，只能采用分类法按联产品作为成本核算对象开设成本明细账。

第二步，归集并计算联合成本。联产品的在产品一般比较稳定，可不计算期初、期末在产品成本，本期发生的生产成本全部为联产品的完工产品成本。

第三步，分配联合成本，计算各种产品的成本。联产品归集的生产费用总额可按一定的分配方法（如售价法、可变现净值法、实物数量法等）在各联产品之间进行分配，分别确定各种产品的成本。

第四步，计算联产品分离后的加工成本。联产品分离后继续加工的，按各种产品分别设置明细账，归集其分离后所发生的加工成本，其成本计算方法可根据生产特点选择品种法、分批法、分步法等。

以上第一步、第二步和第四步的相关内容已在前面的分类法及基本成本计算方法中讲过，下面主要介绍第三步，即联合成本的分配。

3. 联合成本的分配

联合成本的分配方法有售价法、可变现净值法和实物数量法等。

（1）企业概况。大庆四方炼油厂利用原油经过同一生产过程，生产出来汽油、柴油和煤油三种产品，三种产品为联产品。

（2）业务资料。2014年11月份发生联合加工成本1 260万元，汽油、柴油和煤油三种产品在分离点上的销售价格总额为1 800万元，其中汽油的销售价格总额为900万元，柴油的销售价格总额为540万元，煤油的销售价格总额为360万元。分别采用售价法、可变现净值法和实物数量法分配联合成本的情况如下。

① 采用售价法分配联合成本。

汽油应分配的联合成本 $= \dfrac{900}{1\,800} \times 1\,260 = 630$（万元）

柴油应分配的联合成本 $= \dfrac{540}{1\,800} \times 1\,260 = 378$（万元）

煤油应分配的联合成本 $= 1\,260 - 630 - 378 = 252$（万元）

☞ 温馨提示

> 采用售价法时，要求每种产品在分离点时的销售价格有可靠的计量。这种方法适用于分离后不再加工，而且价格波动不大的联产品的成本计算。

② 采用可变现净值法分配联合成本。

假如上述联产品分离后，汽油可直接出售，销售价格为900万元，柴油和煤油分离后，需要进一步加工才可销售，销售价格分别为540万元和360万元，柴油后续单独加工的成本为100万元，煤油后续单独加工成本为40万元。采用可变现净值法进行分配（分配率保留两位小数，成本取整）。

汽油的可变现净值 = 销售价格 − 后续单独加工成本 = 900 − 0 = 900（万元）
柴油的可变现净值 = 销售价格 − 后续单独加工成本 = 540 − 100 = 440（万元）
煤油的可变现净值 = 销售价格 − 后续单独加工成本 = 360 − 40 = 320（万元）
可变现净值总额 = 900 + 440 + 320 = 1 660（万元）

汽油应分配的联合成本 $= \dfrac{900}{1\,660} \times 1\,260 = 683$（万元）

柴油应分配的联合成本 $= \dfrac{440}{1\,660} \times 1\,260 = 334$（万元）

煤油应分配的联合成本 $= 1\,260 - 683 - 334 = 243$（万元）

☞ 温馨提示

> 可变现净值是将联产品的最终销售价格扣除其分离后进一步加工的成本的余额，这种方法适用分离后需进一步加工的联产品的成本计算。

③ 采用实物数量法分配联合成本。

假如分离点分离出汽油、柴油和煤油的数量分别为1 000吨、700吨和500吨，采用实物数量法进行分配。

实物数量总额 = 1 000 + 700 + 500 = 2 200（吨）
分配率 = 1 260/2 200 = 0.57
汽油应分配的联合成本 = 0.57 × 1 000 = 570（万元）
柴油应分配的联合成本 = 0.57 × 700 = 399（万元）
煤油应分配的联合成本 = 1 260 − 570 − 399 = 291（万元）

☞ **温馨提示**

> 实际工作中，并非所有的成本发生都与实物数量相关，因此该方法一般适用于成本的发生与产量密切相关的联产品的成本计算。

5.3.2 副产品成本计算

1. 副产品认知

副产品是指在同一生产过程中，使用同种原料，在生产主产品的同时附带生产出来的非主要产品。例如，甘油是生产肥皂这个主产品的副产品，它的产量取决于主产品的产量，随主产品产量的变动而变动。由于副产品的价值相对较低，而且在全部产品生产中所占的比重较小，因而可以采用简化的方法确定其成本，将副产品和主产品作为一个成本核算对象，从总成本中扣除副产品的成本，其余额就是主产品的成本。

2. 副产品的成本的确定

副产品成本的确定方法一般有以下三种。

（1）副产品不计价。发生的联合成本全部作为主产品的成本，此方法适用于副产品数量很少，且分离后即可直接对外出售的副产的成本计算。

（2）副产品按可变现净值计价。可变现净值为销售价格扣除销售税金、销售费用后的余额。如果副产品分离后还需进一步加工，应在此基础上扣除分离后的加工费用。此方法适用于副产品价值较高的情况。

（3）副产品成本按固定成本计价。此方法适用于副产品成本变化不大，市价稳定的情况，此时可以按预先制订的计划成本或定额成本来确定副产品的成本。

3. 副产品成本的计算

（1）企业概况及成本管理要求。海西集团下属焦化厂在生产产品焦炭的同时，附带生产出苯、蒽、萘三种副产品，苯产品按可变现净值计价，并按比例从联合成本项目中进行扣除；蒽产品按固定成本计价，从联合成本的直接材料项目中扣除；萘产品由于数量较少，价值较低，采用简化的方法不予计价。

（2）相关业务数据。2014 年 11 月份有关产量成本资料如表 5-23 和表 5-24 所示。

表 5-23 产量、单价、计划成本表　　　　　　　　　　　　　　　单位：元

产品名称	产量（千克）	单位售价	单位税金	单位销售费用	计划单位成本
焦炭	4 500				
苯	810	40	6	4	
蒽	240				20
萘	3				

表 5-24　成本费用资料　　　　　　　　　　　　　　　　　　单位：元

项目	直接材料	直接人工	制造费用	合计
联合成本	108 000	12 000	30 000	150 000
苯分离后的加工费用		1 500	1 740	3 240

（3）成本计算。根据以上资料完成各产品的成本计算任务并编制记账凭证，如表 5-25 和表 5-26 所示。

表 5-25　成本计算单　　　　　　　　　　　　　　　　　　单位：元

项目	联合成本		焦炭（4 500 千克）		苯（810 千克）				蒽（240 千克）	
	金额	比重（%）	总成本	单位成本	总成本			单位成本	总成本	单位成本
					分离前	分离后	合计			
直接材料	108 000	72	88 036.8	19.56	15 163.2		15 163.2	18.73	4 800	20
直接人工	12 000	8	10 315.2	2.29	1 684.8	1 500	3 184.8	3.93		
制造费用	30 000	20	25 788	5.73	4 212	1 740	5 952	7.34		
合计	150 000	100	124 140	27.58	21 060	3 240	24 300	30	4 800	20

☞温馨提示

① 苯产品的成本计算：
总成本 =（40 − 6 − 4）× 810 = 24 300（元）
其中：分离前的总成本 = 24 300 − 3 240 = 21 060（元）
　　　直接材料 = 21 060 × 72% = 15 163.2（元）
　　　直接人工 = 21 060 × 8% = 1 684.8（元）
　　　制造费用 = 21 060 × 20% = 4 212（元）
总成本合计 = 分离前的成本 + 分离后的单独加工费用
② 蒽产品的成本计算：
总成本 = 20 × 240 = 4 800（元）
对于副产品应负担的联合成本，可以从联合成本中的"直接材料"项目中直接扣除，也可按比例从各成本项目中分别扣除，本例属于直接从"直接材料"中扣除，即蒽产品只负担直接材料费用，而不负担直接人工费用和制造费用，直接人工费用和制造费用由焦炭和苯产品负担。
③ 焦炭的成本计算（倒挤）：
总成本 = 150 000 − 21 060 − 4 800 = 124 140（元）
直接材料 = 108 000 − 15 163.2 − 4 800 = 88 036.8（元）
直接人工 = 12 000 − 1 684.8 = 10 315.2（元）
制造费用 = 30 000 − 4 212 = 25 788（元）

表 5-26　记账凭证

2014 年 11 月 30 日　　　　　　　　　　　　　　　第 91 号

摘要	借方科目			贷方科目			金额										附单据6张
	总账科目	明细科目	记账	总账科目	明细科目	记账	千	百	十	万	千	百	十	元	角	分	
结转完工产品成本	库存商品	焦炭	√					1	2	4	1	4	0	0	0	
	库存商品	苯	√						2	4	3	0	0	0	0	0	
	库存商品	蒽	√							4	8	0	0	0	0	0	
				生产成本	联合成本	√		1	0	8	0	0	0	0	0	
				生产成本	联合成本	√			1	3	5	0	0	0	0	0	
				生产成本	联合成本	√			3	1	7	4	0	0	0	0	
合计							¥	1	5	3	2	4	0	0	0	

会计主管：王明　　　记账：宋立　　　复核：张芳　　　制单：宋立

5.3.3　等级产品的成本计算

等级产品是指，使用相同的材料经过同一生产过程生产出来的同一产品由于质量上的差别而划分为不同等级的产品。等级产品形成的原因，往往是由于以下情况造成的。一种是因为工人操作不慎或技术不熟练造成的。在这种情况下，同一产品的不同等级产品均应负担相同的成本，其因质量原因造成的损失体现在因等级差异所取得的销售收入上。另一种是由于受生产技术过程本身固有特点的影响或者自然原因造成的，如原煤经过加工可生产大块煤、中块煤、小块煤和煤末等几个等级产品。对于由于技术装备水平或自然原因在同一生产过程中形成的等级产品，可视为一类产品，比照前述分类法的成本计算方法，进行不同等级产品成本的计算。

【测试与强化 5-3】

海西集团下属的日用品公司在生产主要产品——肥皂的同时，附带生产出甘油副产品，甘油分离后需进一步加工后才能出售。2014 年 11 月共发生联合成本 155 000 元，其中：直接材料 77 500 元，直接人工 31 000 元，制造费用 46 500 元。甘油进一步加工发生直接人工费用 2 000 元，制造费用 2 500 元。本月生产肥皂 1 000 千克，甘油 200 千克，甘油的市场售价 150 元/千克，单位税金和利润 50 元。根据资料，按可变现净值法计算肥皂和甘油的成本。

项目总结

成本会计工作人员，在做好成本会计核算工作的同时，一方面要做好成本分析、控制和管理工作，另一方面要在满足成本管理需要的同时提高成本工作效率。定额成本法是做好成本分析、控制和分析的有效方法，在采用基本成本计算方法的基础上灵活地运用分类法、联产品、副产品和等级产品成本计算法均可以有效地提高成本核算工作效率。

定额法是指，在基本成本计算方法的基础上以产品为对象，用现行定额乘以计划单价计算的定额成本，再加、减脱离定额的差异，求出实际成本的一种方法。定额法主要适用于定额管理基础比较好，定额管理制度比较健全，各项消耗定额比较准确，产品生产比较稳定的定型企业。采用定额成本法，首先，根据生产情况和期初在产品成本情况，开设成本明细账,登记定额成本、定额差异和定额变动差异;其次,根据生产耗费情况,计算成本费用项目定额、费用脱离定额的差异、产品应负担的材料成本差异,并编制记账凭证登记相应的成本明细账;最后,将定额成本加减定额差异等计算本期生产费用总额,并按成本管理和核算的要求在完工产品和在产品之间进行分配,计算出完工产品和在产品成本。有关成本项目的具体计算如下:

直接材料费用定额成本 = 直接材料定额耗用量 × 直接材料计划单价
直接人工费用定额成本 = 产品生产工时定额 × 计划小时工资率
制造费用定额成本 = 产品生产工时定额 × 计划小时制造费用率
脱离定额的差异 = 实际发生的成本 − 定额成本

直接材料脱离定额的差异中只核算消耗量的差异,而价格原因导致的差异放在材料成本差异中计算。

某产品应分配的材料成本差异 = (该产品直接材料定额成本 ± 直接材料脱离定额差异) × 材料成本差异率

月初在产品定额变动差异 = 月初在产品按原定额计算的定额成本 − 月初在产品按调整后定额计算的定额成本

完工产品的实际成本 = 完工产品的定额成本 + 脱离定额的差异 + 材料成本差异 + 定额变动差异

分类法是将企业生产的产品分为若干类别,以产品的类别作为成本计算对象,设置成本明细账,归集生产费用,计算各类产品成本,然后在此基础上按一定的方法在类内各种产品之间进行分配,以计算各种产品成本的一种方法。分类法主要适用于使用相同的原材料、经过相似的加工工艺过程,所生产的产品品种繁多、规格不一,并且可以按照一定标准进行分类的生产企业。分类法的成本核算过程如下:

(1) 按产品类别开设基本生产成本明细账。采用分类法计算产品成本,首先将产品按照性质、结构、用途、生产工艺过程、耗用原材料的不同标准,划为若干类别。按类别开设基本生产成本明细账或成本计算单。

(2) 归集生产费用,计算各类产品的总成本。

(3) 计算各类完工产品的总成本,并采用适当的标准,计算类内各产品的总成本和单位成本。

联产品是指在同一生产过程中,利用同一原材料进行加工而同时生产出两种以上的主要产品。核算时将联产品作为成本核算对象,设置成本明细账,归集并计算联合成本,最后按一定的分配方法(如售价法、可变现净值法、实物数量法等)在各联产品之间进行分配,分别确定各种产品的成本。

副产品是指在同一生产过程中,使用同种原料,在生产主产品的同时附带生产出来的非主要产品,如甘油是生产肥皂这个主产品的副产品。由于副产品的价值相对较低,而且在全部产品生产中所占的比重较小,因而可以采用简化的方法确定其成本,将副产品和主产品作为一个成本核算对象,从总成本中扣除副产品的成本,其余额就是主产品的成本。副产品成本的确定方法一般有以下三种。

(1) 副产品不计价。发生的联合成本全部作为主产品的成本,此方法适用于副产品数量很少,且分离后即可直接对外出售的副产品的成本计算。

(2) 副产品按可变现净值计价。可变现净值为销售价格扣除销售税金、销售费用后的余额。如果副产品分离后还需进一步加工的,应在此基础上扣除分离后的加工费用。此方法适用于副产品价值较高的情况。

(3) 副产品成本按固定成本计价。等级产品是指使用相同材料经过同一生产过程生产出来的同一产品由于质量上的差别而划分为不同等级的产品。等级产品形成的原因不同,其成本计算也不相同。若是因工人操作不慎或技术不熟练造成的,同一产品的不同等级产品均应负担相同的成本,因质量原因造成的损失体现在因等级差异所取得的销售收入上。若是受生产技术过程本身固有特点的影响或者自然原因造成的,如原煤经过加工可生产大块煤、中块煤、小块煤和煤末等几个等级产品,对于由于技术装备水平或自然原因在同一生产过程中形成的等级产品,可视为一类产品,比照前述分类法的成本计算的方法,进行不同等级产品成本的计算。

课证对接测试

一、单项选择题(下列各题的备选答案中,只有一个是正确的,请将正确答案的字母填在括号内)

1. 下列属于成本计算辅助方法的有(   )。
   A. 品种法　　　B. 分步法　　　C. 分批法　　　D. 分类法
2. 企业利用相同的原材料,在同一生产过程中同时生产出的几种地位相同的主要产品,称为(   )。
   A. 半成品　　　B. 联产品　　　C. 副产品　　　D. 等级产品
3. 企业在生产产品的过程中,附带生产出来的一些次要产品称为(   )。
   A. 副产品　　　B. 联产品　　　C. 等级产品　　　D. 次品
4. (   )是指企业实际发生的费用脱离定额的差异。定额差异的计算,要分别按成本项目进行。
   A. 定额成本　　　B. 定额差异　　　C. 定额费用　　　D. 定额变动差异
5. (   )是指由于修订消耗定额而产生的新旧定额之间的差额,是定额本身变动的结果,它与生产中费用支出的节约或超支无关。
   A. 定额成本　　　B. 定额差异　　　C. 定额费用　　　D. 定额变动差异
6. 定额变动差异是指修复定额以后,原定额成本与新的定额成本之间的差异,只有(   )存在定额变动差异。
   A. 月末在产品　　　B. 月初在产品　　　C. 本月投入产品　　　D. 本月完工产品
7. 在采用定额成本法下,为了有利于分析和考核材料消耗定额的执行情况,日常材料的核算都是按(   )进行的。
   A. 实际成本　　　B. 标准成本　　　C. 计划成本　　　D. 定额成本
8. 联产品成本的计算,是以(   )为成本计算对象开设成本明细账,归集生产费用的。
   A. 产品的类别　　　B. 产品的品种　　　C. 产品的批别　　　D. 产品的生产步骤
9. 下列不属于产品成本计算辅助方法的是(   )。
   A. 联产品成本的计算　　　B. 副产品成本的计算
   C. 等级产品成本的计算　　　D. 简化分批法成本的计算
10. 下列不可以采用分类法进行产品成本计算的有(   )。
    A. 联产品　　　　　　　　B. 等级产品

C. 标准产品　　　　　　　　　D. 产品品种规格繁多，但可以按一定标准分类

11. 定额法下计算的产品成本是（　　）。
    A. 定额成本　　B. 计划成本　　C. 实际成本　　D. 标准成本

12. 定额法下计算产品成本的基础，是该产品的（　　）。
    A. 定额成本　　B. 计划成本　　C. 实际成本　　D. 标准成本

13. 分类法的适用范围与企业的生产类型（　　）。
    A. 有关系　　B. 有直接关系　　C. 没有直接关系　　D. 没有任何关系

14. 下列各项中，属于分类法优点的是（　　）。
    A. 能加强成本控制　　　　　　B. 能提高成本计算的正确性
    C. 能简化产品成本的计算工作　　D. 能分品种掌握产品成本水平

15. 产品成本计算的分类法适用于（　　）。
    A. 品种、规格繁多的产品　　　　B. 可按一定标准分类的产品
    C. 大量大批生产的产品　　　　　D. 品种、规格繁多并可按一定标准分类的产品

16. 材料计划单价为120元/千克，实际单价130元/千克，本月生产甲产品实际耗用378千克，定额消耗量380千克，则材料脱离定额的差异为（　　）。
    A. -3 540　　B. -240　　C. -260　　D. 3 540

17. 原材料脱离定额差异实质上是（　　）。
    A. 价格差异　　B. 数量差异　　C. 原材料成本差异　　D. 一种定额变动差异

18. 定额法的主要缺点是（　　）。
    A. 只适用于大批生产的机械化制造业
    B. 不便于成本分析
    C. 较其他成本计算方法核算工作量大
    D. 不能合理解决完工产品与月末在产品之间的费用分配问题

19. 产品成本计算的定额法，在适应范围上（　　）。
    A. 与生产类型直接相关　　　　B. 与生产类型无关
    C. 适用于大量生产　　　　　　D. 适用于小批生产

20. 在脱离定额差异的核算中，与制造费用脱离定额差异核算方法相同的是（　　）。
    A. 原材料　　　　　　　　　　B. 自制半成品
    C. 计时工资形式下的生产工人工资　　D. 计件工资形式下的生产工人工资

二、多项选择题（下列各题的备选答案中，有两个或两个以上的答案是正确的，请将正确答案的字母填在括号内）

1. 分类法不是一种独立的方法，它必须与（　　）相结合应用。
   A. 品种法　　B. 分批法　　C. 分步法　　D. 标准成本法

2. 等级品的特点有（　　）。
   A. 品种规格相同　　　　　　B. 所耗原材料相同
   C. 工艺技术过程相同　　　　D. 产品质量不同

3. 采用定额法计算产品成本，产品的实际成本由（　　）组成。
   A. 定额成本　　　　　　　　B. 脱离定额差异
   C. 材料成本差异　　　　　　D. 定额变动差异

4. 关于等级产品成本计算说法正确的是（　　）。
   A. 因工人操作不慎或技术不熟练造成的，在这种情况下，同一产品的不同等级产品

均应负担相同的成本
B. 因工人操作不慎或技术不熟练造成的,在这种情况下,同一产品的不同等级产品不应负担相同的成本
C. 由于受生产技术过程本身固有特点的影响或者自然原因形成的等级产品,可视为联产品,并比照联产品成本计算的方法,计算产品成本
D. 是由于受生产技术过程本身固有特点的影响或者自然原因形成的等级产品,不可视为联产品,并比照联产品成本计算的方法,计算产品成本

5. 下列可以采用分类法进行产品成本计算的有(   )。
   A. 联产品
   B. 等级产品
   C. 产品品种规格繁多,但可以按一定标准分类
   D. 副产品

6. 下列可以采用分类法进行成本计算的情况有(   )。
   A. 产品品种规格繁多,且可按一定标准分类的企业
   B. 主/副产品
   C. 联产品
   D. 不同瓦数灯泡的生产

7. 定额法的主要特点是(   )。
   A. 简化成本计算工作   B. 有利于加强成本控制
   C. 将定额成本作为降低成本的目标   D. 对定额成本和成本差异分别核算
   E. 在定额成本的基础上加减成本差异计算实际成本

8. 成本计算的分类法是(   )。
   A. 一种成本计算的基本方法   B. 一种成本管理的基本方法
   C. 一种成本计算的辅助方法   D. 一种简化的成本计算法

9. 下列方法中,属于产品成本计算的辅助方法有(   )。
   A. 分步法   B. 分类法   C. 定额法   D. 分批法

10. 产品成本计算的分类法是(   )。
    A. 按产品类别设置成本明细账
    B. 按产品品种设置成本明细账
    C. 按产品类别归集生产费用,计算产品成本
    D. 同类产品内各种产品的间接费用采用一定的分配方法分配确定
    E. 同类产品内各种产品的各种费用均采用一定的分配方法分配确定

11. 计算和分析脱离定额成本差异主要包括(   )。
    A. 直接材料脱离定额差异   B. 直接人工费用脱离定额差异
    C. 制造费用脱离定额差异   D. 管理费用脱离定额差异

12. 辅助采用定额法计算产品成本,应具备的条件有(   )。
    A. 定额管理制度比较健全   B. 定额管理工作基础比较好
    C. 产品生产已经定型   D. 消耗定额比较准确、稳定
    E. 生产类型为大量大批生产

13. 选择类内产品作为标准产品的条件有(   )。
    A. 产量较小   B. 产量较大   C. 产量适中
    D. 生产比较稳定   E. 规格适中

14. 联产品的特点有（　　）。
A. 使用同种原材料加工　　　　B. 经过同一加工过程
C. 同一时间加工完成　　　　　D. 都是企业的主要产品

15. 在联产品成本的计算中，各种联产品成本的分配可以按（　　）进行分配。
A. 联产品的产量比例　　　　　B. 联产品的售价比例
C. 联产品的定额成本比例　　　D. 可以将分配标准预先折算成系数，按系数比例

三、判断题（下列说法中正确的画√，错误的画×）

1. 分类法与品种法、分批法或分步法一起构成基本的成本计算方法。（　　）
2. 制造企业在生产主要产品的过程中，附带生产出来的一些次要产品，称为联产品。（　　）
3. 对于副产品，可以单独计算成本，可采用与品种法相似的方法计算成本。（　　）
4. 采用分类法计算成本，不仅能简化成本计算工作量，而且能在产品品种、规格繁多的情况下，分类掌握产品成本水平。（　　）
5. 分类法类内各产品成本的分配，可按选定的分配标准将类内各种产品折合为系数。（　　）
6. 分类法一般适用于产品品种、规格繁多，产品可以按照一定的要求和标准划分为类别的企业或企业内部生产部门。（　　）
7. 采用分类法计算产品成本时，类内各种产品成本的计算，不论是间接计入费用还是直接计入的费用，都是按一定的分配标准按比例进行分配的，因而，计算结果具有一定的假定性。（　　）
8. 分类法是一种独立的成本计算方法，它可以与品种法、分批法、分步法结合使用。（　　）
9. 定额变动差异是指由于修订定额而产生的新旧定额之间的差异，它是定额自身变动的结果，也与生产费用支出的节约或超支有关。（　　）
10. 定额法下，材料脱离定额差异是材料实际消耗量与定额消耗量的差异与材料计划单位成本的乘积。（　　）
11. 定额成本法的成本差异划分为脱离定额差异、定额变动差异和材料成本差异，这些差异都是以产品的计划成本为基础计算的。（　　）
12. 由于分类法是为了简化成本的计算工作而采用的方法，因此只要能简化成本计算，产品可以随意进行分类。（　　）
13. 副产品的成本计算方法与联产品相同。（　　）
14. 等级品可以与联产品和副产品一样采用分类法计算成本。（　　）
15. 定额法不仅是一种产品成本计算的基本方法，而且还是一种对产品成本进行直接控制、管理的方法。（　　）

项目实训 1

一、实训目的
通过实训，使学生熟悉定额法的成本计算程序，能熟练运用定额法计算产品成本。

二、企业概况及成本管理要求
哈尔滨电机有限责任公司主要生产各种型号的电机，为加强成本控制和管理，采用定

额法计算产品成本。

三、业务背景及相关资料

(1) 2014 年 2 月单台电机的定额成本如表 5-27 所示。

表 5-27 定额成本资料

直接材料	200 元
直接人工	100 元（200 小时，0.5 元/小时）
制造费用	160 元（200 小时，0.8 元/小时）

(2) 2014 年 2 月实际发生材料费用 3 980 元，直接人工费用 3 668 元，制造费用 6 200 元。当月材料成本差异率为 0。

(3) 2014 年 2 月本月决定将直接材料定额降低 10 元，即直接材料定额由 210 元降为 200 元，1 月末在产品成本表如表 5-28 所示。

表 5-28 1 月末在产品成本   单位：元

成本项目	直接材料	直接人工	制造费用
月初在产品定额成本	12 600	3 000	4 800
脱离定额差异	-620	200	100

(4) 投资情况。2014 年 2 月月初在产品 60 台，材料已全部投入，完工程度为 50%。本月投产 20 台，材料已全部投入，本月完工 50 台，月末在产品 30 台，完工程度为 60%。

(5) 定额变动差异全部由完工产品负担，脱离定额差异按完工产品定额成本和在产品定额成本比例分配。

四、实训要求

(1) 根据相关资料，计算直接材料、直接人工及制造费用脱离定额差异，并编制脱离定额差异计算表，如表 5-29 所示。

表 5-29 脱离定额差异计算表

成本项目	实际耗用	定额耗用	脱离定额差异
直接材料			
直接人工			
制造费用			
合计			

(2) 根据计算得出的脱离定额差异计算表，编制记账凭证表 5-30 至表 5-32。

(3) 根据相关资料，计算月初在产品定额变动差异。

(4) 根据相关资料，完成产品成本计算单，如表 5-33 所示。

表 5-30　记账凭证

　　　　年　　月　　日　　　　　　　　　　　　　　　　第 60 号

摘要	借方科目			贷方科目			金额									
	总账科目	明细科目	记账	总账科目	明细科目	记账	千	百	十	万	千	百	十	元	角	分

附单据　　张

会计主管：王明　　　记账：宋立　　　复核：张芳　　　制单：宋立

表 5-31　记账凭证

　　　　年　　月　　日　　　　　　　　　　　　　　　　第 61 号

摘要	借方科目			贷方科目			金额									
	总账科目	明细科目	记账	总账科目	明细科目	记账	千	百	十	万	千	百	十	元	角	分

附单据　　张

会计主管：王明　　　记账：宋立　　　复核：张芳　　　制单：宋立

表 5-32　记账凭证

　　　　年　　月　　日　　　　　　　　　　　　　　　　第 62 号

摘要	借方科目			贷方科目			金额									
	总账科目	明细科目	记账	总账科目	明细科目	记账	千	百	十	万	千	百	十	元	角	分

附单据　　张

会计主管：王明　　　记账：宋立　　　复核：张芳　　　制单：宋立

五、实训建议

可采用小组方式进行实训。一人负责填制各种成本计算表，一人负责填制记账凭证和登记账簿，一人负责审核。

表 5-33　产品成本计算单

产品名称：　　　　　　　　　　　　　　　　　　　　　　　　　年　月　　　　　　　　　　　　　　　　　　　　　　　　单位：元

项目	直接材料					直接人工				制造费用				合计(实际成本)⑭
	定额成本①	脱离定额差异②	定额变动差异③	材料成本差异④	小计⑤	定额成本⑥	脱离定额差异⑦	定额变动差异⑧	小计⑨	定额成本⑩	脱离定额差异⑪	定额变动差异⑫	小计⑬	
月初在产品成本														
月初在产品定额调整														
本月生产费用														
生产费用合计														
脱离定额差异率(脱离定额差异/定额成本)														
完工产品成本														
月末在产品成本														

项目实训 2

一、实训目的

通过实训，使学生熟悉分类法的计算程序，掌握分类法的成本计算方法，理解分类法的特点和适用范围。

二、企业概况及成本管理要求

哈尔滨市万方农具厂主要生产小型农具——钢锹、钢镐、镰刀三种产品，其所用的原材料和生产工艺相近，属于小型铁农具类。为简化成本核算工作，采用分类法计算产品成本。

三、业务相关背景及相关资料

（1）2013 年 5 月份生产钢锹 4 000 把，钢镐 1 500 把，镰刀 2 400 把。月末在产品中，钢锹 160 把，钢镐 240 把。小型铁农具类产品成本明细账资料如表 5-34 所示。

表 5-34　类别产品成本计算单

产品类别：小型铁农具类　　　　　　　　　　　　　　　　　　　　　　　单位：元

摘要	直接材料	直接人工	制造费用	合计
月初在产品成本	720	240	280	1 240
本月生产费用	21 030	7 428	8 240	36 698
费用合计	21 750	7 668	8 520	37 938
完工产品成本	20 190	7 380	8 200	35 770
月末在产品成本	1 560	288	320	2 168

（2）各种产品成本的分配方法是：原材料费用按事先确定的耗料系数比例分配，其他费用按工时系数比例分配。耗料系数根据产品的材料消耗定额计算确定，工时系数根据产品的工时定额计算确定。相关定额资料如表 5-35 所示。以钢锹为标准产品，三种产品均是一次性投料。

表 5-35　定额资料

产品名称	原材料消耗定额（公斤）	工时消耗定额（小时）
钢锹	1.2	0.8
钢镐	1.8	1.6
镰刀	0.24	0.4

四、实训要求

（1）根据相关资料，编制系数计算表，确定钢锹、钢镐、镰刀三种产品的用料系数和工时系数，填入表 5-36 中。

（2）根据相关资料，计算各产品的标准总产量，填入表 5-36 中。

（3）根据相关资料，编制产品成本计算表，计算钢锹、钢镐、镰刀完工产品成本，填入表 5-37 中。

（4）根据上述计算结果，编制记账凭证，填入表 5-38 中。

表 5-36　产品分配标准计算表

产品名称	单位产品				实际产量	标准总产量	
	材料费用定额	系数	定额工时	系数		材料费用	其他费用
合计							

表 5-37　产品成本计算单

类别：小型铁农具类

产品	原材料标准产量	材料费用分配率	直接材料	其他费用标准产量	直接人工分配率	直接人工	制造费用分配率	制造费用	合计
合计									

表 5-38　记账凭证

年　月　日　　　　　　　　　　　　　　第 63 号

摘要	借方科目			贷方科目			金额										附单据2张
	总账科目	明细科目	记账	总账科目	明细科目	记账	千	百	十	万	千	百	十	元	角	分	
合　　计							¥										

会计主管：王明　　　记账：宋立　　　复核：张芳　　　制单：宋立

五、实训建议

可采用小组方式进行实训。一人负责填制原始凭证，一人负责填制记账凭证，另一人负责原始凭证和记账凭证的审核。

项目能力评价测试

能力评价表

项目序号：　　　　财务小组：　　　　姓名：　　　　学习时间：

	测试的要求	能/未能	任务内容	
专业能力自评	通过学习本项目，你		理解产品成本计算定额法的特点及适用范围	
			理解定额法产品成本计算的程序	
			理解脱离定额差异的计算	
			理解月初在产品定额变动差异的含义	
			理解分类法的特点、适用范围及成本计算程序	
			理解联产品、副产品和等级产品成本计算的特点	
	通过学习本项目，你还有除上述外"能"或"未能"了解、理解等的其他任务内容			
			能力内容	是否提高
职业能力自评	通过学习本项目，运用相关知识和技能，你能达到		根据企业的客观实际正确选择产品成本计算辅助方法	
			根据企业的客观实际采取正确计算各种定额成本、定额差异、定额变动差异及产品的实际成本	
			根据企业的客观实际，采用分类法计算产品成本	
			根据企业的客观实际，计算联产品成本	
			根据企业的客观实际，计算副产品成本	
			根据企业的客观实际，计算等级产品成本	
			填制成本计算单并登记成本明细账	
			解决问题的能力（查错、纠错能力）	
			团队精神（团队互相帮助完成学习任务）	
			职业态度（无旷工、认真、无抄袭）	
			办事能力（准确表述需求，完成所办事务）	
			敬业精神（工作有始有终，能正确面对困难和曲折）	
	通过学习本项目，你还有除上述外的哪些能力得到"明显提高""有所提高""没有提高"			

自评	小组评定	教师评定
签名： 　　年　　月　　日	签名： 　　年　　月　　日	签名： 　　年　　月　　日

总成绩：

注：

1. "能/未能"栏填"能"或"未能"；"是否提高"栏填"明显提高""有所提高""没有提高"。

2. 最终的总成绩评定由三部分组成，即学生本人自评、小组评定、教师评定，其参考权重分别是25%、25%和50%。参考分值：每个"能"给5分，每个"有所提高"给7分，每个"明显提高"给10分，"没有提高"或"未能"没有分。加总后最高分值为100分。

3. 本项目总权重参考值为10%，即满分10分。

编制与分析成本报表

项目导言

在前面几个项目的学习中,我们学习了生产费用的归集与分配,并能够结合企业生产类型的特点,采用一定的成本计算方法完成产品成本的计算,但成本计算并不是成本核算的终极工作,不能完全满足企业成本管理、分析和控制的需要,不能把相同或类似产品的成本数据与往年成本数据对比分析,不能细化产品成本升降的具体原因。为此,我们除了正确计算产品成本,更重要的是编制产品成本报表并对其进行相关的分析,实现成本控制。因此,成本计算是成本会计的重要工作内容,但不是成本会计应解决的终极问题,成本会计应解决的终极问题是对产品成本进行分析并提出成本控制建议。成本计算只是成本会计的重要工作内容之一,是实现成本分析和控制的重要方法和手段。如何编制和分析成本报表,正是本项目教学应解决的关键问题。

项目目标

1. 终极目标:能根据企业的成本数据及成本管理要求,编制产品生产成本表、主要产品单位成本表及各种费用报表,并能运用成本分析的各种方法对成本报表数据进行分析。

2. 促成目标:
(1) 了解成本报表作用、内容及编制要求;
(2) 熟悉成本报表的编制方法,并能根据企业的成本核算数据编制成本报表;
(3) 熟悉成本报表分析方法,并能对成本报表进行有效分析。

项目任务与框架

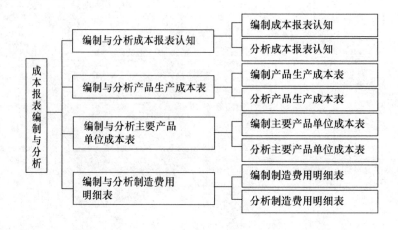

任务6.1 编制与分析成本报表认知

【任务导入6-1】
吕刚在2013年年末应聘成本会计岗位时,财务经理针对此岗位提出了三个问题请他回答,以此作为成本会计上岗考核的条件之一。(1)企业为什么要编制成本报表?(2)成本报表的编制要求是什么?(3)成本报表分析有哪些方法?

【任务知识与技能】

6.1.1 编制成本报表认知

企业为了从整体上把握产品成本计划的执行情况,就必须编制成本报表。成本报表是按照成本管理的需要,根据成本核算资料及其他有关资料定期编制的,用以反映企业在一定时期内产品成本的构成及其水平,分析和考核企业成本计划执行情况的书面报告。编制和分析成本报表,是成本会计的一项重要工作内容。

1. 成本报表的作用

成本报表是企业内部报表,是为企业内部管理需要而编制的,对加强成本管理、提高经济效益有着重要的作用。

(1)综合反映报告期内的产品成本水平。产品成本是反映企业生产经营各方面工作质量的一项综合性指标。也就是说,企业的供、产、销各个环节的经营管理水平,最终都直接、间接地反映到产品成本中来,通过成本报表资料,能够及时地发现在生产、技术、质量和管理等方面取得的成绩和存在的问题。

(2)评价和考核各成本环节成本管理的业绩。利用成本报表提供的资料,经过有关指标的计算、对比,可以明确各有关部门和人员在执行成本计划、费用预算过程中的成绩和差距,以便总结工作经验和教训,奖励先进、鞭策后进,调动广大职工的积极性,为全面完成和超额完成企业成本费用预算而努力工作。

(3)成本报表资料为制订成本计划、实现成本控制提供依据。企业要制订成本计划,必须明确成本计划目标。这个目标是在报告年度产品成本实际水平的基础上,结合报告年度成本计划执行的情况,考虑计划年度中可能变化的有利因素和不利因素,来制订新年度的成本计划。所以说,本期成本报表所提供的资料,是制订下期成本计划的重要参考资料。同时,管理部门也根据成本报表资料对未来时期的成本进行预测,为企业制定正确的经营决策和加强成本控制与管理提供必要的依据。

2. 成本报表的分类

会计准则没有要求企业对外报送或公开成本报表,因此,成本报表作为企业的一种内部管理报表,它的种类、项目、格式和编制方法应由企业根据生产经营的特点和内部管理的要求自行确定。

(1)按报表成本信息归集的对象分类。成本报表按其成本信息归集的对象不同,可以分为反映成本计划执行情况的报表和反映费用支出情况的报表两类。

反映成本计划执行情况的报表有产品生产成本表、主要产品单位成本表。这类报表主要反映报告期内企业各种产品的实际成本水平。

反映费用支出情况的报表有制造费用明细表、管理费用明细表、财务费用明细表和销售费用明细表。这类报表主要反映企业在一定时期内费用支出总额及其构成,通过此类报表可以了解费用支出的合理性,分析费用支出的变动趋势。

(2) 按报表编制的时间分类。成本报表按其编制的时间不同,可以分为定期成本报表和不定期成本报表。定期成本报表一般按月、按季、按年编制,根据企业内部管理的特殊要求,也可以按旬、按周、按日乃至按工作班的形式来编制。为了将成本管理中急需解决的问题及时反馈给有关部门,成本报表也可以不定期编制。

(3) 按报表编制的范围分类。按成本报表编制的范围不同,可以分为全厂成本报表、车间成本报表、班组成本报表或个人成本报表。

此外,各企业还可以根据其生产特点和管理要求,对上述成本报表做必要的补充,也可以结合本企业经营决策的实际需要,编制其他必要的成本报表。

3. 成本报表的编制要求

为了提高成本信息的质量,充分发挥成本报表的作用,成本报表的编制应符合下列基本要求。

(1) 真实性。即成本报表的指标数字必须真实可靠,能如实地集中反映企业实际发生的成本费用。

(2) 重要性。即对于重要的项目(如重要的成本、费用项目),在成本报表中应单独列示,以显示其重要性;对于次要的项目,可以合并反映。

(3) 正确性。即成本报表的指标数字要计算正确;各种成本报表之间、主表与附表之间、各项目之间,凡是有钩稽关系的数字,应相互一致;本期报表与上期报表之间有关的数字应相互衔接。

(4) 完整性。即应编制的各种成本报表必须齐全;应填列的指标和文字说明必须全面;表内项目和表外补充资料不论根据账簿资料直接填列,还是分析计算填列,都应当完整无缺,不得随意取舍。

(5) 及时性。即按规定日期报送成本报表,保证成本报表的及时性,以便各方面利用和分析成本报表,充分发挥成本报表的应有作用。

6.1.2 分析成本报表认知

1. 成本报表分析的作用

成本报表分析是指利用成本核算资料及其他有关资料,全面分析成本水平及其构成的变动情况,研究影响成本升降的各个因素及其变动的原因,寻找降低成本的规律和潜力。成本分析属于事后分析,通过成本分析可以正确认识和掌握成本变动的规律性,不断挖掘企业内部潜力,降低产品成本,提高企业的经济效益;通过成本分析可以对成本计划的执行情况进行有效控制,对执行结果进行评价,肯定成绩,指出存在的问题,以便采取措施,为提高经营管理水平服务,为编制下期成本计划和做出新的经营决策提供依据,给未来的成本管理指出努力的方向。

2. 成本报表分析的方法

成本报表分析的方法是多种多样的,采用哪种方法,要根据分析的目的、分析对象的特点、所掌握的计划资料和核算资料的性质和内容决定。在成本分析工作中,通常采用的技术方法有以下几种。

(1) 对比分析法。它是将实际成本水平与不同时期的成本水平或不同的成本指标进行对比,从而揭示成本差异和分析差异产生原因的一种方法。在对成本进行对比分析过程中常见的对比分析有：本期实际数与本期计划数的对比分析、本期实际数与上期实际数的对比分析、本期实际数与历史先进数的对比分析等。

（2）比率分析法。它是通过计算有关指标之间的相对数（即比率），然后进行分析评价的一种方法。一般有三种形式：相关比率分析、构成比率分析、趋势比率分析。

①相关比率分析法。它是通过两个性质不完全相同而又相关的指标来计算一个比率，运用这一比率进行成本分析的方法。通常计算的相关比率指标有：产值成本率、销售收入成本率、成本利润率、存货周转率等。

②趋势比率分析法。它是指对某项经济指标不同时期数值进行对比，求出比率，分析其增减速度和发展趋势的一种方法。由于计算时采用的基期数值不同，趋势比率又分为定基比率和环比比率两种形式。

定基比率 = 比较期数值/固定基期数值 × 100%
环比比率 = 比较期数值/前一期数值 × 100%

③构成比率分析。它是计算某项指标各个组成部分占总体的比重，即部分与总体的比率进行数量分析的一种方法。利用比率分析法计算简便，而且对其结果也比较容易判断，可以使指标在不同规模的企业之间进行比较，甚至也能在一定程度上超越行业间的差别进行比较。

（3）连环替代分析法。连环替代分析法是将某一综合指标分解为若干个相互联系的因素，并顺序用各项因素的实际数替换计划数，借以计算各项因素影响程度的一种分析方法。这一方法不仅可以揭示实际数与相关经济指标之间的差异，而且还克服了对比分析法的不足，即能揭示产生差异的因素和各因素对指标的影响程度。

①连环替代分析法的计算程序。

第一步，根据指标的计算公式确定影响指标变动的各项因素；

第二步，排列各项因素的顺序；

第三步，按排定的因素顺序和各项因素的计划数进行计算；

第四步，顺序将前面一项因素的计划数替换为实际数，将每次替换以后的结果与前一次替换以后的结果进行对比，顺序算出每项因素的影响程度，有几项因素就替换几次；

第五步，将各项因素对指标的影响程度数值相加，求出代数和，应等于分析指标实际数与计划（或基期）数的差异总额；

第六步，最后进行分析评价。

连环替代分析法的原理如下：

设某一经济指标 N 是由相互联系的 A、B、C 三个因素组成，计划指标和实际指标的公式是：

计划指标 $N_0 = A_0 \times B_0 \times C_0$
实际指标 $N_1 = A_1 \times B_1 \times C_1$

该指标实际脱离计划的差异（$N_1 - N_0 = D$），可能是上列因素同时变动的影响。在测定各个因素的变动对指标 N 的影响程度时可顺序计算如下：

计划指标 $N_0 = A_0 \times B_0 \times C_0$ ①
第一次替代 $N_2 = A_1 \times B_0 \times C_0$ ②

第二次替代 $N_3 = A_1 \times B_1 \times C_0$ ③
第三次替代 $N_1 = A_1 \times B_1 \times C_1$ （即实际指标） ④

据实际测定的结果：

② - ① = $N_2 - N_0$ 是由于 $A_0 \to A_1$ 变动的影响
③ - ② = $N_3 - N_2$ 是由于 $B_0 \to B_1$ 变动的影响
④ - ③ = $N_1 - N_3$ 是由于 $C_0 \to C_1$ 变动的影响

把各因素变动的程度综合起来，则

$(N_1 - N_3) + (N_3 - N_2) + (N_2 - N_0) = N_1 - N_0 = D$

【案例6-1】 展鹏有限公司2014年8月份生产果汁的材料费用消耗资料如表6-1所示，以材料成本构成为例，用连环替代分析法分析材料成本费用的变动情况。

表6-1 材料成本资料表

项目	计量单位	计划	实际	差异
产品产量	件	150	165	+15
材料单耗	千克/件	9	8	-1
材料单价	元/千克	6	7	+1
材料总成本	元	8 100	9 240	+1 140

果汁实际材料成本比计划超支1 140元，影响材料成本变动的因素有产品产量、材料单耗和材料单价三个因素。分析各因素对材料成本变动的影响程度的替代顺序应依次为产量、单耗、单价，按照各因素的相互依存关系，列成的分析计算公式为：

材料费用总额 = 产品产量 × 单位产品材料消耗量 × 材料单价

采用连环替代分析法计算产品产量、单位产品材料消耗量和材料单价三项因素，对产品直接材料费用超支1 140元的影响程度，计算结果如下：

总差异 = 实际材料总成本 - 计划材料总成本 = 9 240 - 8 100 = +1 140（元）
计划材料总成本 = 计划产量 × 计划单耗 × 计划单价 = 150 × 9 × 6 = 8 100（元） ①
替代第一个因素：实际产量 × 计划单耗 × 计划单价 = 165 × 9 × 6 = 8 910（元） ②
替代第二个因素：实际产量 × 实际单耗 × 计划单价 = 165 × 8 × 6 = 7 920（元） ③
替代第三个因素：实际产量 × 实际单耗 × 实际单价 = 165 × 8 × 7 = 9 240（元） ④
② - ①产量变动对材料成本的影响数值：8 910 - 8 100 = +810（元）
③ - ②单耗变动对材料成本的影响数值：7 920 - 8 910 = -990（元）
④ - ③单价变动对材料成本的影响数值：9 240 - 7 920 = +1 320（元）
三个因素影响数值相加：+810 + (-990) + 1 320 = +1 140（元）

从以上分析可以看出，果汁的材料成本超支1 140元，主要是由于材料单价提高，使材料总成本增加1 320元，这主要是材料供应部门的责任；产品产量增加，使材料总成本增加810元，如果这种产品是适销对路的产品，由于产量增加而引起的材料超额领用是允许的，否则将会由于产品积压造成浪费；而材料单耗节约，使材料总成本降低990元。企业应在以上分析的基础上，进一步查明产品数量增加、材料单价提高和单位产品消耗节约的原因，以便采取措施，节约产品的直接材料费用。

②运用连环替代分析法应注意的问题。

一是计算程序的连环性。在计算某一因素变动对分析指标的影响程度时,总是在前一因素计算的基础上进行,并采用连环比较的方法确定各因素变化的影响结果。正因为如此,用连环替代分析法计算出来的各因素影响数值之和必然等于指标变动总差额。

二是因素替代的顺序性。各个因素替代顺序要根据各个因素相互依存关系合理排列。不同的替代顺序,虽然不会改变各因素的影响数值之和,但可以改变各个因素的影响数值。因此,各因素替代顺序必须遵循以下原则:先替代数量因素,后替代质量因素;先替代实物量因素、劳动量因素,后替代价值量因素;先替代原始的、主要的因素,后替代派生的、次要的因素;在有除号的关系式中,先替代分子,后替代分母。

三是计算结果的假定性。采用连环替代分析法所计算的各个因素变动的影响数值,会因替代顺序的不同而有差别,因此,计算结果具有一定程度上的假定性和近似性。

(4)差额计算分析法。差额计算分析法是根据各项因素实际数与计划数差额来计算各项因素对某一指标影响程度的分析方法,它是连环替代分析法的一种简化计算方法。

【案例6-2】 仍以案例6-1的资料为例,采用差额计算分析法计算各因素变动对材料成本的影响程度。

总差异 = 9 240 - 8 100 = + 1 140(元)
计划材料总成本:150 × 9 × 6 = 8 100(元)
由于产量增加使材料总成本增加:(165 - 150) × 9 × 6 = + 810(元)
由于单耗减少使材料总成本降低:165 × (8 - 9) × 6 = - 990(元)
由于单价提高使材料总成本增加:165 × 8 × (7 - 6) = + 1 320(元)
三个因素影响的数值相加:+ 810 + (- 990) + 1 320 = + 1 140(元)

以上结果表明:差额计算分析法与连环替代分析法计算的结果完全相同,但却简化了计算步骤。因此,在实际工作中,普遍采用差额计算分析法。

【测试与强化6-1】
连环替代分析法和差额计算分析法有何异同?

任务6.2 编制与分析产品生产成本表

【任务导入6-2】
李强在2014年年末应聘哈尔滨冰城电子厂的成本会计岗位时,针对马上要编制年度成本报表的实际情况,财务主管提出了如下问题进行岗前考核。(1)产品生产成本报表分为几类?(2)按产品种类反映的产品生产成本表可以从哪几个方面进行分析?

【任务知识与技能】

6.2.1 编制产品生产成本表

产品生产成本表是反映企业在报告期内生产的全部产品总成本的报表。该表一般分为两种,一种按成本项目反映,另一种按产品种类反映。

1. 编制按成本项目反映的产品生产成本表

成本项目反映的产品生产成本表是按成本项目汇总反映企业在报告期内发生的全部生产成本以及产品生产成本合计额的报表。具体格式如表6-2所示。

在按成本项目反映的产品生产成本表中,"上年实际"数根据上年12月份本表的"本年累计实际"数填列;"本年计划"数应根据成本计划的有关资料填列;"本年累计实际"数应根据"本月实际"数加上上月份本表的"本年累计实际"数计算填列。

【案例6-3】 现列示哈尔滨冰城电子厂智能电路板2014年12月份按成本项目反映的产品生产成本表,如表6-2所示。

表6-2 产品生产成本表(按成本项目反映)

产品名称:智能电路板　　　　2014年12月　　　　　　　　　　　　单位:千元

成本项目	上年实际	本年计划	本月实际	本年累计实际
生产成本:				
直接材料	7 040	6 228	484	5 818
直接人工	1 008	1 246	104	1 272
制造费用	672	830	76	878
生产费用合计	8 720	8 304	664	7 968
加:在产品、自制半成品期初余额	2 200	2 000	210	2 100
减:在产品、自制半成品期末余额	2 000	1 900	220	2 000
产品生产成本合计	8 920	8 404	654	8 068

2. 编制按产品种类反映的产品生产成本表

按产品种类反映的产品生产成本表是按产品种类汇总反映企业在报告期内生产的全部产品的单位成本和总成本的报表。具体如表6-3所示。

【案例6-4】 唯美日化有限公司生产洗发水、润发乳、发膜三种产品,洗发水、润发乳是老产品,发膜为本年新生产产品。2014年9月份有关产品成本资料如表6-3所示。

表6-3 2014年9月份产品成本资料

产品	每月计划产量(万瓶)	本月实际产量(万瓶)	本年累计产量(万瓶)	本年计划单位成本(元/瓶)	上年实际平均单位成本(元/瓶)	本月实际总成本(万元)	本年累计实际总成本(万元)
洗发水	150	140	1 350	15	20	2 520	21 600
润发乳	100	110	950	20	22	1 870	19 950
发膜	80	85	800	24	—	1 955	16 000

根据上表资料编制按产品种类反映的产品生产成本表,如表6-4所示。

编制单位：唯美日化　　　　　　　　　　　　表 6-4　产品生产成本表（按产品种类反映）

2014 年 9 月　　　　　　　　　　　　金额单位：万元

产品名称	实际产量			单位成本				本月总成本			本年累计总成本		
	本月①	本年累计②	上年实际平均③	本年计划④	本月实际⑤=⑨÷①	本年累计实际平均⑥=⑫÷②	按上年实际平均单位成本计算⑦=①×③	按本年计划单位成本计算⑧=①×④	本月实际⑨	按上年实际平均单位成本计算⑩=②×③	按本年计划单位成本计算⑪=②×④	本年实际⑫
可比产品												
洗发水	140	1 350	20	15	18	16	2 800	2 100	2 520	27 000	20 250	21 600
润发乳	110	950	22	20	17	21	2 420	2 200	1 870	20 900	19 000	19 950
合计							5 220	4 300	4 390	47 900	39 250	41 550
不可比产品												
发膜	85	800		24	23	20		2 040	1 955		19 200	16 000
合计							5 220	6 340	6 345	47 900	58 450	57 550

补充资料：1. 可比产品成本降低额 6 350 万元。

2. 可比产品成本降低率 13.26%。

> **温馨提示**
>
> 表中数据的填列方法如下：
>
> ① 实际产量栏。本月实际产量，根据相应的产品成本明细账填列；本年累计实际产量，根据本月实际产量，加上上月本表本年累计实际产量计算填列。
>
> ② 单位成本栏。上年实际平均单位成本，应根据上年度本表所列本年累计实际平均单位成本填列；本年计划单位成本，根据本年度成本计划填列；本月实际单位成本，根据表中本月实际总成本除以本月实际产量计算填列。如果在产品明细账或产成品成本汇总表中有现成的本月产品实际的产量、总成本和单位成本，表中这些项目都可以根据产品成本明细账或产成品成本汇总表填列；本年累计实际平均单位成本，根据表中本年实际累计总成本除以本年累计实际产量计算填列。
>
> ③ 本月总成本栏。按上年实际平均单位成本计算的本月总成本，根据本月实际产量乘以上年实际平均单位成本计算填列；按本年计划单位成本计算的本月总成本，根据本月实际产量乘以本年计划单位成本计算填列；本月实际总成本，根据产品成本明细账或产成品成本汇总表本年各月产成品成本计算填列。
>
> ④ 本年累计总成本栏。按上年实际平均单位成本计算的本年累计总成本，根据本年累计实际产量乘以上年实际平均单位成本计算填列；按本年计划单位成本计算的本年累计总成本，根据本年累计实际产量乘以本年计划单位成本计算填列；本年实际累计总成本，根据产品成本明细账或产成品成本汇总表本年各月产成品成本计算填列，如果有不合格品，应单列一行，并注明"不合格品"字样，不应与合格品合并填列。
>
> ⑤ 补充资料栏。可比产品成本降低额 = 可比产品按上年实际平均单位成本计算的本年累计总成本 – 本年累计实际总成本 = 47 900 – 41 550 = 6 350（万元）
>
> $$可比产品成本降低率 = \frac{可比产品成本降低额}{可比产品按上年实际平均单位成本计算的本年累计总成本}$$
> $$= 6\ 350 \div 47\ 900 = 13.26\%$$

6.2.2 分析产品生产成本表

1. 分析按成本项目反映的产品生产成本表

按成本项目反映的产品生产成本表，一般可以采用对比分析、构成比率分析和相关指标比率分析等方法进行分析。

【案例6-5】 仍以哈尔滨冰城电子厂智能电路板2014年12月份按成本项目反映的产品生产成本表为例，按成本项目反映的产品生产成本表如表6-5所示。其分析情况如下。

表6-5 产品生产成本表（按成本项目反映）

2014年12月　　　　　　　　　　　　　　　　　　　　单位：千元

成本项目	上年实际	本年计划	本月实际	本年累计实际
生产成本：				
直接材料	7 040	6 228	484	5 818

续表

成本项目	上年实际	本年计划	本月实际	本年累计实际
直接人工	1 008	1 246	104	1 272
制造费用	672	830	76	878
生产费用合计	8 720	8 304	664	7 968
加：在产品、自制半成品期初余额	2 200	2 000	210	2 100
减：在产品、自制半成品期末余额	2 000	1 900	220	2 000
产品生产成本合计	8 920	8 404	654	8 068

（1）对比分析产品生产成本各栏合计数。从表6-5可以看出，本年累计实际数（8 068千元）不仅低于上年实际数（8 920千元），而且也低于本年计划数（8 404千元），可见该产品的总成本是降低的。但其原因可能是多方面的，可能是节约了生产耗费，降低了单位成本；也可能是由于产品产量和各种产品品种变动引起的，企业应当进一步分析具体原因，才能对产品成本总额的降低是否合理、有利做出评价。

（2）分析产品成本构成，如表6-6所示。

表6-6 成本项目构成分析表

编制单位：冰城电子厂　　　　　2014年12月　　　　　　　　　　单位：千元

成本项目	上年实际		本年计划		本月实际		本年累计实际	
	金额	构成（%）	金额	构成（%）	金额	构成（%）	金额	构成（%）
直接材料	7 040	80.73	6 228	75	484	72.89	5 818	73.02
直接人工	1 008	11.56	1 246	15	104	15.66	1 272	15.96
制造费用	672	7.71	830	10	76	11.45	878	11.02
生产费用合计	8 720	100	8 304	100	664	100	7 968	100

从表6-6可以看出，本年累计实际总成本的构成，无论是与本年计划相比还是与上年实际相比，直接材料成本的比重都有所下降，而直接人工和制造费用的比重都有所上升，所以企业要进一步查明直接人工和制造费用两个项目比重上升的原因，进而明确这些变动是否合理。

2. 分析按产品种类反映的产品生产成本表

按产品种类反映的产品生产成本表的分析，一般可以从两个方面进行：一是本期实际成本与计划成本的对比分析；二是本期实际成本与上年实际成本的对比分析。

（1）对比分析本期实际成本与计划成本。

【案例6-6】 仍以唯美日化有限公司的资料为例，唯美日化有限公司按产品种类反映的产品生产成本表如表6-7所示。

表 6-7　产品生产成本表（按产品种类反映）

编制单位：唯美日化　　　2014 年 9 月　　　单位：万元

产品名称	实际产量			单位成本				本月总成本			本年累计总成本		
	本月①	本年累计②	上年实际平均③	本年计划④	本月实际⑤=⑨÷①	本年累计实际平均⑥=⑫÷②	按上年实际平均单位成本计算⑦=①×③	按本年计划单位成本计算⑧=①×④	本月实际⑨	按上年实际平均单位成本计算⑩=②×③	按本年计划单位成本计算⑪=②×④	本年实际⑫
可比产品												
洗发水	140	1 350	20	15	18	16	2 800	2 100	2 520	27 000	20 250	21 600
润发乳	110	950	22	20	17	21	2 420	2 200	1 870	20 900	19 000	19 950
合计							5 220	4 300	4 390	47 900	39 250	41 550
不可比产品												
发膜	85	800		24	23	20		2 040	1 955		19 200	16 000
合计							5 220	6 340	6 345	47 900	58 450	57 550

补充资料：1. 可比产品成本降低额 6 350 万元。

2. 可比产品成本降低率 13.26%。

根据表 6-7 所列数据，可以将全部和主要产品的本月实际总成本和本年累计实际总成本，分别与其本月计划总成本和本年累计计划总成本进行比较，确定全部和各种主要产品实际成本与计划成本的差异，了解成本计划的执行结果。

全部产品本年累计实际总成本 57 550 万元，低于计划成本 58 450 万元，总体来看，成本计划的执行结果是不错的。但按产品品种来看，各种产品成本计划的执行结果并不相同。首先就洗发水来看，无论是本年累计实际总成本（21 600 万元）还是本月实际总成本（2 520 万元）均高于计划数（分别是 20 250 万元和 2 100 万元），可见洗发水的成本计划完成得不好；其次，润发乳的本年累计实际总成本 19 950 万元高于计划数 19 000 万元，而本月实际总成本 1 870 万元低于计划数 2 200 万元，可见，从本月来看润发乳的成本计划完成得不错，但从全年来看成本计划完成得也不够好；最后，发膜的本年累计实际总成本 16 000 万元，低于计划数 19 200 万元，本月实际总成本 1 955 万元与计划数 2 040 万元基本吻合，可见，发膜的成本计划完成得较好。因此，企业应进一步分析原因，找出洗发水和润发乳两种产品成本计划完成的不好的原因，对于发膜这种产品，也应分析其计划完成较好的原因，以便巩固成绩，以达到持续降低成本的目的。

（2）对比分析本期实际成本与上年实际成本。对于可比产品才可以进行这方面的对比。可比产品是指以前年度正式生产过，有现成的成本资料可供比较的产品。如果企业规定有可比产品成本降低计划，即成本的计划降低率或降低额，还应进行可比产品成本降低计划执行结果的分析。

①分析可比产品成本升降情况。可比产品成本升降情况分析，可以按产品品种进行，也可以按全部可比产品进行。进行这一方面的分析，应当根据产品生产成本表中所列全部可比产品和各种可比产品的本月实际总成本和本年累计实际总成本，分别与其本月按上年实际平均单位成本计算的总成本和本年按上年平均单位成本计算的累计总成本进行比较，确定全部可比产品和各种可比产品本期实际成本与上年实际成本的差异，了解成本升降情况。

【案例 6-7】 仍以唯美日化有限公司的资料为例，可比产品成本升降对比情况如表 6-8 所示。

表 6-8 可比产品成本升降情况对比表

编制单位：唯美日化　　　　　　　　2014 年 9 月　　　　　　　　　　单位：万元

产品名称	本月总成本		本年累计总成本	
	按上年实际平均单位成本计算	本月实际	按上年实际平均单位成本计算	本年实际
洗发水	2 800	2 520	27 000	21 600
润发乳	2 420	1 870	20 900	19 950
合计	5 220	4 390	47 900	41 550

从表 6-8 可以看出，按产品品种来看，洗发水的本月实际总成本 2 520 万元，低于按上年实际平均单位成本计算的总成本 2 800 万元，本年累计的实际总成本 21 600 万元，也低于上年的 27 000 万元，可见洗发水的成本总体是下降的。同理，润发乳的成本总体也是下降的。从全部可比产品来看，本月实际总成本 4 390 万元，低于按上年实际平均单位成本计算的总成本 5 220 万元，本年累计的实际总成本 41 550 万元，也低于上年的 47 900 万元，即全部可比产品的成本总体上也是下降的。虽然成本是呈下降趋势，但是企业也应分析原因，总结成绩，以便持续降低产品成本。

②分析可比产品的成本降低计划执行结果。可比产品成本的降低计划一般按全部可比产品的综合规定，因而可比产品的成本降低计划执行结果的分析一般按全部可比产品综合

进行。可比产品成本降低计划是否完成，一般通过可比产品成本降低额和可比产品成本降低率两个指标来分析。一般程序如下：

首先，计算计划成本降低额和计划成本降低率。

计划成本降低额 = ∑（上年实际平均单位成本 × 全年计划产量） - ∑（本年计划单位成本 × 全年计划产量）

$$\text{计划成本降低率} = \frac{\text{计划成本降低额}}{\sum(\text{上年实际平均单位成本} \times \text{全年计划产量})}$$

其次，计算实际成本降低额和实际成本降低率。

实际成本降低额 = ∑（上年实际平均单位成本 × 全年实际产量） - ∑（本年实际单位成本 × 全年实际产量）

$$\text{实际成本降低率} = \frac{\text{实际成本降低额}}{\sum(\text{上年实际平均单位成本} \times \text{全年实际产量})}$$

最后，将计划成本降低额、计划成本降低率分别与实际成本降低额、实际成本降低率进行对比，确定成本降低计划是否完成。

【案例6-8】 仍以案例6-4中唯美日化有限公司的资料为例，分析过程如下：

首先，编制可比产品成本降低计划表，计算计划成本降低额和计划成本降低率，如表6-9所示。

表6-9　可比产品成本降低计划表

编制单位：唯美日化　　　　　　　　　2014年9月　　　　　　　　　单位：万元

可比产品名称	全年计划产量（万瓶）	单位成本		总成本		计划降低指标	
		上年实际平均	本年计划	按上年实际平均单位成本计算	按本年计划单位成本计算	降低额	降低率（%）
洗发水	1 350	20	15	27 000	20 250	6 750	25
润发乳	900	22	20	19 800	18 000	1 800	9.09
合计	—	—	—	46 800	38 250	8 550	18.27

☞ 温馨提示

因为表6-9中的总成本资料给的是前9个月的数据，所以表6-9中的"全年计划产量"也为前9个月的计划产量之和，如果总成本资料给的是全年数据，则"全年计划产量"也应为全年数据。表中部分数据的计算如下：

1 350 = 每月计划产量 × 9个月 = 150 × 9；900 = 每月计划产量 × 9个月 = 100 × 9
降低额 = 46 800 - 38 250 = 8 550（万元）；　降低率 = 8 550 ÷ 46 800 = 18.27%

其次，计算实际成本降低额和实际成本降低率，如表6-10所示。

表6-10　可比产品实际成本降低额和降低率计算表

编制单位：唯美日化　　　　　　　　　2014年9月　　　　　　　　　单位：万元

可比产品名称	全年实际产量（万瓶）	单位成本		总成本		计划降低指标	
		上年实际平均	本年实际	按上年实际平均单位成本计算	按本年实际单位成本计算	降低额	降低率（%）
洗发水	1 350	20	16	27 000	21 600	5 400	20
润发乳	950	22	21	20 900	19 950	950	4.55
合计				47 900	41 550	6 350	13.26

最后,进行对比分析。计划成本降低额为 8 550 万元,实际成本降低额为 6 350 万元,二者相差 2 200 万元,计划成本降低率为 18.27%,实际成本降低率为 13.26%,可见可比产品成本降低计划没有完成,所以应进一步分析影响可比产品成本降低计划完成情况的因素。一般来说,影响可比产品成本降低计划完成的因素有三个,即产品产量、产品品种结构和单位产品成本。

第一个因素:产品产量变动的影响。由于可比产品成本降低计划是按计划产量计算的,而实际降低额和降低率是按实际产量计算的,当实际产量与计划产量不一致时,就会使可比产品成本降低额发生变动,但不会影响成本降低率。

产量变动对成本降低额的影响 = [∑(实际产量×上年实际平均单位成本)×计划降低率] – 计划降低额

【案例 6-9】 承案例 6-8,产品产量变动对成本降低额的影响计算如下。

产量变动对成本降低额的影响 = [(1 350 × 20 + 950 × 22) × 18.27%] – 8 550
= 201.33(万元)

第二个因素:产品品种结构变动的影响。由于各种可比产品的成本降低率不同,当品种结构发生变化时,就会使全部可比产品成本的降低率和降低额发生变化,若只有一种可比产品,则不存在成本结构的变化,就不需要分析品种结构变化的影响。

品种结构变动对成本降低额的影响
= [∑(实际产量×上年实际平均单位成本) – ∑(实际产量×本年计划单位成本)] – ∑(实际产量×上年实际平均单位成本)×计划降低率

品种结构变动对成本降低率的影响 = $\dfrac{品种结构变动对成本降低额的影响}{\sum(实际产量\times 上年实际平均单位成本)} \times 100\%$

【案例 6-10】 承案例 6-8,产品品种结构变动对成本降低额和降低率的影响计算如下。

品种结构变动对成本降低额的影响 = [(1 350 × 20 + 950 × 22) – (1 350 × 15 + 950 × 20)] – (1 350 × 20 + 950 × 22) × 18.27%
= – 101.33(万元)

品种结构变动对成本降低率的影响 = $\dfrac{-101.33}{1\ 350 \times 20 + 950 \times 22} \times 100\%$
= – 0.21%

第三个因素:产品单位成本变动的影响。本年实际单位成本比本年计划单位成本下降或上升时,必然会引起可比产品成本降低额和降低率发生变化。产品单位成本的变动与成本降低额和降低率的变动呈反方向。

产品单位成本变动对成本降低额的影响 = ∑(实际产量×本年计划单位成本) – ∑(实际产量×本年实际单位成本)

产品单位成本变动对成本降低率的影响 = $\dfrac{产品单位成本变动对成本降低额的影响}{\sum(实际产量\times 上年实际平均单位成本)}$

【案例 6-11】 承案例 6-8,产品单位成本变动对成本降低额的影响计算如下。

产品单位成本变动对成本降低额的影响 = (1 350 × 15 + 950 × 20) – (1 350 × 16 + 950 × 21)
= – 2 300(元)

产品单位成本变动对成本降低率的影响 = $\dfrac{-2\,300}{(1\,350\times20+950\times22)}\times100\%$

$= -4.80\%$

以上计算分析表明，影响唯美日化有限公司 2014 年前 9 个月可比产品成本降低计划完成情况的因素中，产量的变动使成本降低了 201.33 元，产品品种结构的变动使成本上升了 101.33 元，产品单位成本的变动使成本上升了 2 300 元。对于这些变动的原因还需要结合生产分析和销售分析查明原因，再做出总体评价。

【测试与强化 6-2】

哈尔滨市恒利有限公司 2014 年生产小型、中型、大型电机产品。其中，小型电机和中型电机为可比产品，大型电机为不可比产品，2014 年 12 月有关资料如表 6-11 所示。

表 6-11　2014 年 12 月份产品成本资料

产品	全年计划产量（台）	本月实际产量（台）	本年累计产量（台）	本年计划单位成本（元/台）	上年实际平均单位成本（元/台）	本月实际总成本（元）	本年累计实际总成本（元）
小型电机	2 300	200	2 200	90	100	17 600	195 800
中型电机	40	50	550	190	200	9 350	103 400
大型电机	10	10	130	420	—	4 310	57 200

要求：根据表中资料编制按产品种类反映的产品成本表，并对可比产品成本降低计划的执行结果做简要的分析。

任务 6.3　编制与分析主要产品单位成本表

【任务导入 6-3】

李强在 2014 年年末应聘哈尔滨冰城电子厂的成本会计岗位，针对马上要编制年度成本报表的实际情况，财务主管同时又提出了如下问题进行岗前考核。（1）主要产品单位成本表的基本格式是什么？（2）主要产品单位成本表可以从哪几个方面进行分析？

【任务知识与技能】

6.3.1　编制主要产品单位成本表

主要产品是指企业经常生产、在企业全部产品中所占比重较大、能总括反映企业生产经营情况的那些产品。

主要产品单位成本表是反映企业在报告期内生产的各种产品单位成本构成情况的报表。该表应当按照主要产品分别编制，是按产品种类反映的产品生产成本表中某些主要产品的进一步反映。通过此表，可以按照成本项目分析和考核主要产品单位成本计划的执行情况；可以按照成本项目将本月实际和本年累计实际平均单位成本，与上年实际平均和历史先进水平进行对比，了解单位成本的变动情况；可以分析和考核各种主要产品的主要技术经济指标的执行情况，进而查明主要产品单位成本升降的具体原因。其基本格式如表 6-13 所示。

【案例 6-12】　承案例 6-4，以洗发水为例，洗发水单位成本资料如表 6-12 所示，洗发水的销售单价为 40 元。

表6-12　2014年9月份洗发水单位成本资料　　　　单位：元/瓶

单位生产成本	直接材料	直接人工	制造费用	合计
历史先进水平	7.28	3.5	3.22	14
上年实际平均	10.2	5.2	4.6	20
本年计划	7.94	4.0	3.06	15
本月实际	9.18	4.77	4.05	18
本年累计实际平均	8.64	4	3.36	16

根据以上资料编制洗发水产品单位成本表，如表6-13所示。

表6-13　主要产品单位成本表

2014年9月

单位：唯美日化公司

产品名称：洗发水　　产品规格：400毫升　　计量单位：万瓶　　产品销售单价：40元

本月实际产量：140万瓶　　本年累计实际产量：1 350万瓶

成本项目	历史先进水平	上年实际平均	本年计划	本月实际	本年累计实际平均
直接材料	7.28	10.2	7.94	9.18	8.64
直接人工	3.5	5.2	4.0	4.77	4
制造费用	3.22	4.6	3.06	4.05	3.36
生产成本	14	20	15	18	16
主要技术经济指标					
1. 主要材料	2千克	2.5千克	2.1千克	2.15千克	2.2千克
2. 工时	1小时	1.5小时	1.3小时	1.1小时	1.3小时
3. ……	……	……	……	……	……

☞ 温馨提示

> 主要产品单位成本表各项的填列方法。
> ① 历史先进水平单位成本：应根据历史上该种产品成本最低年度本表的实际平均单位成本填列；
> ② 上年实际平均单位成本：应根据上年度本表本年累计实际平均单位成本填列；
> ③ 本年计划单位成本：应根据本年度成本计划填列；
> ④ 本月实际单位成本：应根据本月该种产品成本明细账或成本计算单填列；
> ⑤ 本年累计实际平均单位成本：应根据该种产品成本明细账所记自年初起至报告期末止完工入库总成本除以本年累计实际产量计算填列。
> ⑥ 主要技术经济指标部分，应根据企业或上级机构规定的指标名称和填列方法计算填列。
> 对于不可比产品，历史先进水平的单位成本和上年实际平均单位成本这两项不填。
> 主要产品单位成本表中上年实际平均单位成本、本年计划单位成本、本月实际单位成本和本年累计实际平均单位成本，应与产品生产成本表中该产品的相应项目相符。

6.3.2 分析主要产品单位成本表

1. 分析主要产品单位成本变动情况

从表 6-13 的资料可知,洗发水的本月实际单位成本为 18 元,低于上年实际平均单位成本 20 元,也就是说与上年相比成本有所降低,但仍高于本年的计划数 15 元,可见单位成本还有下降的空间。从前 9 个月的总体来看,本年累计实际平均单位成本 16 元接近于本年计划数 15 元,并且也低于上年实际平均水平。可见从整体上看,单位成本有逐步降低并接近历史先进水平的趋势。但为了更好地查明产品单位成本及其成本项目变动的原因,还需进一步对各个成本项目做具体的分析。

2. 分析主要成本项目

(1) 分析直接材料成本。直接材料实际成本与计划成本之间的差额构成了直接材料成本差异。形成该差异的基本原因:一是用量偏离计划,二是价格偏离计划。实际用量偏离计划用量,形成材料用量变动差异(简称量差),实际价格偏离计划价格形成材料价格变动差异(简称价差),计算公式如下:

直接材料用量差异(量差) = (实际耗用量 − 计划耗用量) × 材料计划单价

直接材料价格差异(价差) = (材料实际单价 − 材料计划单价) × 实际耗用量

【案例 6-13】 承案例 6-12,生产洗发水的材料消耗量及材料单价资料如表 6-14 所示。

表 6-14 材料耗用量及材料单价

项目	材料消耗量(千克)	材料价格(元/千克)	直接材料成本(元)
计划	2.1	3.78	7.94
实际	2.15	4.27	9.18
直接材料成本差异			1.24

从表 6-14 可以看出,直接材料的实际成本比计划成本超支 1.24 元,其中:

直接材料用量差异(量差) = (2.15 − 2.1) × 3.78 = 0.19(元)

直接材料价格差异(价差) = (4.27 − 3.78) × 2.15 = 1.05(元)

以上计算结果表明,洗发水直接材料费用实际比计划超支 1.24 元,是材料消耗量与材料价格两个因素共同变动影响的结果。其中,材料消耗量变动使直接材料成本超支了 0.19 元,材料价格变动使直接材料成本超支了 1.05 元。可以看出材料消耗量变动对成本的影响较小,而材料价格变动对成本影响相对较大。对于材料价格的提高,则要进一步分析,看是由于市场价格上涨等原因造成的,还是由于材料采购人员不得力,致使材料买价偏高或材料运杂费用增加的结果。

☞ **温馨提示**

> 以上关于量差和价差的计算,也可以不用计算公式,而用图 6-1 来解决,即分别求出图中阴影部分的面积。此方法同样适用于下面的直接人工和制造费用两项成本的分析。

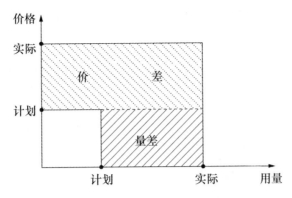

图 6-1 量差和价差的计算图示

（2）分析直接人工成本。直接人工实际成本与计划成本之间的差额构成了直接人工成本差异。形成该差异的基本原因：一是实际工时偏离计划工时；二是实际每小时工资成本（实际工资率）偏离计划每小时工资成本（计划工资率）。实际工时偏离计划工时形成直接人工工时变动差异（量差），实际每小时工资成本偏离计划每小时工资成本，形成直接人工工资率变动差异（价差），计算公式如下：

直接人工工时变动差异(量差) = (实际工时 – 计划工时) × 计划工资率

直接人工工资率变动差异(价差) = (实际工资率 – 计划工资率) × 实际工时

【案例 6-14】 承案例 6-12，生产洗发水所耗工时及人工费用资料如表 6-15 所示。

表 6-15 所耗人工费用情况表

项目	单位产品所耗工时	小时工资率	直接人工成本
计划	1.3	3.08	4
实际	1.1	4.34	4.77
直接人工成本差异			0.77

从表 6-15 可以看出，直接人工的实际成本比计划成本超支 0.77 元，其中：

直接人工工时变动差异 = (1.1 – 1.3) × 3.08 = –0.616(元)

直接人工工资率变动差异 = (4.34 – 3.08) × 1.1 = 1.386(元)

以上计算结果表明，洗发水直接人工成本实际比计划超支 0.77 元，是单位产品所耗工时和小时工资率共同变动的结果。

单位产品所耗工时由 1.3 下降为 1.1，一般是生产工人提高了劳动的熟练程度，从而提高了劳动生产率的结果，但也不排除是由于偷工减料造成的。应查明节约工时以后是否影响了产品的质量，通过降低产品质量来节约工时，是不被允许的。单位产品所耗工时变动的原因是多方面的，如工人技术状况、工作环境和设备条件的好坏等。

单位产品的小时工资率的变动（由 3.08 提高到 4.34），其形成的原因比较复杂，比如工资制度的变动，工人的升降级、加班或临时工的增减等都会导致工资发生变动，企业应结合这些因素的变动深入分析，查找变动的原因。

（3）分析制造费用。制造费用的实际发生额与计划数之间的差异构成了制造费用成本差异。形成该差异的基本原因：一是实际工时偏离计划工时，二是实际每小时制造费用率偏离计划每小时制造费用率。实际工时偏离计划工时形成制造费用工时变动差异（量差），实际每小时制造费用率偏离计划每小时制造费用率形成制造费用率变动差异（价差），计算公式如下：

制造费用工时变动差异(量差) = (实际工时 – 计划工时) × 计划小时制造费用率
制造费用率变动差异(价差) = (实际小时制造费用率 – 计划小时制造费用率) × 实际工时

【案例6-15】 承案例6-12，生产洗发水所耗工时及制造费用资料如表6-16所示。

表6-16 所耗制造费用情况表

项目	单位产品所耗工时（小时）	小时制造费用率	制造费用（元）
计划	1.3	2.35	3.06
实际	1.1	3.68	4.05
制造费用差异			0.99

从表6-16可以看出，制造费用的实际成本比计划成本超支0.99元，其中：

制造费用工时变动差异(量差) = (1.1 – 1.3) × 2.35 = –0.47(元)
制造费用率变动差异(价差) = (3.68 – 2.35) × 1.1 = 1.463(元)

以上计算结果表明，洗发水制造费用实际比计划超支0.99元，是单位产品所耗工时和小时制造费用率共同变动的结果。

制造费用工时变动差异形成的原因同直接人工成本相同。制造费用率变动差异形成的原因比较复杂，应按制造费用项目逐项分析，并在此基础上，结合生产环节的具体资料，联系责任单位和责任人具体查明各项制造费用超支的原因。

【测试与强化6-3】

承案例6-4，以润发乳为例，润发乳单位成本资料如表6-17至表6-20所示，洗发水的销售单价为45元。

表6-17 洗发水单位成本资料　　　　　　　　　　　单位：元/瓶

单位生产成本	直接材料	直接人工	制造费用	合计
历史先进水平	9.5	4.5	4	18
上年实际平均	11.2	5.6	5.2	22
本年计划	10	5.0	5	20
本月实际	9	4.5	3.5	17
本年累计实际平均	11	5.5	4.5	21

表6-18 材料耗用量及材料单价

项目	材料消耗量（千克）	材料价格（元/千克）	直接材料成本（元）
计划	2.5	4	10
实际	2	5.5	11
直接材料成本差异			1

表6-19 所耗人工费用情况表

项目	单位产品所耗工时（小时）	小时工资率（元/小时）	直接人工成本（元）
计划	1.5	3.33	5
实际	1.3	4.23	5.5
直接人工成本差异			0.5

表 6-20 所耗制造费用情况表

项目	单位产品所耗工时（小时）	小时制造费用率（元/小时）	制造费用（元）
计划	1.5	3.33	5
实际	1.3	3.46	4.5
制造费用差异			-0.5

要求：根据以上资料编制洗发水产品单位成本表，并对主要成本项目进行分析。

任务6.4 编制与分析制造费用明细表

【任务导入 6-4】

宋楠在编制制造费用明细表时，有两个问题不清楚，于是向财务主管请教：（1）企业为什么要编制制造费用明细表？（2）制造费用明细表的分析方法有哪些？针对以上问题，如果您是财务主管，该如何回答？

【任务知识与技能】

6.4.1 编制制造费用明细表

制造费用明细表是具体反映企业在一定时期内发生的各项制造费用及其构成情况的成本报表。利用该表，可以按费用项目分析制造费用计划的执行情况，分析制造费用超支或节约的原因，从而寻求降低产品成本的方法。还可以分析制造费用的构成及其增减变动的情况，为编制制造费用计划和预测未来的费用水平提供依据。制造费用明细表一般按月编制。

【案例 6-16】 承案例 6-12，仍以唯美日化公司为例，根据前例及生产成本明细账资料，制造费用明细表编制如下，如表 6-21 所示。

表 6-21 制造费用明细表

编制单位：唯美日化公司　　　　　2014 年 9 月　　　　　　　　　单位：万元

成本项目	本年计划数	上年同期实际数	本月实际数	本年累计实际数
机物料消耗	1 680	190	168	1 447
职工薪酬	880	90	102	682
折旧费	506	69	73	410
办公费	488	63	51	451
水电费	648	75	64	635
劳动保护费	495	62	46	300
保险费	490	63	56	416
其他	321	58	41	192
制造费用合计	5 508	670	601	4 536

☞ **温馨提示**

制造费用明细表的填列方法：
① "本年计划数"栏各项数字，根据本年制造费用计划填列；
② "上年同期实际数"栏各项数字，根据上年同期本表的本月实际数填列；
③ "本月实际数"栏各项数字，根据"制造费用"总账科目所属各基本生产车间制造费用明细账的本月合计数汇总计算填列；
④ "本年累计实际数"栏各项数字，根据制造费用明细账本月末的累计数汇总计算填列。

如有需要，也可以根据制造费用的分月计划，在表中加列本月计划数栏。

6.4.2 分析制造费用明细表

对制造费用的分析，主要可以采用对比分析法和构成比率分析法等。

1. 对比分析法

在采用对比分析法进行分析时，通常先将本月实际数与上年同期实际数进行对比，揭示本月实际与上年同期实际之间的增减变化。在表中列有本月计划数的情况下，则先应进行这两者的对比，以便分析和考核制造费用月份计划的执行结果。在将本年累计实际数与本年计划数进行对比时，如果该表不是12月份的报表，这两者的差异只是反映年度内计划执行的情况，可据以发出信号，提醒人们应该注意的问题。如该表是7月份的报表，而其本年累计实际数已接近、达到甚至超过本年计划的半数时，就应注意节约以后各月的成本，以免全年的实际数超过计划数。如果该表是12月份报表，则本年累计实际数与本年计划数的差异，就是全年制造费用计划执行的结果。为了具体分析制造费用增减变动和计划执行好坏的情况和原因，上述对比分析应当按照成本项目进行。由于制造费用的项目很多，分析时应选择超支或节约数额较大或者成本比重较大的项目，有重点地进行。

【**案例 6-17**】 根据唯美日化公司制造费用明细表，如表 6-21 所示，选取比重较大的前两项数据为例进行分析。

(1) 对比分析本月实际数与上年同期实际数。首先，"机物料消耗"项目本月实际数为 168 万元，上年同期实际数为 190 万元，本月与上年同期相比，费用有所下降。原因可能为两个月份的产量不同，也可能是因为生产过程中的节约所致。其次，"职工薪酬"项目本月实际数为 102 万元，上年同期实际数为 90 万元，本期与上年同期相比，费用有所上升，原因可能为加班、临时工人数增加等。

(2) 对比分析本年累计实际数与本年计划数。"机物料消耗"项目本年累计实际数为 1 447 万元（前9个月数），而本年计划数为 1 680 万元（全年数），到 9 月末止，全年已经过去 3/4，按原定计划，制造费用应该发生 1 260（1 680×3/4）万元，但实际制造费用已累计发生 1 447 万元，超支 187（1 447－1 260）万元，所以在本年最后的三个月，应节约开支，避免全年的实际制造费用超过计划数。

同理，"职工薪酬"项目与"机物料消耗"项类似，不再赘述。

> **温馨提示**
>
> 各项制造费用的性质和用途不同,评价各项目成本超支或节约时应联系成本的性质和用途具体分析,不能简单地将一切超支都看成是不合理的、不利的,也不能简单地将一切节约都看成是合理的、有利的。例如,劳动保护费用的节约,可能是由于缺少必要的劳动保护措施,影响安全生产;又如机物料消耗的超支也可能是由于追加了生产计划,增加了开工班次,相应增加了机物料消耗的结果,这样的超支是合理的,不是成本管理的责任。

2. 构成比率法

在采用构成比率法进行制造费用分析时,可以计算某项成本占制造费用合计数的构成比率,也可将制造费用分为与机器设备使用有关的成本(如机器设备的折旧费、机物料消耗等)、与机器设备使用无关的成本(如车间管理人员的薪酬、办公费等)以及非生产性损失等几类,分别计算其占制造费用合计数的构成比率。可以将这些构成比率与企业或车间的生产、技术特点联系起来,分析其构成是否合理;也可以将本月实际和本年累计实际的构成比率与本年计划的构成比率和上年同期实际的构成比率进行对比,揭示其差异和与上年同期的增减变化,分析其差异和增减变化是否合理。

【**案例 6-18**】 根据唯美日化公司制造费用明细表(如表 6-21 所示),以机物料消耗项目为例进行分析。

表 6-22 机物料消耗情况对比表　　　　　　　　单位:万元

成本项目	上年同期实际数	本月实际数	本年计划数	本年累计实际数
制造费用合计	670	601	5 508	4 536
机物料消耗	190	168	1 680	1 447
构成比率	28.36%	27.95%	30.50%	31.90%

从表 6-22 中数据可以看出,首先,本月实际机物料消耗占制造费用总额的比重为 27.95%,与上年同期的 28.36% 相比,下降了 0.41%,可能为生产过程中节约所致;其次,从前 9 个月的累计机物料消耗占制造费用总额的比率(31.90%)与本年计划数(30.50%)对比来看,机物料消耗在制造费用总额中所占的比重高于计划数,公司应具体分析原因,采取相应的措施。

【**测试与强化 6-3**】

前进机械厂生产小型农用机械,2014 年 9 月末编制制造费用明细表,相关资料如表 6-23 所示。

表 6-23 制造费用资料　　　　　　　　单位:元

费用项目	本年计划	上年同期实际	本月实际费用	1~8月份累计
人工费	10 944	850	970	7 750
办公费	14 400	1 100	1 200	10 000
折旧费	51 600	3 950	4 350	34 950
修理费	16 320	1 240	1 400	10 560
运输费	20 400	1 560	1 500	12 800

续表

费用项目	本年计划	上年同期实际	本月实际费用	1~8月份累计
租赁费	7 200	480	680	5 800
保险费	9 600	700	820	6 720
水电费	6 000	400	500	3 960
劳动保护费	4 800	320	420	3 700
机物料消耗	2 520	180	230	1 840
其他	1 836	130	160	960
合计				

要求：根据以上资料，编制2014年9月制造费用明细表。

项目总结

产品成本是综合反映企业生产技术和经营管理工作水平的一项重要指标，编制和分析成本报表是成本会计工作的一项重要内容，是实现成本控制的前提条件。

成本报表主要包括产品生产成本表、主要产品单位成本表及相关费用明细表。编制成本报表时要做到真实性、重要性、正确性、完整性与及时性相结合。成本报表的分析方法包括：对比分析法、比率分析法、连环替代法和差额分析法。

产品生产成本表是反映企业在报告期内生产的全部产品总成本的报表。该表一般分为两种：一种按成本项目反映，另一种按产品种类反映。按成本项目反映的产品生产成本表主要从两个方面进行分析：一是对产品生产成本合计数栏进行对比分析，二是对产品成本的构成进行分析。按产品种类反映的产品生产成本表也主要从两个方面进行分析：一是本期实际成本与计划成本的对比分析，二是本期实际成本与上年实际成本的对比分析（包括可比产品成本升降情况分析，可比产品成本降低计划执行结果分析）。

主要产品单位成本表是反映企业在报告期内生产的各种产品单位成本构成情况的报表。该表应当按照主要产品分别编制，是按产品种类反映的产品生产成本表中某些主要产品成本的进一步反映。此表可以从两个方面进行分析：一是主要产品单位成本变动情况分析，二是主要成本项目分析（包括直接材料成本的分析、直接人工成本的分析、制造费用的分析）。

制造费用明细表是具体反映企业在一定时期内发生的各项制造费用及其构成情况的成本报表。对制造费用明细表的分析主要采用对比分析法和比率分析法进行。

课证对接测试

一、单项选择题（下列各题的备选答案中，只有一个是正确的，请将正确答案的字母填在括号内）

1. 按照《企业会计准则》规定，成本报表是（　　）
   A. 对外报表
   B. 对内报表（或内部报表）
   C. 既是对外报表，也是对内报表
   D. 对内还是对外，由企业自行决定

2. 产品成本是企业生产经营活动的一项（　　）指标。
   A. 数量
   B. 劳动量
   C. 综合性
   D. 质量指标

3. 差额计算分析法是（　　）的简化计算方法。

A. 对比分析法　　B. 综合分析法　　C. 连环替代分析法　　D. 因素分析法

4. 劳动生产率的增长速度（　　）工资率增长速度时，才会使产品成本降低。
   A. 等于　　　　B. 超过　　　　C. 小于　　　　D. 等于或大于

5. 编制产品生产成本表，应做到（　　）。
   A. 可比、不可比产品要分别填列
   B. 可比、不可比产品可合并填列
   C. 可比、不可比产品既可以分别填列，也可合并填列
   D. 无须划分可比、不可比产品

6. 在按产品种类反映的产品生产成本表中，应反映上年成本资料的产品是（　　）。
   A. 主要产品　　B. 非主要产品　　C. 可比产品　　D. 不可比产品

7. 对成本报表进行的分析，属于（　　）
   A. 事前分析　　B. 事中分析　　C. 事后分析　　D. 全面分析

8. 可比产品成本降低额与降低率之间的关系是（　　）
   A. 成反比　　B. 成正比　　C. 同方向变动　　D. 无直接关系

9. 下列不属于成本报表的是（　　）。
   A. 产品生产成本表　　　　　　B. 主要产品单位成本表
   C. 现金流量表　　　　　　　　D. 制造费用明细表

10. 计算可比产品成本降低率的分母是可比产品按（　　）计算的本年累计总成本。
    A. 上年实际平均单位成本　　　　B. 上年计划平均单位成本
    C. 本年实际平均单位成本　　　　D. 本年计划平均单位成本

11. 在成本分析的比率分析法中，下列属于成本构成分析内容的是（　　）。
    A. 各成本项目在成本总额中的比重　　B. 利润项目同销售成本项目的比率
    C. 成本与产值的比率　　　　　　　　D. 成本与销售收入的比率

12. 企业成本报表的种类、项目、格式和编制方法（　　）
    A. 由国家统一规定　　　　　　　　B. 由企业自行确定
    C. 由企业主管部门统一规定　　　　D. 由企业主管部门与企业共同制定

13. 主要产品单位成本的一般分析，通常首先采用（　　）进行分析。
    A. 对比分析法　　B. 趋势分析法　　C. 比率分析法　　D. 连环替代法

14. 对可比产品成本降低率不产生影响的因素是（　　）
    A. 产品品种结构　　B. 产品产量　　C. 产品单位成本　　D. 产品总成本

15. 采用连环替代法，可以揭示（　　）
    A. 产生差异的因素　　　　　　　　　　B. 实际数与计划数之间的差异
    C. 产生差异的因素和各因素的影响程度　　D. 产生差异的因素和各因素的变动原因

二、**多项选择题**（下列各题的备选答案中，有两个或两个以上的答案是正确的，请将正确答案的字母填在括号内）

1. 成本报表按成本信息归集的对象划分，主要分为（　　）。
   A. 制造费用明细表　　　　　　B. 产品生产成本表
   C. 主要产品单位成本表　　　　D. 管理费用明细表

2. 产品生产成本表一般按（　　）来反映。
   A. 成本项目　　B. 产品种类　　C. 可控成本　　D. 成本性态

3. 成本报表常用的分析方法有（　　）。

A. 对比分析法　　B. 比率分析法　　C. 差额分析法　　D. 连环替代法

4. 影响可比产品成本降低额变动的因素有（　　）。
A. 产品产量　　B. 产品售价　　C. 产品品种结构　　D. 产品单位成本

5. 影响可比产品成本降低率变动的因素有（　　）。
A. 产品产量　　B. 产品单位成本　　C. 产品售价　　D. 产品品种结构

6. 连环替代分析法的特点是（　　）。
A. 计算方法的简化性　　　　　　B. 计算程序的连环性
C. 因素替代的顺序性　　　　　　D. 计算结果的假定性

7. 主要产品单位成本表应当反映该主要产品的（　　）。
A. 历史先进水平单位成本　　　　B. 上年实际平均单位成本
C. 本年计划单位成本　　　　　　D. 本年累计实际平均单位成本

8. 成本报表的编制要求有（　　）
A. 数字准确　　B. 文字整洁　　C. 内容完整　　D. 编报及时

9. 反映费用支出情况的成本报表有（　　）
A. 生产费用表　　　　　　　　　B. 财务费用明细表
C. 管理费用明细表　　　　　　　D. 销售费用明细表

10. 比率分析法主要包括（　　）。
A. 构成比率分析法　　　　　　　B. 连环替代分析法
C. 趋势比率分析法　　　　　　　D. 相关比率分析法

11. 下列各项中，属于成本报表的有（　　）。
A. 产品生产成本计算单　　　　　B. 主要产品单位成本表
C. 产品生产成本表　　　　　　　D. 制造费用明细表

12. 下列关于成本报表的描述，正确的有（　　）
A. 成本报表是一种内部报表
B. 成本报表没有统一的格式
C. 成本报表必须按国家统一会计准则制度规定编制
D. 成本报表一般不对外报送

13. 影响产品单位成本中直接材料费用变动的因素有（　　）。
A. 产品生产总量　　　　　　　　B. 材料总成本
C. 单位产品材料消耗量　　　　　D. 材料的单价

14. 对制造费用明细表进行分析所采用的方法，主要是（　　）。
A. 对比分析法　　　　　　　　　B. 差额计算分析法
C. 构成比率分析法　　　　　　　D. 相关指标比率分析法

15. 制造费用明细表应反映的指标有（　　）。
A. 本年计划数　　B. 上年同期计划数　　C. 上年同期实际数　　D. 本月实际数

三、判断题（下列说法中正确的画√，错误的画×）

1. 会计报表按其报送对象可以分为对外报表和对内报表。成本报表属于内部报表，不再对外报送。　　　　　　　　　　　　　　　　　　　　　　　　　　（　　）

2. 主要产品是指单位成本较小，销售量较大的那些产品，是企业进行成本控制的主要对象。　　　　　　　　　　　　　　　　　　　　　　　　　　　　（　　）

3. 用连环替代分析法分析各因素对指标的影响值，采用不同替代顺序，其计算结果

总是相同的。（ ）

4. 影响可比产品成本降低率指标变动的因素有产品产量、产品品种结构和产品单位成本。（ ）

5. 主要产品单位成本表中列示的单位成本与产品生产成本报表中所列相同可比产品单位成本是一致的。（ ）

6. 成本报表必须按照统一制定的格式和项目进行编制，不允许企业随意变动。（ ）

7. 可比产品成本降低额是指可比产品本年实际总成本比按上年实际单位成本计算的实际总成本降低的数额。（ ）

8. 影响可比产品成本降低额变动因素有两个，即产品品种比重变动和产品产量变动。（ ）

9. 按产品种类反映的产品生产成本表中把企业在一定期间内生产的产品分为两大类：可比产品和不可比产品，分别列示其不同时期的成本资料。（ ）

10. 产品生产成本表中的产品产量有产品的本月产量和年初至本月末的本年累计产量两部分。（ ）

11. 产品生产成本表中的单位成本有上年平均实际单位成本、本年计划单位成本、本月单位成本、本年累计实际平均单位成本四个单位成本资料。（ ）

12. 主要产品单位成本表的主要产品是指企业经常生产，在全部产品中所占比重较大，能概括反映企业生产经营全貌的那些产品。（ ）

13. 主要产品单位成本表是反映企业在报告期内生产的各种主要产品单位成本水平和构成情况的报表。（ ）

14. 主要产品单位成本表按主要产品分别编制，是对全部产品生产成本表所列各种主要产品成本的补充说明。（ ）

15. 采用连环替代分析法进行成本分析时，各因素变动对经济指标影响程度的数额相加，应与该项经济指标实际数与计划数的差额相等。（ ）

项目实训

一、实训目的

通过实训，使学生掌握成本报表的编制方法，并能运用相应的方法对成本报表进行分析。

二、企业概况及成本管理要求

万方农用机械厂主要生产小型农用机械，其产品有起垄机、播种机和收割机，其中起垄机和播种机为可比产品，收割机为不可比产品。为占领市场取得更好的经营业绩，除小型农用机械的性能受广大农民朋友喜爱外，价格也要被农民朋友接受，因此做好产品成本分析工作，降低产品成本是当前生产面临的主要问题。

三、业务背景及相关资料

（1）本厂2014年12月份有关生产资料如表6-24所示。

表6-24 2014年12月份产品成本资料

产品	本年计划产量（台）	本月实际产量（台）	本年累计产量（台）	本年计划单位成本（元/台）	上年实际平均单位成本（元/台）	本月实际总成本（元）	本年累计实际总成本（元）
起垄机	720	90	765	580	600	49 950	438 345
播种机	890	105	960	400	420	43 470	400 320
收割机	650	60	630	270	—	16 560	171 990

（2）2014 年 12 月份起垄机的单位成本资料如表 6-25 所示。起垄机的销售单价为 930 元。

表 6-25　起垄机单位成本资料　　　　　　　　　　　　单位：元/台

单位生产成本	直接材料	直接人工	制造费用	合计
历史先进水平	279	135	114	528
上年实际平均	315	156	129	600
本年计划	300	150	130	580
本月实际	285	147	123	555
本年累计实际平均	294	153	126	573

（3）2014 年度起垄机单耗资料如表 6-26 所示。

表 6-26　起垄机单耗资料

成本项目	本年实际	本年计划
直接材料		
消耗量（千克）	12.50	12.5
单价（元/千克）	23.52	24.00
直接人工		
生产工时（小时）	50.00	50.00
小时工资率（元/小时）	3.06	3.00
制造费用		
生产工时（小时）	50.00	50.00
小时制造费用率（元/小时）	2.52	2.60

（4）2014 年的制造费用有关资料如表 6-27 所示。

表 6-27　制造费用成本资料　　　　　　　　　　　　　单位：元

费用项目	本年计划	上年同期实际	本月实际费用	1～11 月份累计
人工费	32 544	2 650	2 780	30 300
办公费	9 600	700	800	9 100
折旧费	39 600	2 980	3 400	36 880
修理费	13 920	1 100	1 200	12 500
运输费	18 000	1 380	1 300	15 600
租赁费	7 200	450	630	7 500
保险费	9 600	700	820	9 100
水电费	6 000	400	500	5 400
劳动保护费	4 800	300	410	4 900
机物料消耗	2 520	180	220	2 500
其他	1 386	130	170	1 400
合计	145 170	10 970	12 230	135 180

四、实训要求

（1）根据资料表 6-24 中的数据，编制万方农用机械厂 2014 年 12 月份的产品生产成本表 6-28（按产品种类反映）。

表 6-28 产品生产成本表（按产品种类反映）

编制单位：万方农用机械厂　　　　　　　年　　月　　　　　　　　　　金额单位：元

产品名称	实际产量			单位成本			本月总成本			本年累计总成本		
	本月①	本年累计②	上年实际平均③	本年计划④	本月实际⑤=⑨÷①	本年累计实际平均⑥=⑫÷②	按上年实际平均单位成本计算⑦=①×③	按本年计划单位成本计算⑧=①×④	本月实际⑨	按上年实际平均单位成本计算⑩=②×③	按本年计划单位成本计算⑪=②×④	本年实际⑫
可比产品												
起垄机												
播种机												
合计												
不可比产品												
收割机												
合计												

补充资料：1. 可比产品成本降低额　　　　元。

2. 可比产品成本降低率　　　　%。

（2）根据表 6-28 的产品生产成本表，对可比产品成本降低计划执行结果进行分析。

（3）根据表 6-25 及表 6-28 的产品生产成本表编制起垄机的产品单位成本表 6-29。

表 6-29　主要产品单位成本表　　　　　　　　　　　　　　　　　单位：元

成本项目	历史先进水平	上年实际平均	本年计划	本月实际	本年累计实际平均
直接材料					
直接人工					
制造费用					
生产成本					
主要技术经济指标					
1. 主要材料					
2. 工时					
3. ……					

（4）根据表 6-26，对主要产品单位成本表的主要成本项目进行分析。

（5）根据表 6-27，编制制造费用明细表 6-30。

表 6-30　制造费用明细表

编制单位：　　　　　　　　　　　　　年　　月　　　　　　　　　　　　单位：元

费用项目	本年计划	上年同期实际	本月实际	本年累计实际
人工费				
办公费				
折旧费				
修理费				
运输费				
租赁费				
保险费				
水电费				
劳动保护费				
机物料消耗				
其他				
制造费用合计				

五、实训建议

可采用小组方式进行实训。一人负责资料收集整理，一人负责相关数据计算，一人负责各种报表的编制，小组合作共同进行报表分析。

项目能力评价测试

能力评价表

项目序号：　　　　财务小组：　　　　姓名：　　　　学习时间：

	测试的要求	能/未能	任务内容	
专业能力自评	通过学习本项目，你		理解成本报表的分类	
			理解成本报表的编制要求	
			理解成本分析的基本方法	
			知道产品成本表的编制与分析的内容	
			知道主要产品单位成本表的编制与分析的内容	
			知道制造费用明细表的编制与分析	
	通过学习本项目，你还有除上述外"能"或"未能"了解、理解等的其他任务内容			
			能力内容	是否提高
职业能力自评	通过学习本项目，运用相关知识和技能，你能达到		能根据成本资料编制产品生产成本表	
			能对产品生产成本表进行分析	
			能根据成本资料编制主要产品单位成本表	
			能对主要产品单位成本表进行主要成本项目分析	
			能根据制造费用资料编制制造费用明细表	
			能对制造费用明细表进行分析	
			解决问题的能力（查错、纠错）	
			团队精神（团队互相帮助完成学习任务）	
			职业态度（无旷工、认真、无抄袭）	
			办事能力（准确表述需求，完成所办事务）	
			敬业精神（工作有始有终，能正确面对困难曲折）	
	通过目学习本项，你还有除上述外的哪些能力得到"明显提高""有所提高""没有提高"			

自评	小组评定	教师评定
签名： 　年　月　日	签名： 　年　月　日	签名： 　年　月　日

总成绩：

注：

1. "能/未能"栏填"能"或"未能"；"是否提高"栏填"明显提高""有所提高""没有提高"。

2. 最终的总成绩评定由三部分组成，即学生本人自评、小组评定、教师评定，其参考权重分别是25%、25%和50%。参考分值：每个"能"给5分，每个"有所提高"给7分，每个"明显提高"给10分，"没有提高"或"未能"没有分。加总后最高分值为100分。

3. 本项目总权重参考值为10%，即满分10分。

职业能力强化测试与项目实训用纸

一、项目 2 项目实训用纸

表（训）2-1　辅助生产成本明细账

车间名称：

年		凭证编号	摘要	职工薪酬	办公费	折旧费	水电费	机物料消耗	保险费	其他	合计
月	日										

表（训）2-2　制造费用明细账

车间名称：

年		凭证编号	摘要	职工薪酬	办公费	折旧费	水电费	机物料消耗	保险费	其他	合计
月	日										

表（训）2-3　制造费用明细账

车间名称：

年		凭证编号	摘要	职工薪酬	办公费	折旧费	水电费	机物料消耗	保险费	其他	合计
月	日										

表（训）2-4　基本生产成本明细账

产品名称：

年		凭证编号	摘要	直接材料	直接人工	制造费用	合计
月	日						

表（训）2-5　基本生产成本明细账

产品名称：

年		凭证编号	摘要	直接材料	直接人工	制造费用	合计
月	日						

表（训）2-6　基本生产成本明细账

产品名称：

年 月	年 日	凭证编号	摘要	直接材料	直接人工	制造费用	合计

表（训）2-7　　年　　月材料费用分配表　　　　单位：元

| 应借科目 | 成本项目 | 直接计入 | 分配计入 | | | 合计 |
			材料消耗定额	分配率	分配金额	

表（训）2-8　记账凭证

　　　　　　　　　　　年　　月　　日　　　　　　　第　　号

| 摘要 | 借方科目 | | | 贷方科目 | | | 金额 | | | | | | | | | | 附单据　　张 |
	总账科目	明细科目	记账	总账科目	明细科目	记账	千	百	十	万	千	百	十	元	角	分	
合　计																	

会计主管：　　　　　记账：　　　　　复核：　　　　　制单：

表（训）2-9　　年　　月职工薪酬计算表　　　　　　　　　　　　单位：元

账户	成本项目	分配工资总额			养老企业10%	医疗企业7%	失业企业2%	工伤企业1%
		工时	分配率	分配额				
合计								

表（训）2-9 续表　　职工薪酬计算表　　　　　　　　　　　　　　　　单位：元

应借账户	生育企业1%	公积金企业8%	工会经费2%	教育经费1.5%	职工福利费2%	个人负担部分19%	合计	其中计入成本部分

表（训）2-10　记账凭证

年　月　日　　　　　　　　　　　　　　　　第　　号

摘要	借方科目			贷方科目			金额										附单据2张
	总账科目	明细科目	记账	总账科目	明细科目	记账	千	百	十	万	千	百	十	元	角	分	
合　计																	

会计主管：　　　　记账：　　　　复核：　　　　制单：

表（训）2-11 固定资产折旧费用分配表

年　月　日　　　　　　　　　　　　　　　　单位：元

应借账户	成本项目	本月折旧金额

会计主管：　　　　　审核：　　　　　制表：

表（训）2-12 记账凭证

年　月　日　　　　　　　　　　第　号

摘要	借方科目			贷方科目			金额									附单据　张
	总账科目	明细科目	记账	总账科目	明细科目	记账	千	百	十	万	千	百	十	元	角	分	
合　计																	

会计主管：　　　　　记账：　　　　　复核：　　　　　制单：

表（训）2-13 外购动力费用分配表

年　月　日　　　　　　　　　　　　　　　　单位：元

应借账户	成本项目	分摊金额

会计主管：　　　　　审核：　　　　　制表：

表（训）2-14　记账凭证

年　月　日　　　　　　　　　　第　号

摘要	借方科目			贷方科目			金额										附单据张
	总账科目	明细科目	记账	总账科目	明细科目	记账	千	百	十	万	千	百	十	元	角	分	
合　计																	

会计主管：　　　　　记账：　　　　　复核：　　　　　制单：

表（训）2-15　待摊费用分配表

年　月　日　　　　　　　　　　单位：元

应借账户		成本项目			合计
		报刊费	保险费	低值易耗品摊销	

会计主管：　　　　　审核：　　　　　制表：

表（训）2-16　记账凭证

年　月　日　　　　　　　　　　第　号

摘要	借方科目			贷方科目			金额										附单据张
	总账科目	明细科目	记账	总账科目	明细科目	记账	千	百	十	万	千	百	十	元	角	分	
合　计																	

会计主管：　　　　　记账：　　　　　复核：　　　　　制单：

表（训）2-17 办公费和水电费分配表

年　月　日　　　　　　　　　　　　　　　单位：元

应借账户	成本项目		合计
	办公费	水费	

会计主管：　　　　审核：　　　　制表：

表（训）2-18 记账凭证

年　月　日　　　　　　　　　　　　　第　号

摘要	借方科目			贷方科目			金额										附单据张
	总账科目	明细科目	记账	总账科目	明细科目	记账	千	百	十	万	千	百	十	元	角	分	
合　计																	

会计主管：　　　记账：　　　复核：　　　制单：

表（训）2-19 辅助生产费用分配表

辅助生产名称		机修车间
待分配费用（元）		
对外提供劳务数量（小时）		
费用分配率（元/小时）		
制造费用——一车间	提供劳务数量（小时）	
	应分配费用（元）	
制造费用——二车间	提供劳务数量（小时）	
	应分配费用（元）	
管理费用	提供劳务数量（小时）	
	应分配费用（元）	
分配费用合计	分配费用合计（元）	

表（训）2-20　记账凭证

　　　　年　　月　　日　　　　　　　　　第　　号

摘要	借方科目			贷方科目			金额										附单据张
	总账科目	明细科目	记账	总账科目	明细科目	记账	千	百	十	万	千	百	十	元	角	分	
合　计							¥		2	2	6	0	0	0	0		

会计主管：李强　　　　记账：杨晓可　　　　复核：刘梅　　　　制单：杨晓可

表（训）2-21　制造费用分配表

　　　　年　　月　　日　　　　　　　　　　　　　　　　单位：元

辅助生产车间名称				合计
金额合计				

表（训）2-22　记账凭证

　　　　年　　月　　日　　　　　　　　　第　　号

摘要	借方科目			贷方科目			金额										附单据张
	总账科目	明细科目	记账	总账科目	明细科目	记账	千	百	十	万	千	百	十	元	角	分	
合　计																	

会计主管：　　　　记账：　　　　复核：　　　　制单：

表(训)2-23　　　年　　月（果汁果冻）成本计算单　　　单位：元

摘要	产品数量	直接材料	直接人工	制造费用	合计

表(训)2-24　　　年　　月（乳酸果冻）成本计算单　　　单位：元

摘要	产品数量	直接材料	直接人工	制造费用	合计

表(训)2-25　　　年　　月（果肉果冻）成本计算单　　　单位：

摘要	产品数量	直接材料	直接人工	制造费用	合计

表(训)2-26　　　年　　月完工产品成本汇总表　　　单位：

产品名称	完工产品数量	直接材料	直接人工	制造费用	总成本	单位成本

表（训）2-27　记账凭证

　　　　　　　　　　　　　年　月　日　　　　　　　　第　号

摘要	借方科目			贷方科目			金额									附单据　　张
	总账科目	明细科目	记账	总账科目	明细科目	记账	千	百	十	万	千	百	十	元	角	分
合　计																

会计主管：　　　　　记账：　　　　　复核：　　　　　制单：

二、项目 3 实训用纸

1.【测试与强化 3-2】用纸

表（测）3-1　基本生产成本明细账

批别：　　　　　　　　　　产品名称：
开工日期：　　　　　　　　批量：　　　　　　　　　　完工日期：

年		凭证编号	摘要	直接材料	燃料和动力	直接人工	制造费用	合计
月	日							

表（测）3-2　基本生产成本明细账

批别：　　　　　　　　　　产品名称：
开工日期：　　　　　　　　批量：　　　　　　　　　　完工日期：

年		凭证编号	摘要	直接材料	燃料和动力	直接人工	制造费用	合计
月	日							

表（测）3-3　基本生产成本明细账

批别：　　　　　　　　　　产品名称：
开工日期：　　　　　　　　批量：　　　　　　　　完工日期：

年		凭证编号	摘要	直接材料	燃料和动力	直接人工	制造费用	合计
月	日							

表（测）3-4　制造费用明细账

车间名称：

年		凭证编号	摘要	职工薪酬	办公费	折旧费	水电费	机物料消耗	保险费	其他	合计
月	日										

表（测）3-5　制造费用明细账

车间名称：

年		凭证编号	摘要	职工薪酬	办公费	折旧费	水电费	机物料消耗	保险费	其他	合计
月	日										

表（测）3-6　制造费用明细账

车间名称：

年		凭证编号	摘要	职工薪酬	办公费	折旧费	水电费	机物料消耗	保险费	其他	合计
月	日										

表（测）3-7 2014年2月发料凭证汇总表   单位：元

领用部门	用途	主要材料	辅料	合计
贴片车间	智能电源板（0101）			
	智能电路板（0201）			
插件车间	智能电源板（0101）			
	智能电路板（0201）			
	智能控制板（0202）			
焊接车间	智能电源板（0101）			
	智能电路板（0201）			
	智能控制板（0202）			
合计				

表（测）3-8 2014年2月材料费用分配汇总表   单位：元

应借账户	成本项目	金额
生产成本——基本生产（智能电源板）（0101）		
生产成本——基本生产（智能电路板）（0201）		
生产成本——基本生产（智能控制板）（0202）		
合计		

表（测）3-9 记账凭证

年　　月　　日　　　　　　　　　　　第　号

摘要	借方科目			贷方科目			金额										附单据张
	总账科目	明细科目	记账	总账科目	明细科目	记账	千	百	十	万	千	百	十	元	角	分	
合　　计																	

会计主管：　　　　　　记账：　　　　　　复核：　　　　　　制单：

表（测）3-10 2014年12月职工薪酬计算表   单位：元

账户	成本项目	分配工资总额	养老 企业10%	医疗 企业7%	失业 企业2%	工伤 企业1%	生育 企业1%
基本生产成本（0101）	直接人工						
基本生产成本（0201）	直接人工						
基本生产成本（0202）	直接人工						
制造费用（贴片车间）	职工薪酬						
制造费用（插件车间）	职工薪酬						
制造费用（焊接车间）	职工薪酬						
管理费用	职工薪酬						
合计							

表（测）3-10 续表　职工薪酬计算表

应借账户	公积金企业8%	工会经费2%	教育经费1.5%	职工福利费2%	个人负担部分19%	合计	其中计入成本部分
基本生产成本（0101）							
基本生产成本（0201）							
基本生产成本（0202）							
制造费用（贴片车间）							
制造费用（插件车间）							
制造费用（焊接车间）							
管理费用							
合计							

表（测）3-11　记账凭证

年　月　日　　　　　　　　　　第　号

摘要	借方科目			贷方科目			金额										附单据 张
	总账科目	明细科目	记账	总账科目	明细科目	记账	千	百	十	万	千	百	十	元	角	分	
合　　计																	

会计主管：　　　　　记账：　　　　　复核：　　　　　制单：

表（测）3-12　2014年2月外购电费分配表　　　　　　　　　单位：元

应借账户	成本项目	金额
生产成本——基本生产（0101）		
生产成本——基本生产（0201）		
生产成本——基本生产（0202）		
制造费用（贴片车间）		
制造费用（插件车间）		
制造费用（焊接车间）		
管理费用		
合计		

表（测）3-13　记账凭证

　　　　　　　　　　　　　　　年　　月　　日　　　　　　　　　第　　号

摘要	借方科目			贷方科目			金额										附单据张
	总账科目	明细科目	记账	总账科目	明细科目	记账	千	百	十	万	千	百	十	元	角	分	
合计																	

会计主管：　　　　　　记账：　　　　　　复核：　　　　　　制单：

表（测）3-14　2014年2月折旧费分配表　　　　　　单位：元

应借账户	成本项目	金额
制造费用（贴片车间）		
制造费用（插件车间）		
制造费用（焊接车间）		
管理费用		
合计		

表（测）3-15　记账凭证

　　　　　　　　　　　　　　　年　　月　　日　　　　　　　　　第　　号

摘要	借方科目			贷方科目			金额										附单据张
	总账科目	明细科目	记账	总账科目	明细科目	记账	千	百	十	万	千	百	十	元	角	分	
							√										
合计																	

会计主管：　　　　　　记账：　　　　　　复核：　　　　　　制单：

表（测）3-16　2014年2月制造费用分配表　　　　　　单位：元

批别	产品名称	贴片车间			插件车间			焊接车间			合计
		生产工时	分配率	分配金额	生产工时	分配率	分配金额	生产工时	分配率	分配金额	
0101	电源板										
0201	电路板										
0202	控制板										
合计											

表（测）3-17　记账凭证

　　　　　　　年　　月　　日　　　　　　　　　　第　　号

摘要	借　方　科　目			贷　方　科　目			金　　额									附单据张
	总账科目	明细科目	记账	总账科目	明细科目	记账	千	百	十	万	千	百	十	元	角	分
合　计																

会计主管：　　　　　记账：　　　　　复核：　　　　　制单：

表（测）3-18　　　年　　月产品成本计算单

批别：　　　　产品名称：　　　　　开工日期：　　　　　单位：元

摘要	产品数量	直接材料	燃料和动力	直接人工	制造费用	合计

表（测）3-19　　　年　　月产品成本计算单

批别：　　　　产品名称：　　　　　开工日期：　　　　　单位：

摘要	产品数量	直接材料	燃料和动力	直接人工	制造费用	合计

表（测）3-20　　　年　　月产品成本计算单

批别：　　　　产品名称：　　　　　开工日期：　　　　　单位：

摘要	产品数量	直接材料	燃料和动力	直接人工	制造费用	合计

表（测）3-21　2013年2月完工产品成本汇总表　　单位：个、元

产品名称	批号	产成品数量	直接材料	燃料和动力	直接人工	制造费用	总成本	单位成本
智能电源板								
智能电路板								
合计								

表（测）3-22　记账凭证

2014年12月31日　　　　　　　　　　　　　　　　第92号

摘要	借方科目			贷方科目			金额										附单据　张
	总账科目	明细科目	记账	总账科目	明细科目	记账	千	百	十	万	千	百	十	元	角	分	
合计																	

会计主管：　　　　记账：　　　　复核：　　　　制单：

2.【测试与强化3-3】用纸

表（测）3-23　基本生产成本二级账

年		凭证编号	摘要	直接材料	生产工时	燃料和动力	直接人工	制造费用	合计
月	日								

表（测）3-24　基本生产成本明细账

批别：　　　　　　　　　　　　　　　　　　　　　　产品名称：
开工日期：　　年　月　　　　批量　　　　　　　　完工日期：

年		凭证编号	摘要	直接材料	生产工时	燃料和动力	直接人工	制造费用	合计
月	日								

表（测）3-25　基本生产成本明细账

批别：　　　　　　　　　　　　　　　　　　　　　　产品名称：
开工日期：　　　　　　　　批量　　　　　　　　　　完工日期：

年		凭证编号	摘要	直接材料	生产工时	燃料和动力	直接人工	制造费用	合计
月	日								

表（测）3-26　基本生产成本明细账

批别：　　　　　　　　　　　　　　　　　　　　　　产品名称：
开工日期：　　　年　月　　　　批量　　　　　　　　完工日期：

年		凭证编号	摘要	直接材料	生产工时	燃料和动力	直接人工	制造费用	合计
月	日								

表（测）3-27　基本生产成本明细账

批别：　　　　　　　　　　　　　　　　　　　　　　产品名称：
开工日期：　　　　　　　　批量　　　　　　　　　　完工日期：

2013年		凭证编号	摘要	直接材料	生产工时	燃料和动力	直接人工	制造费用	合计
月	日								
6	30	略	本月发生	12 350	13 520				
6	30		本月累计	12 350	13 520				

表（测）3-28　批完工产品成本计算单

批别：　　　　产品名称：　　　　　　　　开工日期：　　　　　　　　单位：

摘要	产品数量	直接材料	生产工时	燃料和动力	直接人工	制造费用	合计

表（测）3-29　批完工产品成本计算单

批别：　　　　产品名称：　　　　开工日期：　　　　单位：

摘要	产品数量	直接材料	生产工时	燃料和动力	直接人工	制造费用	合计

表（测）3-30　批完工产品成本计算单

批别：　　　　产品名称：　　　　开工日期：　　　　单位：

摘要	产品数量	直接材料	生产工时	燃料和动力	直接人工	制造费用	合计

表（测）3-31　　年　　月完工产品成本汇总表　　单位：件、元

产品名称	批号	完工产品数量	直接材料	燃料和动力	直接人工	制造费用	总成本	单位成本

表（测）3-32　记账凭证

　　　　年　月　日　　　　　　　　第　　号

摘要	借方科目			贷方科目			金额									附单据　　张
	总账科目	明细科目	记账	总账科目	明细科目	记账	千	百	十	万	千	百	十	元	角	分
合　　计																

会计主管：　　　　记账：　　　　复核：　　　　制单：

3. 【项目实训 1】用纸

表（训）3-1　基本生产成本明细账

产品批别：　　　　　　　　　　　　　　　　　产品名称：
开工日期：　　　　　　　批量　　　　　　　　完工日期：

年		凭证编号	成本项目	直接材料	直接人工	制造费用	合计
月	日						

表（训）3-2　基本生产成本明细账

批别：　　　　　　　　　　　　　　　　　　　产品名称：
开工日期：　　　　　　　批量　　　　　　　　完工日期：

年		凭证编号	成本项目	直接材料	直接人工	制造费用	合计
月	日						

表（训）3-3　基本生产成本明细账

批别：　　　　　　　　　　　　　　　　　　　产品名称：
开工日期：　　　　　　　批量　　　　　　　　完工日期：

年		凭证编号	成本项目	直接材料	直接人工	制造费用	合计
月	日						

表（训）3-4　基本生产成本明细账

批别：　　　　　　　　　　　　　　　　　　　　　　产品名称：
开工日期：　　　　　　　批量　　　　　　　　　　　完工日期：

年		凭证编号	成本项目	直接材料	直接人工	制造费用	合计
月	日						

表（训）3-5　材料耗用分配表　　　　　　　　　　　　　　　　单位：

应借账户	主要材料	辅助材料	合计

表（训）3-6　记账凭证

2014年10月30日　　　　　　　　　　　　　　　　　　第　　号

摘要	借方科目			贷方科目			金额									附单据　张
	总账科目	明细科目	记账	总账科目	明细科目	记账	千	百	十	万	千	百	十	元	角	分
合　计																

会计主管：　　　　　　记账：　　　　　　复核：　　　　　　制单：

表（训）3-7　　　年　　月职工薪酬计算表　　　　　　　　　　单位：

账户	成本项目	一车间工资			二车间工资			工资总额	住房8%
		生产工时	分配率	工资总额	生产工时	分配率	工资总额		

表（训）3-7 续表　　年　月　职工薪酬计算表　　　　　　　　　　单位：元

应借账户	企业								合计
	养老 10%	医疗 7%	失业 2%	工伤 1%	生育 1%	工会经费 2%	教育经费 1.5%	职工福利费 2%	

表（训）3-8　记账凭证

　　　　　　　　　　年　月　日　　　　　　　　　第　号

摘要	借方科目			贷方科目			金额									附单据张
	总账科目	明细科目	记账	总账科目	明细科目	记账	千	百	十	万	千	百	十	元	角	分
合　计							¥	5	9	1	3	5	0	0		

会计主管：　　　　　记账：　　　　　复核：　　　　　制单：

表（训）3-9　　年　月制造费用分配表　　　　　　　　　单位：

应借账户	成本项目	一车间工资			二车间工资			合计
		生产工时	分配率	制造费用	生产工时	分配率	制造费用	

表（训）3-10　记账凭证

年　　月　　日　　　　　　　第　　号

摘要	借方科目			贷方科目			金额										附单据　　张
	总账科目	明细科目	记账	总账科目	明细科目	记账	千	百	十	万	千	百	十	元	角	分	
合　计																	

会计主管：　　　　　记账：　　　　　复核：　　　　　制单：

表（训）3-11　　　年　　月产品成本计算单

批别：　　　　　产品名称：　　　　　开工日期：　　　　　单位：

摘要	产品数量	直接材料	直接人工	制造费用	合计

表（训）3-12　2013年10月产品成本计算单

批别：　　　　　产品名称：　　　　　开工日期：　　　　　单位：

摘要	产品数量	直接材料	直接人工	制造费用	合计

表（训）3-13　　　年　　月产品成本计算单

批别：　　　　　产品名称：　　　　　开工日期：　　　　　单位：

摘要	产品数量	直接材料	直接人工	制造费用	合计

表（训）3-14　　　　年　　月完工产品成本汇总表　　　单位：件、元

产品名称	完工产品数量	直接材料	直接人工	制造费用	总成本	单位成本

表（训）3-15　记账凭证

年　　月　　日　　　　　　　　　第　　号

摘要	借方科目			贷方科目			金额										附单据　　张
	总账科目	明细科目	记账	总账科目	明细科目	记账	千	百	十	万	千	百	十	元	角	分
	合　　　计															

会计主管：　　　　　　记账：　　　　　　复核：　　　　　　制单：

4. 【项目实训2】用纸

表（训）3-16　基本生产成本二级账

年		凭证编号	摘要	直接材料	生产工时	直接人工	制造费用	合计
月	日							

表（训）3-17　基本生产成本明细账

批别：　　　　　　　　　　产品名称：
开工日期：　　　　　　　　批量：　　　　　　　　完工日期：

年		凭证编号	摘要	直接材料	生产工时	直接人工	制造费用	合计
月	日							

表（训）3-18　基本生产成本明细账

批别：　　　　　　　　　　产品名称：
开工日期：　　　　　　　　批量：　　　　　　　　完工日期：

年		凭证编号	摘要	直接材料	生产工时	直接人工	制造费用	合计
月	日							

表（训）3-19　基本生产成本明细账

批别：　　　　　　　　　　产品名称：
开工日期：　　　　　　　　批量：　　　　　　　　完工日期：

年		凭证编号	摘要	直接材料	生产工时	直接人工	制造费用	合计
月	日							

表（训）3-20 基本生产成本明细账

批别：　　　　　　　　产品名称：
开工日期：　　　　　　批量：　　　　　　　　完工日期：

年		凭证编号	摘要	直接材料	生产工时	直接人工	制造费用	合计
月	日							

表（训）3-21 基本生产成本明细账

批别：　　　　　　　　产品名称：
开工日期：　　　　　　批量：　　　　　　　　完工日期：

年		凭证编号	摘要	直接材料	生产工时	直接人工	制造费用	合计
月	日							

三、项目4 实训用纸

1.【测试与强化4-2】用纸

表（测）4-1 基本生产成本明细账

生产步骤：
产品名称：

年		凭证编号	成本项目	直接材料	燃料和动力	直接人工	制造费用	合计
月	日							

表（测）4-2 记账凭证

　　　　　　　　　　　　　年　　月　　日　　　　　　　　　　　　第　　号

摘要	借方科目			贷方科目			金额										附单据　　张
	总账科目	明细科目	记账	总账科目	明细科目	记账	千	百	十	万	千	百	十	元	角	分	
合计																	

会计主管：　　　　记账：　　　　复核：　　　　制单：

表（测）4-3　基本生产成本明细账

生产步骤：
产品名称：

年		凭证编号	成本项目	自制半成品	燃料和动力	直接人工	制造费用	合计
月	日							

表（测）4-4　记账凭证

年　月　日　　　　　　　　第　号

摘要	借方科目			贷方科目			金额									附单据张
	总账科目	明细科目	记账	总账科目	明细科目	记账	千	百	十	万	千	百	十	元	角	分	
合　计																	

会计主管：　　　　记账：　　　　复核：　　　　制单：

表（测）4-5　基本生产成本明细账

生产步骤：
产品名称：

年		凭证编号	摘要	自制半成品	燃料和动力	直接人工	制造费用	合计
月	日							

表（测）4-6　记账凭证

年　月　日　　　　　　　　第　号

摘要	借方科目			贷方科目			金额									附单据张
	总账科目	明细科目	记账	总账科目	明细科目	记账	千	百	十	万	千	百	十	元	角	分	
合　计																	

会计主管：　　　　记账：　　　　复核：　　　　制单：

表（测）4-7 产成品成本还原计算表

还原过程 \ 项目	还原分配率		直接材料	燃料和动力	直接人工	制造费用	合计

2. 【测试与强化4-3】用纸

表（测）4-8 基本生产成本明细账（成本计算单）

生产步骤：第一步骤
产品名称：亚麻纱线

年 月	日	凭证编号	成本项目	直接材料	燃料和动力	直接人工	制造费用	合计

表（测）4-9 记账凭证

2014年1月30日　　　　　　　　　第　号

摘要	借方科目			贷方科目			金额									附单据张
	总账科目	明细科目	记账	总账科目	明细科目	记账	千	百	十	万	千	百	十	元	角	分
合　计																

会计主管：　　　　　　记账：　　　　　　复核：　　　　　　制单：

表（测）4-10 自制半成品明细账

产品名称：

年 月	日	凭证编号	摘要	收入			发出			结存		
				数量	单价	金额	数量	单价	金额	数量	单价	金额

表（测）4-11　　领料单

领料车间：
用途：　　　　　　　　　　　年　月　日　　　　　　领　料　号

类别	编号	名称	规格	单位	数量		单价	金额
					请领	实发		
合计								

第二联　会计联

领料核准：　　　　　　　　领料人：　　　　　　发料人：

表（测）4-12　　记账凭证

年　月　日　　　　　　　　第　号

摘要	借方科目			贷方科目			金额									
	总账科目	明细科目	记账	总账科目	明细科目	记账	千	百	十	万	千	百	十	元	角	分
合　计																

附单据　　张

会计主管：　　　　　　记账：　　　　　　复核：　　　　　　制单：

表（测）4-13　　基本生产成本明细账

生产步骤：第二步骤
产品名称：亚麻布

年		凭证编号	成本项目	直接材料	燃料和动力	直接人工	制造费用	合计
月	日							

表（测）4-14　　记账凭证

年　月　日　　　　　　　　第　号

摘要	借方科目			贷方科目			金额									
	总账科目	明细科目	记账	总账科目	明细科目	记账	千	百	十	万	千	百	十	元	角	分
合　计																

附单据　　张

会计主管：　　　　　　记账：　　　　　　复核：　　　　　　制单：

表（测）4-15　自制半成品明细账

产品名称：

年		凭证编号	摘要	收入			发出			结存		
月	日			数量	单价	金额	数量	单价	金额	数量	单价	金额

表（测）4-16　领料单

领料车间：
用途：　　　　　　　　　年　月　日　　　　　　　领料号

类别	编号	名称	规格	单位	数量		单价	金额
					请领	实发		
合计								

第二联　会计联

领料核准：　　　　　　领料人：　　　　　　发料人：

表（测）4-17　记账凭证

年　月　日　　　　　　　　　第　号

摘要	借方科目			贷方科目			金额									
	总账科目	明细科目	记账	总账科目	明细科目	记账	千	百	十	万	千	百	十	元	角	分
合　计																

附单据　张

会计主管：　　　　记账：　　　　复核：　　　　制单：

表（测）4-18　基本生产成本明细账

生产步骤：
产品名称：

年		凭证编号	摘要	直接材料	燃料和动力	直接人工	制造费用	合计
月	日							

表（测）4-19 记账凭证

年　　月　　日　　　　　　　　　　　　　第　　号

摘要	借方科目			贷方科目			金额									附单据张
	总账科目	明细科目	记账	总账科目	明细科目	记账	千	百	十	万	千	百	十	元	角	分	
合　　计																	

会计主管：　　　　　　记账：　　　　　　　　复核：　　　　　　　　制单：

3.【任务导入 4-2】用纸

表（测）4-20 纸浆生产成本明细账

项目	直接材料	直接人工	制造费用	合计

表（测）4-21 白纸生产成本明细账（逐项结转分步法）

项目	直接材料	直接人工	制造费用	合计

表（测）4-22 白纸生产成本明细账（综合结转分步法）

项目	自制半成品	直接材料	直接人工	制造费用	合计

表（测）4-23 白纸成本还原表

还原过程 \ 项目	还原率	白纸半成品成本	直接材料	直接人工	制造费用	合计

4. 【测试与强化4-4】用纸

表（测）4-24　基本生产成本明细账

生产步骤：
产品名称：

年		凭证编号	成本项目	直接材料	燃料和动力	直接人工	制造费用	合计
月	日							

表（测）4-25　第二步骤基本生产明细账

生产步骤：
产品名称：

年		凭证编号	摘要	直接材料	燃料和动力	直接人工	制造费用	合计
月	日							

表（测）4-26　基本生产成本明细账

生产步骤：
产品名称：

年		凭证编号	摘要	直接人工	燃料和动力	直接人工	制造费用	合计
月	日							

表（测）4-27　产品成本计算单

产品名称：　　　　　　　　　　　　年　月　日

成本项目	数量	直接材料	燃料和动力	直接人工	制造费用	合计

表(测)4-28 产品成本计算单

产品名称：　　　　　　　　　　　　年　月　日

摘要	数量	直接材料	燃料和动力	直接人工	制造费用	合计

表(测)4-29 产品成本计算单

产品名称：　　　　　　　　　　　　年　月　日

摘要	数量	直接人工	燃料和动力	直接人工	制造费用	合计

表(测)4-30 产成品成本汇总表

产成品名称：　　　　　　　　　　　年　月　日

成本项目	直接材料	燃料和动力	直接人工	制造费用	合计

表(测)4-31 记账凭证

年　月　日　　　　　　　　　　　　第　号

摘要	借方科目			贷方科目			金额									附单据张
	总账科目	明细科目	记账	总账科目	明细科目	记账	千	百	十	万	千	百	十	元	角	分	
合　计																

会计主管：　　　　　记账：　　　　　复核：　　　　　制单：

5. 【项目实训】用纸

表（训）4-1　基本生产成本明细账（综合结转）

生产步骤：
产品名称：

年		凭证编号	成本项目	直接材料	燃料和动力	直接人工	制造费用	合计
月	日							

表（训）4-2　基本生产成本明细账（综合结转）

生产步骤：
产品名称：

年		凭证编号	成本项目	自制半成品	燃料和动力	直接人工	制造费用	合计
月	日							

表（训）4-3　基本生产成本明细账（综合结转）

生产步骤：
产品名称：

年		凭证编号	成本项目	自制半成品	燃料和动力	直接人工	制造费用	合计
月	日							

表（训）4-4　发料汇总表

年　月　日　　　　　　　　　　　　　　　　　单位：元

借方科目		原料及主要材料	燃料	外购半成品	辅助材料	合计
总账科目	明细账科目					

表（训）4-5　记账凭证

年　月　日　　　　　　　　　　　第　号

摘要	借　方　科　目			贷　方　科　目			金　额										附单据　　张
	总账科目	明细科目	记账	总账科目	明细科目	记账	千	百	十	万	千	百	十	元	角	分	

会计主管：　　　　　记账：　　　　　复核：　　　　　制单：

表（训）4-6　辅助生产成本明细账

车间名称：

年		凭证编号	摘要	职工薪酬	办公费	折旧费	水电费	机物料消耗	保险费	其他	合计
月	日										

表（训）4-7　辅助生产成本明细账

车间名称：机修车间

年		凭证编号	摘要	职工薪酬	办公费	折旧费	水电费	机物料消耗	保险费	其他	合计
月	日										

表（训）4-8　职工薪酬分配汇总表

年　　月　　日　　　　　　　　　　　　　　　　单位：

借方科目		应付职工薪酬合计	社会保险等计提比例共30%	合计
总账科目	明细账科目			

表（训）4-9　记账凭证

年　　月　　日　　　　　　　　　　　　　　　　第　　号

摘要	借方科目			贷方科目			金额										附单据张
	总账科目	明细科目	记账	总账科目	明细科目	记账	千	百	十	万	千	百	十	元	角	分	
	合　　计																

会计主管：　　　　　记账：　　　　　复核：　　　　　制单：

表（训）4-10　记账凭证

年　　月　　日　　　　　　　　　　　　　　　　第　　号

摘要	借方科目			贷方科目			金额										附单据张
	总账科目	明细科目	记账	总账科目	明细科目	记账	千	百	十	万	千	百	十	元	角	分	
	合　　计																

会计主管：　　　　　记账：　　　　　复核：　　　　　制单：

表（训）4-11　制造费用明细账

车间名称：

年		凭证编号	摘要	职工薪酬	办公费	折旧费	水电费	机物料消耗	保险费	其他	合计
月	日										

表（训）4-12　制造费用明细账

车间名称：

年		凭证编号	摘要	职工薪酬	办公费	折旧费	水电费	机物料消耗	保险费	其他	合计
月	日										

表（训）4-13　制造费用明细账

车间名称：

年		凭证编号	摘要	职工薪酬	办公费	折旧费	水电费	机物料消耗	保险费	其他	合计
月	日										

表（训）4-14　固定资产折旧计算表

年　月　日　　　　　　　　　　　　　　　　　　单位：

使用部门	资产类别	月初固定资产原值	月折旧率	小计	合计
铸造车间	房屋	500 000			
	机器设备	200 000			
机加工车间	房屋	400 000			
	机器设备	100 000			
装配车间	房屋	500 000			
	机器设备	100 000			
供电车间	房屋	300 000			
	机器设备	400 000			
机修车间	房屋	600 000			
厂部	房屋	1 000 000			
	机器设备	600 000			
销售机构	机器设备	200 000			
合计		4 900 000			

表（训）4-15　记账凭证

年　月　日　　　　　　　　　　　　　　　　　第　号

摘要	借方科目			贷方科目			金额										附单据张
	总账科目	明细科目	记账	总账科目	明细科目	记账	千	百	十	万	千	百	十	元	角	分	
合计																	

会计主管：　　　　　记账：　　　　　复核：　　　　　制单：

表（训）4-16　辅助生产费用分配表（直接分配法）

年　月　　　　　　　　　　　　　　　　　　金额单位：元

受益对象	机修车间			供电车间			合计
	修理工时	分配率	修理费用	供电度数	分配率	供电费用	

表（训）4-17 记账凭证

年　月　日　　　　　　　　　　　　　第　　号

摘要	借方科目			贷方科目			金额									附单据　　张
	总账科目	明细科目	记账	总账科目	明细科目	记账	千	百	十	万	千	百	十	元	角	分
	合　　　计															

会计主管：　　　　　记账：　　　　　复核：　　　　　制单：

表（训）4-18 制造费用分配表

年　月　日　　　　　　　　　　　　　　　　　单位：

借方科目		待分配制造费用			合计
总账科目	明细科目	铸造车间	机加工车间	装配车间	

表（训）4-19 记账凭证

年　月　日　　　　　　　　　　　　　第　　号

摘要	借方科目			贷方科目			金额									附单据　　张
	总账科目	明细科目	记账	总账科目	明细科目	记账	千	百	十	万	千	百	十	元	角	分
	合　　　计															

会计主管：　　　　　记账：　　　　　复核：　　　　　制单：

表（训）4-20 产品成本计算单

产品名称：

成本项目	直接材料	燃料和动力	直接人工	制造费用	合计

表（训）4-21　记账凭证

年　　月　　日　　　　　　　　第　　号

摘要	借方科目			贷方科目			金额										附单据　　张
	总账科目	明细科目	记账	总账科目	明细科目	记账	千	百	十	万	千	百	十	元	角	分	
合　　计																	

会计主管：　　　　　记账：　　　　　复核：　　　　　制单：

表（训）4-22　产品成本计算单

产品名称：

成本项目	自制半成品	燃料和动力	直接人工	制造费用	合计

表（训）4-23　记账凭证

年　　月　　日　　　　　　　　第　　号

摘要	借方科目			贷方科目			金额										附单据　　张
	总账科目	明细科目	记账	总账科目	明细科目	记账	千	百	十	万	千	百	十	元	角	分	
合　　计																	

会计主管：　　　　　记账：　　　　　复核：　　　　　制单：

表（训）4-24　产品成本计算单

产成品名称：

成本项目	自制半成品	燃料和动力	直接人工	制造费用	合计

表（训）4-25　记账凭证

　　　　　　　　　　　　　年　月　日　　　　　　　　　　第　号

摘要	借方科目			贷方科目			金额									附单据　张
	总账科目	明细科目	记账	总账科目	明细科目	记账	千	百	十	万	千	百	十	元	角	分
合　　计							¥	2	9	2	1	8	4	0	0	

会计主管：　　　　　记账：　　　　　复核：　　　　　制单：

表（训）4-26　自制半成品和产成品成本资料

产品名称	自制半成品	直接材料	燃料和动力	直接人工	制造费用	合计

表（训）4-27　产成品成本还原计算表

还原过程＼项目	还原率	机加工件成本	铸造件成本	直接材料	燃料和动力	直接人工	制造费用	合计

表（训）4-28　生产成本明细账（分项结转）

生产步骤：
产品名称：

年		凭证编号	成本项目	直接材料	燃料和动力	直接人工	制造费用	合计
月	日							

表（训）4-29　基本生产成本明细账（分项结转）

生产步骤：
产品名称：

年		凭证编号	成本项目	直接材料	燃料和动力	直接人工	制造费用	合计
月	日							

表（训）4-30　基本生产成本明细账（平行结转）

生产步骤：
产品名称：

年		凭证编号	成本项目	直接材料	燃料和动力	直接人工	制造费用	合计
月	日							

表（训）4-31　基本生产成本明细账（平行结转）

生产步骤：
产品名称：

年		凭证编号	成本项目	直接材料	燃料和动力	直接人工	制造费用	合计
月	日							

表（训）4-32　基本生产成本明细账（平行结转）

生产步骤：
产品名称：

年		凭证编号	成本项目	直接材料	燃料和动力	直接人工	制造费用	合计
月	日							

表（训）4-33　产成品成本汇总表

产成品名称：　　　　2014 年 1 月 30 日

成本项目	直接材料	燃料和动力	直接人工	制造费用	合计

参 考 文 献

[1] 董淑芳. 成本会计实务 [M]. 北京：中国人民大学出版社，2011.
[2] 詹朝阳. 成本会计岗位实训 [M]. 北京：高等教育出版社，2012.
[3] 顾爱春. 成本会计实务 [M]. 北京：科学出版社，2011.
[4] 许玲玲，王珍. 成本会计学 [M]. 北京：中国铁道出版社，2012.
[5] 沈亚香，顾玉芳. 成本会计实训 [M]. 上海：立信会计出版社，2012.
[6] 孙万军. 会计综合实训 [M]. 北京：高等教育出版社，2011.
[7] 孙革新，吴丽新. 新编成本会计实训 [M]. 大连：大连理工大学出版社，2004.
[8] 吴智勇，史振宇. 会计综合实训 [M]. 北京：清华大学出版社，2010.

《基础会计》	张莲苓 主编	《财务管理》	祝宏武 主编
《基础会计》（第二版）	赵宝芳 主编	《成本会计》（第二版）	赵宝芳 主编
《新编统计学》	周英豪 主编	《会计软件操作》	孙百鸣 主编
《经济学基础》	李国政 主编	《会计电算化》	刘亚杰 主编
《经济学简明教程》	刘忠泽 主编	《会计电算化实训教程》（第三版）	章 清 主编
《审计原理与实务》	孙晓宁 主编	《会计电算化实务》	孙艳华 主编
《税收实务》	舒文存 主编	《税务会计实务》	成凤艳 主编
《税法》（第五版）	李克桥 主编	《会计综合模拟实训教程》	全占岐 主编
《新编企业纳税实务与操作》	李克桥 主编	《银行会计》	熊晴海 主编

本书特色

- 依据最新的制度、准则编写，具有针对性和实用性。
- 在仿真的职业环境中，采用项目编写体例并结合教学大纲进行内容上的编排，系统阐述了成本核算与管理的原理和方法。

北京大学出版社

地址：北京市海淀区成府路205号
邮编：100871
编辑部：（010）62765126
发行部：（010）62750672
出版部：（010）62754962
E-mail：zyjy@pup.cn
http://www.pup.cn

ISBN 978-7-301-25536-0

定 价：38.00元